U0525943

竞 合 战 略

[美] 亚当·M. 布兰登勃格　巴里·J. 奈尔伯夫　著
唐兴通　许剑锋　译

電子工業出版社
Publishing House of Electronics Industry
北京·BEIJING

内 容 简 介

商业世界波谲云诡,各种影响成败的因素盘根错节,竞争与合作动态交织。在这个"战争与和平"的舞台上,你要让自己做得更好。对此,作者基于博弈论,提炼出刻画商业博弈的价值网络和 PARTS 五要素——这组几乎没有遗漏,能够洞察、制胜商业博弈的策略工具。

在本书中,你可以看到大量现实案例的拆解,理解当局者们为何成功或失败,同时获得运用策略工具的思路、方法和经验总结。本书将给身处商业世界的人提供所需要的东西:做正确决策的技巧。

CO-OPETITION by Adam M. Brandenburger and Barry J. Nalebuff
Copyright © 1996 by Adam M. Brandenburger and Barry J. Nalebuff
Published by arrangement with Taryn Fagerness Agency
由电子工业出版社与企鹅兰登(北京)文化发展有限公司 Penguin Random House (Beijing) Culture Development Co., Ltd.合作出版。
ALL RIGHTS RESERVED.

"企鹅"及其相关标识是企鹅图书有限公司已经注册或尚未注册的商标。
未经允许,不得擅用。
封底凡无企鹅防伪标识者均属未经授权之非法版本。

版权贸易合同登记号　　图字:01-2024-3375

图书在版编目(CIP)数据

竞合战略 / (美)亚当·M. 布兰登勃格(Adam M. Brandenburger),(美)巴里·J. 奈尔伯夫(Barry J. Nalebuff)著;唐兴通,许剑锋译. -- 北京:电子工业出版社,2024.8. -- ISBN 978-7-121-48310-3
Ⅰ. F271.3
中国国家版本馆 CIP 数据核字第 20245UV239 号

责任编辑:宁浩洛
印　　刷:河北迅捷佳彩印刷有限公司
装　　订:河北迅捷佳彩印刷有限公司
出版发行:电子工业出版社
　　　　　北京市海淀区万寿路 173 信箱　邮编:100036
开　　本:720×1 000　1/16　印张:19.5　字数:249.6 千字
版　　次:2024 年 8 月第 1 版
印　　次:2024 年 8 月第 1 次印刷
定　　价:79.00 元

凡所购买电子工业出版社图书有缺损问题,请向购买书店调换。若书店售缺,请与本社发行部联系,联系及邮购电话:(010)88254888,88258888。
质量投诉请发邮件至 zlts@phei.com.cn,盗版侵权举报请发邮件至 dbqq@phei.com.cn。
本书咨询联系方式:ninghl@phei.com.cn,(010)88254465。

译者序

竞合战略，新时代思维模型

身处不确定年代，外加人工智能、全球政治局势等冲击，过往企业经营的经验与理念面临极大挑战。数字时代企业的竞争不再是简单的水平或垂直意义上的竞争，而是生态系统的竞争。

本书深入探讨了博弈论在商业策略中的应用，特别是在理解市场参与者之间的互动关系方面。作者不仅阐述了如何在竞争中寻找合作的机会，还展示了如何在合作中保持竞争的优势。通过丰富的案例分析和理论框架的构建，本书为读者提供了一套系统的方法论，以识别和利用商业环境中的竞合关系，从而实现收益的最大化。

《竞合战略》不仅适用于企业家和战略规划者，也对那些对商业策略、经济学和博弈论感兴趣的学者和学生有启发意义。它挑战了传统的"零和博弈"观念，引导我们认识到，在商业世界中，合作与竞争并非相互排斥，而是可以相互促进，共同创造更大的价值。

简而言之，《竞合战略》是一部具有划时代意义的作品，它为我们打开了一扇通往更高效、更具创新性的商业实践的大门。对那些渴望在商业领域取得突破的人士来说，这本书无疑是一盏引领方向的明灯。我们期待读者在阅读本书的过程中，能够获得深刻的洞察力和启发，从而在商业世界中创造更多的价值和机会。

出版背后的故事

作为数字转型与增长战略顾问，我经常协助企业制定适应数字时代的竞争战略。从过往经验来看，《竞合战略》中的思维模型和策略工具显示出了极高的实用价值。然而，国内尚缺一本高质量的译本，这限制了其在国内市场的影响力和应用范围。鉴于此，将这部经典书籍翻译并出版一直在我的计划中，相信本书可以满足专业人士和企业对高水平战略内容的需求。

在为微软加速器项目授课时，我结识了许剑锋先生，后邀请他参与《竞合战略》第四至九章的翻译工作。许剑锋作为上海洪朴信息科技有限公司的创始人，曾获伊利诺伊大学香槟分校的统计学博士学位，兼任上海财经大学研究生导师。这样的学术背景和专业经验使他能够深入理解并清晰阐述《竞合战略》中博弈论的内核。此外，本书的翻译得到了上海洪朴信息科技有限公司的大力支持，其是国内领先的制造业人工智能企业之一，也是施耐德电气"绿色智能制造创赢计划"的成员企业，同时与阿里云和华为云建立了早期的数据科学合作关系。

电子工业出版社对《竞合战略》的版权引进，以及编辑团队的专业投入和努力，为本书的顺利出版提供了重要保障，在此表示感谢。

如有合作交流等事宜，可发邮件至 along5418@gmail.com 联系译者。

唐兴通
于北京一然斋

前言

没有什么比一个好的理论更实用的了。一个好的理论证实了"少即是多"的传统智慧：好的理论"无所用"，因为它不直接给出答案；同时，它"无所不用"，因为它帮助人们组织他们知道的东西，发现他们不知道的东西。一个好的理论可以赋予人们发现最佳选择的工具，而这正是我们写作《竞合战略》的目标。

《竞合战略》提供了一种价值理论，是一本关于创造价值和获取价值的书。这里有一个基本的二元性：创造价值本质上是一个合作的过程，而获取价值则是竞争。为了创造价值，人们不能孤立地行动，必须认识到人与人之间的依赖性。为了创造价值，企业必须与客户、供应商、员工以及其他许多人保持一致，而这正是开发新市场和扩大现有市场的方法。

但是，在做大蛋糕的同时，还有一个问题——如何分蛋糕，这就是竞争。正如企业相互竞争市场份额一样，客户和供应商也在力求分一杯羹。

"创造你可以获取的价值"是《竞合战略》的中心主题。

对不同的企业来说，最好的方法显然是不同的。但《竞合战略》强调的一种策略是，与我们所谓的"互补者"合作。互补者站在竞争者的对立面，他们能让你的产品和服务更有价值，而不会让你的价值有所降低。毫无疑问，互补者的概念与信息经济的构件尤为相关：硬件需要软件，互联网需要高速通信线。在新的经济形态下，没有人或者企业能够独自建设基础设施，这是一个由许多互补部分组成的全新系统。

思考一下新经济，我们意识到这里有一种更深层次的关联，一种通过 20 世纪最伟大的知识分子之一约翰·冯·诺依曼（John von Neumann）发生的关联。

约翰·冯·诺依曼是一位数学家、天才、博学家，他于 1957 年去世，没有看到他协助创建的信息时代到来。他是现代计算机架构的发明者之一；在自我复制系统方面做出了开创性的工作，预见了 DNA 的发现；还与经济学家奥斯卡·摩根斯坦（Oskar Morgenstern）一起发明了博弈论。博弈论提供了一个关于"蛋糕"及如何"分蛋糕"的模型，《竞合战略》整本书都以这些见解为基础。

博弈论是看待世界的另一种方式。传统经济学认为市场结构是固定的，人们是简单的刺激-反应机器；买卖双方假定产品和价格不会变化，并据此优化生产和消费模式。传统经济学在描述成熟市场运作方面有其地位，但它无法捕捉人们在寻找新互动方式方面的创造力。

在博弈论中，没有什么是一成不变的。经济是动态的、不断变化的；参与者创造新市场并承担多重角色，不断创新；没有人会接受给定的产品或价格。如果这听起来像是形态自由且变化迅速的市场，那这正是在新经济形态下，博弈论可能成为新经济学核心的原因，这就是为什么我们将《竞合战略》视为一本顺应信息时代的书。

目录

第一部分　商业博弈　/001

第一章　战争与和平　/002

第二章　竞合　/010
1. 思考互补品　/010
2. 价值网络　/015
3. 分析你的价值网络　/021
4. 扮演多种角色　/026
5. 是敌是友　/034

第三章　博弈论　/039
1. 附加价值　/044
2. 规则　/049
3. 认知　/052
4. 界限　/057
5. 理性与非理性　/059
6. 博弈元素　/065

第二部分　商业博弈五要素：PARTS　/069

如何改变博弈　/070

第四章 参与者 /072

1. 成为参与者 /073
2. 引入其他参与者 /094
3. 改变参与者 /112

第五章 附加价值 /114

1. 垄断的附加价值 /115
2. 竞争世界中的附加价值 /128
3. 关系的附加价值 /137
4. 模仿 /150
5. 改变附加价值 /164

第六章 规则 /166

1. 客户合同 /167
2. 供应商合同 /183
3. 大众消费市场规则 /186
4. 政府规则 /199
5. 改变规则 /202

第七章 战术 /205

1. 消散迷雾 /206
2. 保留迷雾 /219
3. 激起迷雾 /230
4. PART 是全部吗 /241

第八章 范围 /243

1. 博弈间的链接 /244

2. 通过附加价值链接 /246

3. 通过规则链接 /257

4. 通过战术链接 /263

5. 更大的博弈 /271

第九章 为改变做好准备 /272

1. 改变博弈的自我诊断清单 /273

2. 更大的"更大的视野" /275

注释 /277

致谢 /297

第一部分

商业博弈

第一章 战争与和平

"商场即战场",传统的商业语言听起来的确如此,诸如要智取对手、抢占市场份额、获取品牌优势、压榨供应商,并且绑住客户。[1] 在"商场即战场"的思维下,成王败寇。终极的胜负世界观,可以用美国作家戈尔·维达尔(Gore Vidal)的话来形容:

自己成功还不够,别人必须要失败。

然而,今天人们讨论商业的时候却不会再这样想了。如今,人们更倾向于聆听客户的心声,携手供应商,打造协同团队,构建战略合作伙伴关系,甚至与竞争对手结盟。这听起来一点都没有战争的感觉。毕竟,如果我们真的把商场当作战场,最终的赢家会少得可怜。价格竞争的结果通常会牺牲所有人的利润,美国航空业就是个血的教训:因为价格战,从1990年到1993年整个行业所遭受的损失超过了自飞机发明以来行业所获利润的总和。[2]

20世纪的银行大亨伯纳德·巴鲁克(Bernard Baruch)于是提出了与维达尔完全相反的观点:

你不必吹灭其他人的灯来让自己发光。

虽然他的名气没有维达尔响亮,但是他赚到的钱却远比维达尔多。我们在本书中会更多遵从巴鲁克的建议。

第一章　战争与和平

事实上，大部分企业只有在其他企业也成功的情况下才能获得成功。当微软研发出功能更强的软件时，英特尔芯片的需求就会增长；当英特尔制造出速度更快的芯片时，微软的软件会更有价值。两者一起成功，而非一起毁灭，这就是双赢。冷战已经结束，关于竞争的旧假说也应该一并被抛弃。

难道说商业即和平？

这听起来显然也没那么正确。我们还是会看到企业为争夺市场份额而竞争，要求供应商压低成本，与客户讨价还价。苹果电脑也没有因为英特尔和微软的成功而得到太多的好处。那么，如果商业既不是战争也不是和平，那它究竟是什么？

新思维

做蛋糕①的时候，商业就是合作。分蛋糕的时候，是竞争。

换句话说，商业是"战争与和平"。这里指的并不是托尔斯泰笔下无休止的循环——战争、和平与战争的交替，而是想说商业同时处于战争与和平两种状态。就像网络软件公司诺威尔（Novell）的创始人雷·诺达（Ray Noorda）所说的："你必须既竞争又合作"[3]，这是一种更为动态的关系，超越了竞争与合作各自的含义。这也是为什么我们要用诺达造出来的"竞合"（Co-opetition）一词作为本书的书名。

那么一本探讨竞合的书到底要写些什么？这本书不是匈奴王阿

---

① 原文为pie，本义是馅饼。为对应商业领域一般称的"做大蛋糕，然后分蛋糕"，本书将pie一词统一译为"蛋糕"。

提拉（Attila the Hun）或者圣方济各（St Francis of Assisi）的领导秘诀。[4]你在竞争的时候不需要置对方于死地，至死方休的战斗会毁掉整个蛋糕，最后大家什么都分不到，结果就是双输（Lose-Lose）。同样的道理，你在与他人合作的时候不需要忽视自身的利益，毕竟没有人会去做一个自己最后什么都分不到的蛋糕，那是人赢我输（Lose-Win）。

你的目标是要让自己做得更好。有时候你的成功需要牺牲别人，但不尽然。在本书中我们会把商业当成博弈①来讨论，但不是体育比赛、扑克牌、国际象棋那种有我赢人输（Win-Lose）的比赛。在商业博弈中，你的成功并不需要其他人失败，可以存在多个赢家。这样的案例举不胜举并贯穿本书。站在竞合的角度分析商业关系，有时候我赢人输确实最好，但有时候双赢才是最佳策略。我们会讨论各种情境，有时候你应该彻底击败竞争对手，但有时候应该让多方获利，甚至包括你的竞争对手。

将竞合的理念付诸实践需要务实的思考，仅凭感觉判断进行合作或采用双赢策略是不够的，你需要一个分析框架来权衡合作与竞争的利弊得失。

博弈论

为了将竞争与合作放在同一个分析框架下，我们需要引入博弈论。博弈论有可能彻底改变人们思考商业的方式。这是因为博弈论的核心思想是如此的强大，而商业又提供了很多可以应用它的机会。

---

① 原文为 Game，本义是游戏、比赛。在本书中，为与 Game theory（博弈论）紧密对应，与商业相关的 Game 一词统一译为"博弈"。

第一章 战争与和平

越来越多的人认识到博弈论是理解现代商业世界的重要工具。1994 年，三位从事博弈论研究的先驱约翰·纳什（John Nash）、约翰·海萨尼（John Harsanyi）和赖因哈德·泽尔腾（Reinhart Selten）获得了诺贝尔奖。同年，美国联邦通信委员会利用博弈论设计了一个成交金额高达 70 亿美元的个人无线电频谱标的（投标人也使用了博弈论）。甚至就在我们写这本书的时候，头部的管理咨询公司已经开始使用博弈论来分析商业策略的实践。

博弈论的出现可以追溯到第二次世界大战的早期，当时英国海军与德国潜艇正进行着猫抓老鼠般的周旋，而英国想进一步破解潜艇战的规则，以此提升获胜的概率。[5] 英国发现他们的飞行员和舰长凭直觉做出来的决策通常都不正确，而在他们应用了后来被称为博弈论的理论后，攻击的命中率大幅提高了。对德国潜艇战的获胜让英国开始将博弈论应用到其他战争活动中去。博弈论是在生与死的环境下得到验证之后，才被整理并以系统理论的面貌呈现给世人的。

经典的理论著作没过多久就出现了。1944 年，数学天才冯·诺依曼与经济学家奥斯卡·摩根斯坦合著了《博弈论与经济行为》。这本书虽然写得抽象却很精彩，出版后迅速获得了认可并被誉为 20 世纪最伟大的科学成就之一。自此，在经济学、政治学、军事战略、法律、计算机科学甚至演化生物学等领域，大量的相关学术研究应运而生。在上述每一个学科领域，博弈论都带来了重大发现。如今，博弈论又正在改变商业经营的策略。

博弈论可以让我们从单一的竞争或合作的旧思维中跳出来，打开竞合战略的新视角，有助于我们在当今的商业世界中发现新机会。这样讲可能会让很多人感到意外，因为博弈论常让人联想到"商场即战场"。这并不奇怪，毕竟博弈论诞生在第二次世界大战期间，后于冷战时期发展起来，那时候人们的思维就是"有人赢就会有人输"的零和（Zero-Sum）博弈，甚至社会也是"零和社会"[6]。但这只说对了一半，现代博弈论可以应用于正和（Positive-Sum）博弈和双赢博弈。只有当我们把完整的理论应用于竞争与合作的交互，博弈论才能够在商业上发挥真正的价值。只有全部理论都被付诸实践，即应用在揭示竞争与合作之间的相互关系时，博弈论的真正价值才能体现出来。

那么，博弈论商业应用的基本特性是什么？其独特的优点是什么？它又是如何与其他众多的管理工具区分开的呢？

博弈论能提供什么

博弈论直指所有问题的关键——找到正确的策略并做出正确的决策。市面上有许多有价值的书都在教我们如何创造有利于做出正确决策的管理环境，也有些书教我们如何建立有效执行决策的组织机构。然而关于从何种策略开始，我们仍需指导。这正是博弈论所能提供的：它直击核心，从战略思考的角度告诉大家怎样做才是最好的选择。

当许多因素相互关联、各种决策牵一发而动全身的时候，博弈论就会显示其独特的价值。今天的商业世界异常复杂，一些你可能根本不会想到或者关注的因素都可以决定你的成败。即便你确定了所有的相关因素，改变其中一个因素也可能影响许多其他因素。博弈论能够将错综复杂的商业问题拆解成几个关键的元素，帮助你理清局势，并找出对策。

博弈论是有助于组织内部更好沟通的理想工具。博弈论所具备的清晰明确的原则可以帮助你更加容易地向别人解释决策背后的思考。当你与同事选择不同策略的时候，博弈论可以成为你们的共同语言。它可以让其他人明白你的决策思路，有助于团队成员达成共识。

如今各种商业决策日益复杂，决策权也日益分散。市场与科技的日新月异要求企业内部建立能够快速沟通且有决策依据的反馈机制。因此，企业中因使用博弈论而获益的人一直在增多。

博弈论是一种可以不断扩展和重构的方法论。它不是针对特定情境所提出的特定处方，也不是因条件改变就会失效的经验法则；而是一种可以应对不断变化的商业环境的思维模式。

很多时候，博弈论可以帮助你找到原本怎么想都想不到的选项，而这正是博弈论系统方法所能带来的好处。博弈论可以更完整地呈现商业图景，使你看见原本被忽视的部分。而在这些被忽视的部分中，存在着一些巨大的商业策略机会。

本书内容

我们会通过现实生活中的案例来探讨博弈论，看看大家熟悉的企业是如何进行竞争与合作的。这些案例有些是战争故事，有些是和平故事，结果可能是成功，可能是失败，也可能出乎意料，但无论是哪一种，我们都能从中学到宝贵的经验。我们用博弈论来解释每个案例为何会走向成功或失败，我们将故事与理论交织在一起，并以清单的形式总结经验教训。这样，我们的分析就变得不仅具有描述性，而且能突出重点。只有当你了解到策略为何有效或无效时，才能将学到的经验应用于生活实践。

大量的案例研究可以让本书读起来更有趣，也验证了理论在实践中如何应用。它们是对理论的持续测试。但正所谓"尽信书不如无书",我们不希望你仅凭信任就接受我们的观点,而希望你对此持怀疑态度。我们的目标是通过案例研究为你提供足够的证据来接受或挑战我们的结论。在你看到博弈论的大量应用实例后,你会发现它的威力,了解它的工作原理,并学会自己应用它。

尽管目前人们对将博弈论应用于商业的兴趣激增,但其仍然是一种非常新的方法,许多术语都是新的。事实上,一些关键术语是在我们撰写本书时才被创造的。在博弈论的背景下,即使是看起来很熟悉的术语也会有新的含义,就像任何提供新视角的理论一样,在开始时都需要一些耐心,请大家多包涵。但是,一旦我们的解释被成功接受,新的概念就会很快成为你思维的一部分,你会惊讶没有它们之前你是怎么过来的。

本书架构

本书分两部分,第一部分有三章。第一章讲解什么是商业博弈,介绍相关的基本概念及其组合。这一章是简介,让你了解这本书要讲些什么。

第二章介绍商业博弈的参与者,分析参与者之间竞争与合作的要素。我们会用价值网络(Value Net)图解商业博弈,列出所有相关的参与者并清楚地指出他们彼此的依赖关系。价值网络的作用在于其能够凸显参与者之间如何既合作又竞争。

第三章正式介绍博弈论,解释这门学科如何在商业世界中实际应用。我们将通过详细的案例来讨论博弈论应用的基本原则,在此过程中,我们力求不使用任何数学公式或抽象理论,以便博弈论易于理解。

第一章　战争与和平

　　我们会提出商业博弈的五个基本元素：参与者（Players）、附加价值（Added values）、规则（Rules）、战术（Tactics）和范围（Scope），简称为PARTS。这五个元素构成了本书其他章节的内容，再加上价值网络，所有这些构建了博弈论在商业应用中的核心理论框架。

　　第二部分会分章介绍商业博弈的五个基本元素，详细地描述每个元素及其对商业的重要性。阿基米德曾说，只要给他一个合适的杠杆，他就可以撬动世界。这五个元素就是撬动商业世界的五个杠杆。

改变博弈

　　这正是博弈论最大的回馈。我们说商业博弈与其他博弈不同，因为它允许不止一个赢家。而商业博弈在另一个基本面上也有所不同：它不会停滞不前。商业博弈中的所有元素都在不断变化，没有什么是固定的。这绝不是偶然。虽然体育比赛、扑克牌和国际象棋都有管理机构（如美国国家橄榄球联盟、国际足联、牌联和国际棋联），但商业领域却没有[7]，人们可以根据自己的利益自由地改变商业博弈。

　　为什么要改变博弈？中国有句谚语：有志者事竟成。有时这是件好事，有时则不然。你可能抓了一手好牌，却还是输得精光，因为你选错了博弈去参与，所以你需要改变它，否则就无法翻身。一场好的博弈也可能变得更好，真正的成功来自积极塑造自己所参与的博弈，让它符合自身的利益，这样才能够获得真正的胜利。

　　如何改变博弈？你很可能凭直觉做出改变，但是博弈论提供了一种系统的方法：想要改变博弈，你就必须改变PARTS中至少一个元素。想要改变博弈，每个元素都至关重要，足以左右结果。改变正是博弈论的独到之处，你不只要改变博弈的玩法，也要尝试改变博弈本身。

第二章　竞合

如果说商业是一场博弈的话，那么参与者有谁？他们扮演了什么样的角色？商业博弈中当然会有客户与供应商，没有他们将无法开展商业活动。而且，也一定会有竞争者，就这些了吗？不，还有一个常被忽略的参与者，他们提供互补性的产品与服务，并且在商业博弈中不可或缺。本章就从这一角色谈起，我们会看到互补性如何影响企业的成败。

1. 思考互补品

计算机的软件与硬件是互补品的经典案例。更快的硬件促使人们升级到更强大的软件，而更强大的软件又会促使人们购买更快的硬件。例如，Windows 95 安装在奔腾芯片驱动的计算机上比安装在 486 计算机上更有价值。同样，奔腾芯片对于搭载 Windows 95 的计算机比未搭载 Windows 95 的计算机更有价值。

互补品的概念可以应用在各个领域，只要能让另一个产品或服务更有吸引力，前者就是后者的补充品。热狗和芥末、汽车和车贷、电视和录像机、电视节目和《电视指南》、传真机和电话线、数码相机和

第二章 竞合

彩色打印机、邮购目录和隔夜送货服务、红酒和干洗店、西斯克尔（Siskel）和埃伯特（Ebert）①，而这些只是众多互补例子中的一部分。

让我们仔细分析一下汽车的互补品，公路是最显而易见的一个。在汽车产业刚起步的时候，汽车公司甚至要推动修建美国最早的公路系统。1913 年，通用汽车（General Motors）、哈德逊汽车（Hudson）、帕卡德汽车（Packard）和威利斯-欧弗兰汽车（Willys-Overland）联合固特异轮胎（Goodyear）和 Prest-O-Lite 车头灯制造商成立了林肯公路协会，以促成美国第一条东西海岸公路的开发。[1] 该协会沿着拟建的横贯美国大陆的路线建造了示范性路段。人们看到了铺砌道路的可行性和价值，便游说政府将公路连接起来。1916 年，美国联邦政府投入第一笔修路资金；到 1922 年，包括林肯公路在内的最早横跨美国大陆的 5 条公路全部建成。

公路已经四通八达，但资金还是缺乏。汽车的价格昂贵，新车尤其如此。大多数消费者需要借钱才买得起新车，于是银行与信用合作社成为福特汽车与通用汽车的互补者。但车贷并不是总能拿到的，于是通用汽车在 1919 年成立了通用汽车金融服务公司，福特汽车也在 1959 年成立了福特信贷公司。不管是银行、信用合作社还是汽车信贷公司，无论是谁都可以来提供金融贷款业务。只要市场上的钱越多，贷款利率就会越低，消费者就越容易借到钱来买车。这对福特汽车与通用汽车来说都是好事。反过来也一样，卖出更多的车有助于提升福特汽车与通用汽车的贷款业务。在过去 10 年，福特汽车从汽车贷款业务上赚的利润比卖汽车本身赚的还要多。

汽车保险也是汽车的互补品。因为如果没有保险，人们可能不愿意

---

① Gene Siskel（1946 年 1 月 26 日—1999 年 2 月 20 日）和 Roger Ebert（1942 年 6 月 18 日—2013 年 4 月 4 日），合称为 Siskel&Ebert，他们两人因为稳固的合作伙伴关系而闻名。在这里作者用他们指代互补者。

冒险花 2 万美元或更多的钱去买车。就像汽车制造商让车贷更容易获得一样，也许他们也可以让汽车保险更容易被负担得起。这对首次购车者尤其有价值，因为他们经常面临高到令人望而却步的保险费。

互补品之间总是彼此受益。正如汽车保险有益于新车销售，新车销售也有益于汽车保险业务的业绩提升。人们购买的新车越多，购买的保险就越多，尤其是碰撞险和盗窃险。因此，汽车保险公司希望利用自己的专业知识和影响力帮助客户以更优惠的价格购买新车。我们在后边的章节里会再谈到汽车与汽车保险这个话题。

汽车产业中的供应商也没有忘记充分利用互补品的价值。以轮胎厂商为例，除非他们能够为汽车装上第五个轮子，否则要想增加轮胎的销量就只有一个办法——刺激车主开车的欲望。这就是法国米其林轮胎推出《米其林指南》的理由。这些指南不只介绍通往各个目的地的行车路线，还会介绍沿途值得观光的绕行路线。《米其林指南》鼓励旅行者继续前进，多磨损轮胎。总有另一个城镇可看，总有另一个有趣的弯路可走。《米其林指南》不仅有助于销售更多的轮胎，其本身也是利润丰厚的业务，它主导着法国的旅游指南市场，并正在进军欧洲其他地区。

二手车市场也因互补品受益。为了证明这一点，看看约翰和路易丝·麦克贝恩夫妇（John and Louise MacBain）出版的 *La Centrale des Particuliers*，这是一本专门刊登二手车广告的巴黎周刊。由于知道自家读者需要汽车保险、贷款与零件保修等互补服务，这本周刊找来合作厂商为读者提供非常优惠的价格。作为交换，周刊会提供醒目的栏目帮助厂商打广告。麦克贝恩夫妇甚至更进一步，自己也卖一些互补品。读者和广告商都想知道各种品牌、型号、年份的车在二手车市场的平均成交价格和成功找到买主所花的时间。通过法国的 Minitel 线上服务系统，麦克贝恩夫妇用收费的方式提供相关信息。[2] 他们就这样靠

第二章 竞合

着互补品策略，让 *La Centrale des Particuliers* 在二手车广告市场中没有对手，同时也改变了二手车在加拿大、匈牙利、波兰、瑞典、泰国、美国与其他国家的销售模式。

互补品的概念也有助于解释为什么有些企业会失败。阿尔法·罗密欧（Alfa Romeo）和菲亚特（Fiat）汽车在美国卖得不好，就是因为大家知道要找备用零件和维修技师比较困难，这两家公司后来都退出了美国市场。另一个例子是索尼 Betamax 录像机，虽然在技术上优于 VHS，但最终由于市场上缺乏 Betamax 格式的录像带而惨遭淘汰。在许多城市，由于缺乏便利的停车位，市中心的购物中心输给了郊区的购物中心。如果这些公司能提供必要的互补品，情况就可能会好得多。

在新经济形态下，缺少互补品的问题更是严重千百倍，尤其是对欠发达国家。互补品不仅影响当地企业和产业的发展，更左右了整个国家的命运。任何产业的发展都需要互补产业的支持，但那些互补产业需要依赖领头的支柱产业才能发展起来。这种"鸡生蛋、蛋生鸡"的情况无处不在，一切要么一起发生，要么什么都不会发生。这就是为什么有些发展中国家经济腾飞了，而有些国家却停滞不前。

思考互补品是一种很不一样的商业思维方式，其核心理念是想办法把蛋糕做大，而不是与对手抢夺一个大小不变的蛋糕。想要从中受益，就要想想如何通过开发新的互补品或使现有的互补品以更可接受的价格销售来做大蛋糕。

就竞争力来说，英特尔在业界数一数二，其时任首席执行官安迪·格鲁夫的名言是："唯有偏执狂才能生存。"[3] 然而在格鲁夫的眼中商业并非只有竞争，英特尔也在积极地寻找互补品。

英特尔的合作伙伴 本章的开头就提到了，当英特尔开发出更快的芯片时微软如何受益，当微软推进软件开发时英特尔如何受益。但是，从英特尔的角度来看，微软还不够努力。根据格鲁夫的说法："微软并没有同样的紧迫感（想要提供更好的个人计算机）。一般的个人计算机并没有将我们的微处理器应用到极致，它可以更好，现在对我们的客户来说性能还不够好。"[4]

如果既有的计算机软件无法充分利用微处理器的运算能力，那么格鲁夫就必须找到其他可以充分利用其芯片的应用程序，否则英特尔的客户将不会觉得有继续升级的需要。如果客户不持续升级，不仅芯片市场会变得饱和，而且竞争对手，其他芯片制造商如 AMD、Cyrix 和 NexGen，也将迎头赶上。

芯片处理能力一直领先于软件应用，这对英特尔来说并不是一个新问题。例如，尽管自 1985 年以来 32 位微处理器已经成熟，但微软的第一个 32 位操作系统 Windows NT 要等到 1993 年才问世。[5] 所以英特尔一直在寻找需要大量微处理器功能的应用程序。

最占用 CPU 的应用程序之一是视频处理。即使是奔腾芯片也无法处理全屏每秒 24 帧的输出，但是下一代芯片奔腾 PRO 就有办法。因此，英特尔想要的是一种廉价且使用广泛的视频应用程序。于是，英特尔斥资超过 1 亿美元，针对桌面计算机研发了 ProShare 视频会议系统，[6] 作为英特尔芯片的理想互补品。

不过，英特尔面临着传真机制造商十年前的问题：如果你想要进行视频沟通的其他人都没有安装 ProShare，光是你的计算机安装了又有什么用？传真机一直等到 1986 年——价格降到 500 美元以下时，需求才开始大幅上升。英特尔如何才能不斥巨资为 ProShare 建立市场地位并降低价格？英特尔的策略是寻找其他有兴趣提供帮助的公司。

事实证明，电信公司是天然的盟友。ProShare 对电信业务起到了互补作用，因为其接收和传输的数据量超过了普通电话线的处理能力。

为了有效工作，ProShare 用户需要加装一条综合服务数字网络（ISDN）线路。[7] ISDN 有三条传输通道，其中两条传输数据，一条传送声音，每条通道的传输效能几乎都是普通双绞线铜缆的 5 倍。虽然电信公司可以提供 ISDN 服务，但那时的市场需求不大。如果人们购买了 ProShare，他们自然也会订购 ISDN 服务。

因此，英特尔并不需要独自负担开发 ProShare 的所有成本。正如电信公司为了吸引新用户会提供新机购买补贴一样，他们对 ProShare 也设置了补贴以鼓励人们购买 ISDN 服务——将原价 1999 美元的 ProShare 半价促销，只要 999 美元。[8]

英特尔为了推广 ProShare 还采用了另一个策略，与康柏（Compaq）达成协议使康柏把 ProShare 作为商用计算机的基本配置。这个整合方案将 ProShare 的价格降低到 700~800 美元，替康柏的客户省下不少钱，同时也进一步拓展了 ProShare 的市场。

所有参与者，包括英特尔、电信公司和康柏，都认识到了彼此之间的互补关系。英特尔有消耗芯片处理能力的需求，电信公司有增加数据传输服务的需求，康柏有提高其商用计算机竞争力的需求，这些目标都与 ProShare 视频会议系统结合在了一起。

2. 价值网络

看过了以上的案例，现在我们更能回答本章开头提出的问题：如果说商业是一场博弈的话，那么参与者有谁？他们扮演了什么样的角色？答案除了客户、供应商和竞争者，还有一类，即提供互补品或者服务的人。没有现成的词可以称呼这些人所处的角色，我们且称呼他们为"互补者"，这与竞争者是相反的概念。我们不得不创造一个新词，更加说明了互补者这个重要概念在商业策略中一直被忽视的事实。

为什么不用伙伴或者盟友来称呼互补者呢？原因有二：一方面，伙伴与盟友所指的对象范围太广了，从客户、供应商到互补者都可以是你的伙伴与盟友，但我们想要将这些角色加以区分；另一方面，伙伴与盟友的意义太过狭隘，无法完整捕捉到商业关系的本质。我们在后文中会谈到商业关系中永远存在一些拉锯和竞争。

在本章的其余部分，我们将展示商业博弈的完整图景，探讨四种参与者的角色（客户、供应商、竞争者和互补者）及其彼此之间的依赖关系。我们将看到同一个参与者如何同时扮演多种角色。我们会精准地定义新术语"互补者"，也将对大家熟知的"竞争者"进行说明。

这是一个回归基础的实践。如果只专注于一种类型的参与者或一种类型的关系很容易产生盲点，唯有纵观全局，才可以发现许多新的策略机遇。

首先，我们引入了一张示意图来帮助你可视化商业博弈的全貌。这张图，即价值网络，可以清楚地呈现出所有参与者及他们之间的依赖关系。通过我们的进一步说明，你可能会开始考虑如何为你的企业绘制价值网络。你将在本章后续内容中看到我们为自己的"企业"绘制的价值网络。

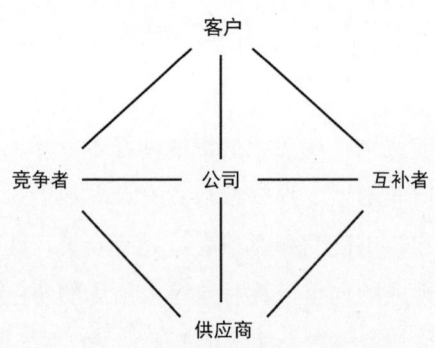

```
           客户
          /  |  \
         /   |   \
        /    |    \
   竞争者 —— 公司 —— 互补者
        \    |    /
         \   |   /
          \  |  /
          供应商
```

认识价值网络

价值网络在垂直方向上的两端分别是公司的客户和供应商。原材料和劳动力从供应商流向公司，产品和服务从公司流向客户。[9] 钱的流动方向正好相反，从客户流向公司，从公司流向供应商。

价值网络在水平方向上的两端分别是公司的竞争者和互补者。我们已经看到了许多互补者的例子，其定义如下：

如果客户喜欢同时拥有你的产品和另一个参与者的产品，胜过单独拥有你的产品，那么另一个参与者就是你的互补者。

因此，热狗公司 Oscar Mayer 和芥末酱公司 Coleman's 就是互补者。有了芥末酱你会更想吃热狗，反之有热狗吃的时候，你会想配上芥末酱。要分辨哪些是互补者，你必须从客户的角度出发，问问自己："我的客户还需要购买什么才能使我的产品对他们更有价值呢？"

对于竞争者的定义刚好相反：

如果客户拥有了另一个参与者的产品，就不再需要你的产品，那么另一个参与者就是你的竞争者。

可口可乐和百事可乐是典型的竞争者，美国航空公司和达美航空公司也是如此。如果你刚喝过可口可乐，那么百事可乐对你的价值远低于对那些尚未解渴的人，可口可乐并没有给百事可乐带来更大价值。同样，如果你有一张达美航空的机票，你就不会在意美国航空还有没有座位。

传统方法将竞争者定义为同行业的公司，因为这些公司生产相似的产品。然而，客户关心的是最终结果，而不关心提供他们想要东西的公司是否属于同一个行业。

确定竞争者的正确方法是让自己站在客户的角度上，依据我们对竞争者的定义，你要问："我的客户还会购买哪些其他产品来降低我的产品对他们的价值？客户还能如何满足他们的需求？"这些问题将使你发现从没想过的竞争者。例如，如果网络视频会议发展起来了，许多人就不再需要出差，那么英特尔就会是美国航空的竞争者。

由于微软和花旗银行都在努力解决人们未来如何进行交易的问题，无论是电子货币、智能卡、在线转账还是其他方式，尽管各自属于传统定义下的不同行业——软件业与银行业，两者仍然可能成为竞争者。

电信公司和有线电视公司都在努力解决未来人们如何交流和获取信息的问题，两者虽然分属不同行业（电信业和有线电视业），但彼此经营的市场已经越来越接近。欧洲的银行已经开始卖保险了，保险公司推出的保险方案也开始有了储蓄功能。银行和保险不再泾渭分明，两者都是金融服务行业。

到目前为止，我们一直在从客户的角度找出谁与你互补，谁又与你竞争，但这只是博弈的一半。

供应侧

价值网络的上半部分是客户，下半部分是供应商。客户部分的博弈有竞争和互补两种可能性，供应商部分也一样。其他的参与者可能会帮助你获得供应商的资源，也可能会与你抢夺供应商的资源。其定义如下：

如果供应商在同时为其他参与者提供资源时，比在单独为你提供资源时更有动力，那么该参与者就是你的互补者。

第二章 竞合

如果供应商因为已经提供资源给另一个参与者，就不再那么想提供资源给你，那么另一个参与者就是你的竞争者。

供应商的争夺战通常会跨越行业的边界。提供资金的人是供应商，全世界的市场都在争取他们的资金。员工也是供应商，虽然人们通常不会这样看，但是看钱的流向就能明白这种逻辑。公司付薪水给员工，让员工贡献自己的劳动力、时间与专业知识，这些都是有价值的资源。人才的争夺战同样跨越了行业边界，例如，来自不同行业的公司都参与录用每年新培养的 MBA 学生。

许多公司与其他供应商既是竞争者又是互补者。例如，康柏和戴尔会争夺英特尔供应量有限的最新芯片。但就英特尔而言，这两家公司既是竞争者也是互补者。为了开发下一代芯片，英特尔要花费超过 10 亿美元来投入研发和建造新厂房。英特尔可以让康柏、戴尔与其他计算机厂商一起分担这些固定成本，这样每家厂商需要负担的芯片单价就会降低。

美国航空和达美航空争夺跑道和登机口。尽管它们是竞争机场设施的对手，但在面对主供应商波音时，它们是互补者。当美国航空和达美航空决定委托生产下一代飞机时，波音为两家航空公司共同设计新飞机会比分别为它们设计新飞机要便宜得多。因为大部分开发成本都可以分摊，更多的订单也能让波音加快学习与研发的速度。

同样的原则也适用于战斗机研发，可惜美国国会发现这一点时为时已晚。F-22 战斗机和与其开展共同研发的国防项目相辅相成，如航电设备和导航系统是互补的，砍掉互补品中的任何一个，都可能在无意间毁了 F-22。通用动力公司前董事长兼首席执行官威廉·安德斯这样解释：

F-22 被公认为目前最成功、管理最完善的下一代武器系统之一。然而，随着 F-22 研发团队所服务的其他国防项目的需求持续下降，以前由这些项目支持的一部分固定成本和间接成本自动转移到了F-22项目上。由于不断增加的开销和固定成本负担，这个项目最后可能会无法支撑下去。[10]

国会在削减不必要的国防项目时，无意中危及了它想要保留的项目。一个研发项目和它的互补品，有时要么全有要么全无，没有二选一这回事。

当我们的社会持续迈向知识经济时代，供应侧的互补性会发展成为常态。尝试制造某样东西（无论是芯片还是飞机）的前期投入都很大，但后续的可变成本相对有限，这正是知识带来的巨大杠杆效应。当一个知识产品被越多的人所需要，它就越容易被生产出来。

就计算机软件或药物而言，基本上所有的成本都是前期成本。对微软来说，所有真正的成本都来自为新软件编写代码时的脑力投入，至于复制软件磁盘，其实只需几美分的成本。因此，市场越大，开发成本就可以被分摊得越薄。相较于定制研发的软件，大众市场的软件更好用也更便宜，这就是知识产品市场的本质。

认识对称性

价值网络揭示了商业博弈中的两个基本对称性。在垂直维度上，客户和供应商扮演着对称的角色。从创造价值的角度来看，两者是同等重要的合作伙伴，然而一般人不太会注意到这点。虽然倾听客户的心声已经成为常态，但是很少人会提到要聆听供应商的心声。我们都听过制造商告诉他们的供应商："你知道规格即可，不需要知道产品的用途。你只要以最低的价格按时供应给我就行。"想象一下以这种方式与客户交谈会怎么样？直到最近，大家才开始认识到与供应商合作和倾听客户的意见一样重要。

供应商关系与客户关系同样重要。在一次劳资谈判中，我们听到人力资源负责人这样讲："我必须让我的员工明白客户至上。"然而在看过价值网络后，我们帮助该负责人改变了想法并进行了更有成效的讨论。让大家了解，彼此的共同目标是把蛋糕做得更大，要达到这个目标就不能厚此薄彼。如果客户想要一些特别的东西，如加急交货，但不愿意支付足够的费用来补偿员工不能与家人共度周末的损失，那么这样的订单就不会创造价值。事实上，它会破坏价值创造。客户并不总是对的，不要为此罔顾员工的权益。

> **价值网络的对称性**
>
> 客户与供应商的角色互相对称。
>
> 竞争者与互补者互为镜像角色。

在商业上，我们很容易犯下"一叶障目，不见泰山"的错误，价值网络就是为了解决这个问题而创造的。价值网络完整呈现出与你互动的四种参与者，也特别强调他们之间的对称性——客户与供应商、竞争者与互补者，两两成对。

3. 分析你的价值网络

要了解你所身处的博弈，请先了解你的价值网络。这种方法适用于任何组织机构——私人企业、公共机构和非营利组织。为了举例，下面将带你看看我们最熟悉的价值网络，即大学的价值网络。

为大学绘制价值网络能让我们更好地了解其他组织机构所面临的一些问题。[11] 而且，在咨询工作中，我们发现解决问题的最佳方式是帮助客户绘制价值网络。绘制价值网络是生成新策略的基本步骤，我们将在本书后面的 PARTS 模型部分做进一步解释。

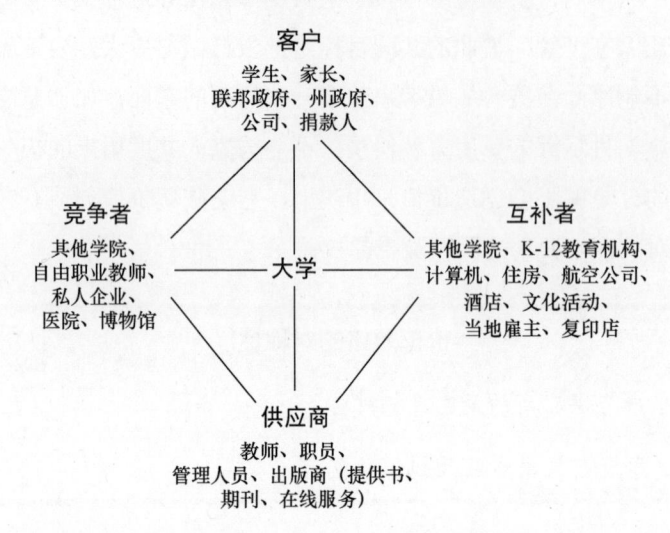

```
                        客户
                    学生、家长、
                  联邦政府、州政府、
                    公司、捐款人

    竞争者                                  互补者
   其他学院、                              其他学院、K-12教育机构、
   自由职业教师、      大学                计算机、住房、航空公司、
   私人企业、                              酒店、文化活动、
   医院、博物馆                            当地雇主、复印店

                       供应商
                   教师、职员、
                管理人员、出版商（提供书、
                   期刊、在线服务）
```

大学的客户

谁是大学的客户？主要是学生，但是很奇怪，大学一般不把学生当客户看待。有人说教师拥有学生所没有的专业知识，所以应该把学生当成客户。从这个角度来看，学生当然是客户，他们花钱买专业服务，接受学校教师的教育和指导。因此，当学生对所接受的服务表达意见时，大学机构应该用心聆听。

不过，大学还有别的客户。当父母为孩子的教育买单时，他们就是客户。当公司付钱派员工去进修或者付钱给学校为员工开设特殊课程时，公司就是客户。当政府赞助奖学金时，政府就是客户。当政府委托大学进行研究时，它又是另一种不同身份的客户。

大学还有一群非常重要的客户是捐款人。捐款人是客户？是的。他们捐钱是为了寻求满足感、好名声或者培养人才的机会。把捐款人当客户的想法，可能让许多大学有所反思。很多大学的募捐活动往往是从学校自己想做的事情出发，试着说服捐款人资助这些"任务"。像常规的客户一样，捐款人可以自由地把他们的钱花到别处。或许大学应该更加关注捐助人想要什么，问问捐助人他们愿意资助什么，这样有助于双方建立更好的关系，长此以往也可能募集到更多的钱。

当然，对于大学应该提供怎样的教育，不同群体的看法有时候会互相冲突，因此大学无法同时采纳所有客户的意见。

大学的供应商

大学的供应商主要是教师、职员与管理人员。此外，由于大学做的是传播知识的工作，因此学术期刊的出版社与提供电子信息服务的厂商（如 Lexis/Nexis 和 WestLaw）也都是大学的供应商。

大学的竞争者

大学不乏竞争者。各校招生办公室竞争生源，教师争夺政府和基金会的拨款，大学甚至面临来自本校教师的竞争。例如，商学院教授经常以个人身份向公司提供高管培训，这使得教授们成为商学院在高管培训市场上的竞争者。[12] 与此同时，大学的院长与募款人一起争夺潜在捐款人的青睐，他们不仅要与其他大学竞争，还要与医院、博物馆和其他非营利组织竞争。

在供应侧，大学之间相互竞争员工，尤其是教师和管理人员。有时，大学还要与企业竞争人才。例如，斯坦福大学的金融学教授迈伦·斯科尔斯（Myron Scholes）和麻省理工学院的费舍尔·布莱克（Fischer Black）共同发明了布莱克-斯科尔斯期权定价模型（Black-Scholes Option Pricing Model），后来两人离开学术界去了华尔街。

技术进步可能会加剧学校之间的竞争。随着视频会议系统变得越来越好、越来越便宜，远程课堂的重要性也随之提升。例如，拥有最好的本科生物学课程的大学可以为世界各地的学生提供这门课程。反过来，这将使大学减少对最好的教师以外的其他教师的依赖。[13]

大学的互补者

大学虽然彼此竞争学生和教师，但在塑造高等教育市场上是互补者。如果知道有很多学校可供选择，高中生们会更愿意上大学。如果有很多大学可以提供教师职位，那么就会有更多人愿意去读博士。

大学的互补者名单很长，从幼儿园、小学、初中到高中，都与大学相辅相成。学生早期接受的教育越好，从大学教育中受益得就越多。同样的道理，一所大学的本科部和另一所大学的研究生院是相辅相成的，学生的本科知识学得越好，那么从研究生课程中获得的收益就越多。

大学教育的其他互补品有计算机和住宿。大部分的大学都帮助学生购买计算机，以及协助学生寻找校外住宿。既然学校吸引了来自世界各地的学生，也许也应该帮助学生购买机票，如此一来航空公司也成了互补者。全美最大的学生贷款提供商萨利美（Sallie Mae）的顾问称，他们已经将这一想法付诸实践。萨利美正在帮助学生以更低的价格购买互补品，包括西北航空的机票、MCI电信公司的长途电话服务，还有多家出版社的教科书。为此学生都可以拿到优惠折扣。

对为企业高管提供在职课程的商学院来说,当地的住宿也是重要的互补品。住宿是令西北大学凯洛格管理学院头疼的一个问题,因为伊利诺伊州埃文斯顿几乎没有高质量的酒店,于是凯洛格管理学院建立了自己的高管教育酒店。

文化活动和餐厅使大学对学生更具吸引力。在这方面,纽约和波士顿的学校比帕洛阿尔托[①]和普林斯顿的学校更具优势。还有很多其他的互补者,包括 24 小时营业的打印店、咖啡厅、比萨店与冰激凌店等,这类商家也总是喜欢开在大学校园附近。

大学所在地的工作机会也有影响。随着双职工家庭越来越普遍,哈佛大学就变得比耶鲁大学更具优势,因为波士顿地区发达的商业与纽黑文萧条的经济形成了鲜明的对比。耶鲁大学要克服这个问题就必须花更多的工夫协助教职员的另一半找工作,或时不时考虑将夫妻俩一起聘用。

毫无疑问,关于大学的价值网络还有很多要说的,但重要的是,你要学会为自己的企业绘制出价值网络。你可能已经对自家企业的内部情况了如指掌,但如果要画出价值网络,就必须从客户与供应商的角度看问题,也就是由外而内地了解自己的企业。

多元视角

到目前为止,我们都只从一个角度看价值网络,即把自己放在中心,观察四周的客户、供应商、竞争者与互补者。这当然还不是全局。在商业博弈中还有客户的客户、供应商的供应商、竞争者的竞争者、互补者

---

① 斯坦福大学所在地。

的互补者等。譬如负责招募应届毕业生的招聘人员是大学客户的客户。

你可以尝试绘制一个扩展的价值网络来表示这些关系，但如此一来，你的价值网络很快会变成一团乱麻。更好的方法是绘制多个网络，从每个角度绘制一个单独的价值网络：你的客户、你的供应商、你的竞争者和你的互补者，甚至可以从更多一层关系的角度来看。这样做有它的好处，例如，画出客户的价值网络能让你找到提升客户产品销量的方法，如此一来不仅帮了客户，也帮了自己。

4. 扮演多种角色

世界是一座舞台，男男女女只是演员，

各有下台与登场之时，

而有的人要在自己的出场时间里扮演许多角色……

——莎士比亚，《皆大欢喜》

一个人在商业博弈里可以同时扮演多种角色，这让博弈变得复杂起来。有时，你看到某人扮演了一种角色，却忽略了此人还扮演了其他角色。有时，你无法把任何角色套在某人身上，后来才发现那是因为他一个人同时扮演了多种角色。价值网络能够使你理清头绪。

前文已经介绍过参与者在价值网络中身兼多种角色的案例。在美国航空看来，达美航空既是竞争者，也是互补者。美国航空和达美航空争夺乘客、跑道和登机口，但在委托波音制造新飞机时相互补充。[14] 对美国航空而言，仅把达美航空视为竞争者或互补者都不正确，因为对方同时扮演了两种角色。

同一个参与者同时扮演多种角色其实是常态。战略专家加里·哈默尔（Gary Hamel）与 C. K. 普拉哈拉德（C. K. Prahalad）在《竞争大未来》（Competing for the Future）一书中提到一个案例：在同一时间，AT&T 可能发现摩托罗拉既是它的供应商、客户、竞争者，又是它的合作伙伴。[15] 电力公司的线路除了可以用来输电，也可以用来传输声音与数据，此时电力公司与电信公司就会变成竞争对手。但这并不会影响南新英格兰电信公司与美国东北电力公司现在的互补关系，两家公司共享电线杆来架设电线和电话线，以节约资金。

在非营利组织这儿，纽约现代艺术博物馆和古根海姆博物馆彼此争夺游客、会员、策展人以及画作和资金。尽管如此，也不全是竞争。在周末参观几个博物馆的意向有助于将人们带入纽约。因此，古根海姆博物馆是纽约现代艺术博物馆的互补者，同时也是竞争者。或许它们可以联合推出一个周末通行证，这是许多欧洲城市的普遍做法（在本书出版后，纽约现代艺术博物馆、大都会博物馆和美国自然历史博物馆开展了它们的第一个联合活动——"城市之夏"）。

价值网络中的位置只代表某个参与者扮演的角色，同一个参与者可以扮演多种角色，简单地将某个参与者归类为客户、供应商、竞争者或互补者只会适得其反。

基尔与海德[①]

我们习惯于把商场想象成战场，所以就算其他参与者同时是竞争

---

① 基尔（Dr. Jekyll）和海德（Mr. Hyde）是小说《化身博士》（The Strange Case of Dr. Jekyll and Mr. Hyde）中的主角。他们是同一人，但时而是好人，时而是坏人。作者在这个地方借用一个人的不同人格来指代博弈中参与者的不同角色。

者与互补者，我们也常常只把对方视为竞争者，希望把他们打败。我们只关注邪恶的海德先生，却忽略了善良的基尔博士。

20世纪80年代，盒式磁带录像机的销量开始飞速增长。当时电影公司深信，如果观众以后能租到或买到录像带，就不会进电影院看电影了。电影公司虽然可以靠录像带赚钱，但一般认为这项业务会大幅侵蚀大银幕的利润，以至于它们觉得自己的下场会很惨。因此，电影公司纷纷把录像带的价格定得很高，让租赁店只能买几部，几乎没有录像带可以直接卖给消费者。

电影公司担心录像带和大银幕互抢市场也不无道理，因为的确有人会放弃去电影院，直接等录像带发行。然而，录像带带来了更重要的互补效果：院线口碑好的电影激发了人们租借或购买录像带的欲望；对于喜欢的电影，观众可能会买录像带收藏或是租回去再看，也可能会推荐错过院线的朋友去看录像带。

电影公司现在已经改弦易辙，开始用不到20美元的价格对外发售录像带，而不是用69.95美元的价格只将录像带卖给租赁商店。结果电影院、录像带租赁与销售三者加在一起的市场远远大过录像带出现之前的电影市场。在1980年，电影院的年度营收是21亿美元，录像带的年度营收只有2.8亿美元；到了1995年，电影院的年度营收上升到49亿美元，而录像带出租与销售的年度营收总额高达73亿美元。[16]

正如电影公司当初担心录像带会抢走电影院的生意一样，传统书店也把电子出版与互联网视为竞争者。它们只看到博弈的一半，而忽略了另一个重点，也就是网络上的销售可以刺激读者对传统书店的需求。麦格劳希尔（McGraw-Hill）出版公司的首席执行官约瑟夫·迪翁（Joseph Dionne）就曾表示："我们为10本书出了电子版，没想到对应的纸质书的需求也跟着增长了起来。"[17]

第二章 竞合

亚马逊与 BookZone 等网络书店做大了整个图书市场，同时也刺激了传统书店营业额的增长。虽然有时候人们从亚马逊网上书店而不是从传统书店买书，但亚马逊网上书店为购书者提供了时间上的便利，比如凌晨两点。这种额外的售卖扩大了整个市场。好处还不止如此，卖书靠的是口碑，每卖出一本都可以带来连锁反应。亚马逊的读者将喜欢的书推荐给朋友，这些朋友就可能会到传统书店去买书；也有人是因为看了网络书评才走进书店。说到底，如果网络能帮忙卖出更多的书，作者与出版社就会出更多的书，对书店和读者来说都是好事。

在《出版者周刊》的一篇文章中，BookZone 总裁玛丽·韦斯特海默（Mary Westheimer）回应了她在 1995 年美国书商协会大会上受到的冷漠对待：

如果这些感到受威胁的书商们抛开无意义的争斗，换一个角度来看问题的话，他们也许就会发现，所谓的竞争实际上是一种互补。我们可以共同创造一种购买的欲望，而这种欲望足以支撑我们整个行业[18]……如果我们所有人，书商、出版人、经销商和作者，都尽力做好销售的话，就会有更多的人买更多的书。如果我们齐心协力朝着这个目标努力，我们和我们的读者（客户）就会更快乐。[19]

传统书商只看到竞争，而韦斯特海默则认识到了图书产业里的互补关系。

每个办公室都可以找到误将好人基尔当成坏人海德的案例。计算机刚出现的时候，几乎每个人都认为计算机将削减传统的文书工作。以电子形式存储的文字与数据似乎是纸张有史以来最大的竞争者，到处都有人讨论无纸化办公，人们甚至开始怀念起传统的印刷和手写资料。然而后来的发展却出人意料。《华尔街日报》报道："尽管纸张成本上涨、计算机使用者增加，但办公室用纸仍从 1989 年的 290 万吨上涨为 1995 年的 430 万吨。"[20] 计算机带来的真正改变是让文书处理更加方便，到目前为止，计算机与纸张互补的程度远高于竞争。

然而，不是每家厂商都愿意接受互补品。花旗银行早在 1977 年就成为第一家引进 ATM 机的银行，后来其他银行也纷纷推出 ATM 机，并邀请花旗银行加入它们的 ATM 网络。网络中合作的银行越多，各家银行的 ATM 卡就越好用。但花旗银行拒绝加入，它不想做任何可能对其竞争者有帮助的事。不想为了帮助好人基尔而让坏人海德获得好处，这个决策牺牲了花旗银行客户的权益。当其他银行的 ATM 网络逐渐成为美国与全球的主流系统时，花旗银行的客户却被排除在外。有限的 ATM 网点让花旗银行的市场份额下降，后来花旗银行终于清醒了，在 1991 年改变策略加入了其他银行的 ATM 网络。

当然，商业博弈的参与者有可能一开始是好人基尔，后来却变成坏人海德。有线电视起初有助于无线广播公司的业务，让无线频道的节目得以进入信号接收不佳的地区。然而随着时间的推移，有线电视开始播出无线频道以外的节目，如 HBO、CNN、MTV、Nickelodeon、Nashville、Home Shopping Network 等。即使在信号接收好的地区，人们也开始订阅有线频道，改看有线节目。此时，对无线广播公司来说，有线电视更像竞争者而不是互补者。

为什么大家很容易看到坏人海德，却看不到好人基尔？这就是"商场即战场"的思维模式在作怪，认为商业上只有竞争没有互补，只要客户去买别人的商品，就不可能买你的；只要供应商提供资源给别人就无法提供给你。一切都是竞争！

源于生活的思维模式就是要权衡取舍，没有人可以拥有一切。你只有有限的钱、有限的时间、有限的资源，不得不做出选择。客户和供应商必须在你和竞争者之间做出选择。它是非此即彼的，而不是两者兼而有之的。

然而,"人生在世必做出选择"的观点并没有考虑到互补的可能性。当客户买了与你的产品互补的产品,就更可能买你的产品,这就是互惠互利,而不是你死我活。当供应商把资源提供给你的互补者,将意味着他更容易把资源提供给你,这也是两全其美,而并非互相冲突。

为了帮助认识基尔与海德,请记住要同时考虑互补者和竞争者。

> **基尔与海德**
>
> 人有一种倾向,会把每一个新的参与者都看作竞争威胁。
>
> 然而许多参与者除了与你竞争,也会与你合理互补。
>
> 除了要留意竞争的危险,也要寻找互补的机会。

创造市场

参与者可以同时是竞争者与互补者,这解释了一个看似奇怪的现象:为什么相互竞争的店时常会开在一起。例如,纽约第47街上的珠宝商、SoHo的艺术画廊、伦敦的旧书店、洛杉矶韦斯特伍德的电影院以及总是连成一片的汽车经销店。

在布鲁塞尔,大萨布隆广场(Place du Grand Sablon)周围遍布古董店。这些古董店为什么不在布鲁塞尔分散着开,从而各自都拥有一块自己的市场呢?这样一来,直接的价格竞争就会减少,因为顾客会发现比较价格不太方便。沃尔玛就不会开在凯玛特商场旁边,Pearle

Vision 眼镜店也不会开在亮视点（LensCrafters）旁边，咖啡店或干洗店通常也不聚集。

但这种思维方式只是将布鲁塞尔的古董店都视为竞争者。事实上，古董店开在一起会使彼此成为互补者。如此一来，买家就不必事先选好特定的店家，而是可以到大萨布隆广场逛逛，随处看看并做出更明智的选择。在大萨布隆广场买古董很方便，大家就更愿意为古董而来，也觉得会挑到好货，因为在竞争激烈的环境下，品质差或者价格不实在的店家很容易就被淘汰。买家如果能够找到喜欢的椅子就更愿意再买张桌子，椅子好找，桌子也好卖，反之亦然。大大小小的古董店虽然是瓜分市场的竞争者，但首先也是创造市场的互补者。

有时候群聚效应会同时为供应商和客户创造出更大的市场，纽约的百老汇和"外百老汇"就是一个例子。不同的表演节目虽然彼此竞争，但是琳琅满目的节目也为纽约市带来了大量的观众。在供给侧，表演艺术的聚集创造了一个关键规模，使供应商更容易被吸引过来。室内音乐可以和交响乐共享音乐厅，戏剧可以与舞蹈表演共享舞台，演奏交响乐的音乐家可以在歌剧和音乐剧中演出，剧院的服装设计师可以为歌剧和舞蹈表演工作，灯光设计师可以跨足戏剧、音乐、歌剧和舞蹈表演，导演可以去"外百老汇"挑选演员，甚至在附近的餐厅挖掘潜力新秀。[21]

无论是珠宝商、艺术画廊、旧书店、电影院、汽车经销商、古董店还是艺术表演，大家聚集在一起创造了发展市场的互补性，虽然有时也会给市场带来更多的竞争。

玩具反斗城的策略似乎正相反，它的商店总是开在高速公路沿线租金低廉的地区，并不挨着其他零售商。大家去玩具反斗城的目的就是买玩具，那么玩具反斗城这样做合适吗？我们的确不建议玩具反斗城和其他玩具店开在一起，但是也许在店里有一家麦当劳餐厅或一家 Discovery Zone（室内儿童游乐场）会使其更具吸引力。毕竟那些想去 Discovery Zone 开生日庆祝会的人们会经过这个玩具店，岂不是非常方便！既然已经来了，顺便来个巨无霸汉堡？

到此为止，我们说的都是互补性。但玩具反斗城的问题是，把孩子放在麦当劳或 Discovery Zone，家长在购买玩具时就不太会受到孩子的影响。因此，麦当劳和 Discovery Zone 在让人们进入玩具店方面是玩具反斗城的互补者，但在人们购买玩具时是竞争者。

我们无法评估互补和竞争的效应哪个占主导地位，但有 500 多家分店的玩具反斗城也许不妨做些多样化的尝试。

事实上，玩具反斗城或许可以从自己的海外业务中学习。例如，在日本的玩具反斗城已经和麦当劳与百事达合作，一同打造家庭购物中心。

和平与战争

企业之间彼此是
　　创造市场的互补者；
　　瓜分市场的竞争者。

一个无法回避的参与者

在价值网络中，有一个参与者占据不止一个位置，那就是政府，包括联邦政府和州政府。政府可以扮演客户、供应商、竞争者与互补者，此外，它还扮演着一个重要的幕后角色。

当政府购买商品与服务时，它和其他人一样都是客户，只不过采购量大而已。作为客户，政府委托新建道路、桥梁、建筑物与监狱，购买医疗保健和教育服务，以及大量的军事设备。此外，政府也是供应商，出售石油和矿产权、伐木权及无线电频谱使用权等。

当纳税时，人们用于购买其他商品和服务的钱就会减少，从这点来看，政府与私人企业都在竞争人民的钱。诚然，"竞争"是片面的，因为纳税是强制性的。同样的道理，政府举债的时候是在和需要筹措资本的公司抢资金。公办的大学和私立的大学竞争，国营的美国邮局和私营的联邦快递竞争。作为最大的雇主，政府还与任何希望雇用人员的企业竞争。

同时，政府负责提供基础建设，维护社会秩序，因此是所有商业活动的互补者。各行各业都仰赖政府提供生命和财产保护、交通网络、法院体系与稳定的货币等。没有这些东西，生意根本做不成。

除作为客户、供应商、竞争者和互补者的角色外，政府还有权制定管理参与者交易的法律和法规。我们将在"规则"一章中更多地讨论政府作为规则制定者的幕后角色。

5. 是敌是友

要贴近你的朋友，更要贴近你的敌人。

——迈克·克里昂（Michael Corleone），《教父》第2部

在商业博弈中，谁是朋友，谁又是敌人？这个问题听起来似乎很简单：你有三类朋友和一类敌人——客户、供应商和互补者全站在你这边，而竞争者显然不会。

事实上,我们知道这不太可能正确。直觉告诉我们,在价值网络的垂直维度上,存在着合作与竞争的混合体。当你和供应商及客户走到一起创造价值时,那就是合作;但当分蛋糕时,客户要求降价,供应商也想分一杯羹,那就是竞争。本书中所有案例的竞争与合作永远都是同时出现的,这种二元性才是你与客户和供应商关系的最佳写照。

那么水平维度上呢?谁是你的朋友和敌人?当互补者进入博弈时,你会很高兴,而且在大多数情况下,如果竞争者不参加,你会更高兴。如此,互补者是朋友,竞争者是敌人吗?情况当然没这么简单。

互补者的进入会让蛋糕变大,于是你们达到双赢,但接下来你们会为了分蛋糕开始拉锯战,互补者分到的蛋糕少一点,你的蛋糕就会多一点,反之亦然。

互补者之间的拉锯战在计算机行业尤为明显。硬件制造商为微软提供了互补品,康柏和戴尔进入通用 PC 市场就会使微软获利。微软甚至可以从康柏与戴尔的价格战中捞到更多的好处,因为计算机价格下跌会吸引更多的人购买,从而带来更多的软件销售,让微软成为赢家。原本就愿意用较高价格买计算机的人,也可以省下一些钱去买软件,让微软再次获利。互补者,或许是你的朋友,但你不会介意让他们遭受一点痛苦来给你带来利润。

事实上,如果互补者过得太惬意,那么你分到的蛋糕可能不会太多,甚至没有。以网络接入服务来说,室内电话是其关键的互补品,但如果电话费很贵,上网的费用就得压低,而价格太低又会导致无利可图,这就是网络接入服务在日本发展不起来的主要原因。日本电信运营商 NTT 在日本独占市场,收取高额的本地通话费用,相比之下,在美国的大部分地方,本地通话的非计时收费模式让美国在线、

CompuServe 和众多网络服务提供商得以飞速发展。便宜的互补者才是你的朋友。

那竞争者呢？竞争者之间的关系很明确，优胜劣汰，这是战争。有时的确如此，本书后面的章节会谈到任天堂如何打败对手成为电玩行业的巨人，也会谈到孟山都的 NutraSweet 甜味剂如何在欧洲进行价格战，杀鸡儆猴。然而，"与竞争者之间永远只有战争"是过于简化的想法。通常，"我赢你输"模式会导致得不偿失的胜利，使表面上的"我赢你输"变成"双输"。通过降价抢市场就是典型的例子，在你降价之后竞争者通常也会跟着降价，最终结果是所有人的利润都降低了。

与竞争者进行拉锯战的另一个问题是很难彻底消灭他们，通常只能对他们造成伤害，但是负伤的野兽往往更加危险。利润既然已经被拉低了，他们也就没什么可失去的了，这就使他们变得更具侵略性，也更无所顾忌了。

所以你还有另一种选择——找出和竞争者双赢的机会。

和竞争者一起赢，是真的吗？我们常说公司内要团结、合作及信息共享，但走出公司，让竞争者获胜的想法似乎很幼稚。他们有时会赢是不可避免的事实，但重要的不是其他人是否赢了，而是你是否赢了。

很难一下子习惯这种观念，但有时候取得成功的最好办法就是让别人也成功，包括竞争者在内。我们已经看到了一些一般被视为竞争者同时也是互补者的案例，只要这些公司作为互补者成功了，很明显大家彼此都受益。

为了发展共同的互补品，你可能会与你的竞争者合作。就像在汽车业刚刚起步的时候，相互竞争的汽车制造商可以联手建设道路。而今天，相互竞争的高科技公司经常联手为信息经济建设基础设施和标

第二章 竞合

准。例如，为帮助 Java 成为网络计算的下一个标准，IBM、Sun、康柏、思科、网景、甲骨文及其他公司于 1996 年 8 月联合创建了一个 1 亿美元的风险投资基金以推广 Java 技术。

有时候让竞争者成功才是最好的策略。在后文中，我们将看到公司削弱竞争者的举动很容易削弱自身实力的情况。我们将展示如何实现双赢——通过避免相互破坏的竞争来取得成果。我们会看到"客户忠诚计划"如何让厂商免于落入价格战的陷阱。我们也会发现"匹配竞争条款"这些规则如何改变竞争的本质。我们还会告诉大家认知比事实重要。通过影响对手的认知，你可以改变对手的回应方式来达到互利的目的。简而言之，我们会看到在某些情况下，让竞争者成功是值得的，因为如果竞争者的日子过得舒服、有利可图，就不会像走投无路时那么危险。

恺撒：但愿有胖子常伴随我左右。

——莎士比亚，《尤利乌斯·恺撒》

把市场留给竞争者不是明智之举。我们很明白，如果你让竞争者分享你的市场，他们可能都会非常高兴。我们的策略并不是要你让出市场，让你去做好事，然后等待他人的回报，这只会造成"我输人赢"的结果。[22] 我们考虑的是更聪明的竞争方式，使你完全不需要仰赖别人的善意就能够获得利益。

你与竞争者的关系表面上是竞争性的，只要竞争者进入博弈就代表你输了，但是如果你认识到这一点就未必会输：一旦竞争者进入博弈，你就可以与他们进行双赢的互动。与竞争者之间并不全是战争，有战争，也有和平。

无论是客户、供应商、互补者还是竞争者，没有纯粹的敌人或纯粹的朋友。每一种关系都同时存在"人输我赢"与"双赢"两种可能性，这就是战争与和平。

> **朋友与敌人**
>
> 你与以下参与者的关系既有双赢，也有人输我赢的可能性：
> - 客户
> - 供应商
> - 互补者
> - 竞争者

我们已有一张图（价值网络）和一个思维模式（竞合战略）用来思考商业博弈，也讲了一些关于公司是如何改变博弈的案例，如福特公司和福特信贷公司、英特尔和 Proshare，而且提到了很多我们将要谈到的案例。不过我们还缺少一套改变博弈的系统性方法，要发展这套方法就要用到博弈论，这是下一章的主题。

第三章 博弈论

人生是一场不得不玩的游戏。

——埃德温·罗宾逊（Edwin Robinson），诗人（1869—1935）

你希望从一场博弈中分到多少蛋糕？这个问题的答案不仅要看整个蛋糕有多大，也不只是看分蛋糕的方式公平与否，或者你的手法高明与否。你能分到多少蛋糕取决于你与其他竞争者在博弈中的优势大小，而博弈的结构决定了每一方拥有多少优势。博弈论展示了如何量化这种优势。

博弈论最初是应用数学的一个分支，也可称为策略科学。[1]它可以分析人与人相互依存的情况，当一个人的命运取决于其他人的行为时，博弈论提供了一种制定策略的系统性方法。

博弈论听起来就是为商业策略分析量身定制的，但是商界过去却一直未能采纳与应用它。问题在于学界注重数学分析，而商界注重经验。许多商人都听说过博弈论，也觉得它或许是很强大的策略工具，但是一堆数学公式令人眼花缭乱，让人们很难将理论与实践联系起来。

与此同时，博弈论专家通常不熟悉商业实践，他们的一些理论并没有捕捉到现实。我们在教学、研究和咨询方面的经验表明，博弈论和商业实践之间的交流是有可能的，也是有价值的。本书的重点就是要将理论与实践相结合。

本章将阐述博弈论的基本思想，后续章节则将重点介绍博弈论在商业策略上的实践。我们会在这一章打好基础，教大家用新的方式思考，故而会用一些刻意简化、精心设计过的博弈来举例。虽然省略了数学公式，但推理的过程还是经过仔细推敲的，只要读懂本章，接下来的章节会让你大有收获。因为在随后的章节中，我们将应用这些概念来分析和制定各种商业策略。

从纸牌游戏开始 为了讲明白博弈论是如何运作的，我们将从一个看似简单的游戏开始。在一个懒洋洋的日子，哈佛大学的亚当教授[①]和他的 26 名 MBA 学生正在玩纸牌游戏。亚当手里有 26 张黑牌，并给每个学生分发了一张红牌。商学院院长很慷慨，自愿提供 2600 美元的奖金，师生中只要有人交出一对牌，一张黑一张红，就可以获得 100 美元。

这就是游戏规则。亚当和学生之间进行自由的谈判，唯一的限制是学生不能联合起来，只能根据个人情况和亚当讨价还价。你觉得最后交易的结果会怎么样？

想象一下你是其中一名学生，亚当提出用 20 美元换你的红牌，你会接受吗？

这个游戏我们玩过很多次，对象有学生、经理、高管、营销人员、劳工谈判人员和律师，玩家的第一反应几乎都觉得亚当比较有优势。因为从学生的角度来看，亚当实际上垄断了所有的黑牌，如果他们想达成协议，就必须去找亚当。亚当垄断了黑牌，理论上可以在谈判过程中占尽优势。

[①] 亚当教授，本书作者之一。

第三章 博弈论

你准备好接受亚当 20 美元的报价了吗？

别急。你其实比你想象的更有优势，所以放心拒绝亚当吧。也许你还可以讨价 90 美元来反击。如果亚当拒绝你，别紧张，坚持立场，就算你们没办法立刻达成协议，也不代表游戏就结束了。

亚当会逐一找其他 25 名学生交易。接下来会发生什么呢？亚当还剩下一张黑牌，而仅剩下的一张红牌在你的手里。为了达成最后一笔交易，亚当需要你，就像你需要亚当一样。由于你和亚当现在处于完全对等的位置，在这种一对一的讨价还价中你们都没有相对优势，因此对半平分是最有可能的结果。

你可以靠着等待用手上的红牌换到 50 美元，既然最终的交易结果将是对半平分，那么你和亚当不妨事先直接同意对半平分的交易。而且由于任何学生都可以使用你的策略，因此结果很可能是全员对半平分。这场纸牌游戏说穿了就是 26 场各自独立的双边谈判，亚当和学生在每一场交易中彼此需要，缺一不可。

巴里教授[①]随后决定在纽黑文（耶鲁大学）尝试相同的游戏。但他拿出来的不是一副完整的牌，好像有 3 张黑牌不小心丢了。巴里手上握有 23 张黑牌，26 名学生每人一张红牌，规则和之前一样，一张黑牌加一张红牌，可以换到 100 美元。巴里和他的学生之间的讨价还价将何去何从？这次的蛋糕比较小，巴里和他的学生的交易结果最终是否会比亚当和他的学生差呢？

再请你设身处地地想象一下，如果巴里提议用 20 美元换你的红牌，你会接受还是拒绝？

如果你尝试以前的策略，结果会让你大吃一惊。这一次，坚持等

---

① 巴里教授，本书作者之一。

待不再是个好对策。当亚当有 26 张牌时，他需要所有 26 名学生的牌才能完成配对。如果你拒绝了亚当最初的报价，还是可以笃定他会回来找你。但是现在巴里只有 23 张牌，巴里正在玩一把抢椅子游戏，最后将会有 3 名学生被排除在外。如果你拒绝 20 美元并要求 90 美元，巴里可能会走开，再也不会回来找你。你能拿到的就是一张红牌和 0 美元。

其他学生也面临同样的困境，若不接受巴里的出价，结果就有可能是一场空。因此学生一个接着一个地放弃议价，到最后会有 23 名幸运的学生拿到 20 美元，最后 3 名学生一分钱都拿不到。面对这种博弈，我们给出的建议是：如果巴里提议要给你 20 美元就赶快接受吧！

事实上，巴里甚至可以提出九一分成。有 3 名学生最后面临一无所有，学生当然愿意降价竞争，因为能拿到 10 美元的人依然是幸运的。对巴里来说，2300 美元的 90% 比 2600 美元的一半要好得多。

丢了 3 张牌绝非偶然，巴里有点马基雅维利主义倾向，没错，他把蛋糕弄小了一点，但他很清楚失去 3 张牌会如何改变蛋糕的分配。只要最后分到的蛋糕够大，丢掉的那一小块就算不上什么了。

这只是纸牌游戏吗？不，这是游戏巨头任天堂采用的一种策略，巧的是，任天堂最初就是一家纸牌制造商。1988—1989 年，任天堂的游戏卡带短缺，于是它选择了玩巴里版的纸牌游戏，而不是亚当的版本。有一个很大的不同是，任天堂因此赚到的钱远远超过亚当和巴里，在第五章"附加价值"中，我们会谈到更多关于任天堂的故事。

洗劫城市　美国国家橄榄球联盟（NFL）通过玩巴里版的纸牌游戏获利。通过故意限制联盟中的球队数量，NFL 确保需要橄榄球队的城市总是比球队数量更多。1988 年，圣路易斯红雀队搬到了凤凰城，使圣路易斯空有一座球场而没有球队。为了吸引新球队入驻，圣路易斯向联盟数次出价，但都没有成功，因为其他城市也纷纷用更加优厚的条件留住自己的球队。最后在 1995 年，圣路易斯说服公羊队从阿纳海姆搬过去，现在洛杉矶有了两座空荡荡的体育场——此前洛杉矶也没能阻止突袭者队投效奥克兰。当巴尔的摩小马队从马里兰搬到印第安纳波利斯时，巴尔的摩急于寻找新球队入驻，在克利夫兰布朗队决定将巴尔的摩的绿色牧场作为新家之前，他们花费 2 亿美元建造了一座新的体育场，并开价 7500 万美元的预付款。最终布朗队搬入巴尔的摩，留下克利夫兰空荡荡的体育场。

越来越多的球队变得像"自由球员"。休斯敦油人队在 3 亿美元的先进体育场与 2800 万美元搬迁费的诱惑下，想要搬去纳什维尔，那样休斯敦将会剩下一座空球场。与此同时，芝加哥熊队正在考虑搬到印第安纳州的加里，坦帕湾海盗队可能会搬往奥兰多，[2] 西雅图海鹰队正在考虑离开西雅图，凤凰城红雀队也想再次转移阵地。

城市多、球队少，所以球队在和各个城市的谈判中才能这么强势。谈判优势全在球队这边，相对来说，想要争取球队进驻的城市几乎没有筹码，结果是即便已经有了球队的城市也连受波及。1992 年的一项研究表明，美国各州政府与地方政府向球队老板们提供了高达 5 亿美元的补贴，而那时抢夺球队的竞赛才刚刚开始。

通过玩巴里版的纸牌游戏，NFL 大赚特赚，但也付出了代价。随着球队对主场城市的忠诚度降低，球迷对球队的忠诚度也会降低，从长远来看，这对 NFL 不利。我们将在"附加价值"一章中更多地讨论市场供应不足的利弊。

每当你试图了解谁在博弈中占有优势时，纸牌游戏就是一个值得谨记在心的好模型，我们将在后面的章节中多次提到它。

1. 附加价值

纸牌游戏让你看到了谁能分到多少蛋糕，博弈论则提供了一般性的规则，让你无论是面对纸牌游戏，还是商业博弈或者人生博弈，都能够分析出谁会得到什么。想了解博弈中谁占优势，关键就在附加价值。

附加价值衡量每个参与者所带来的价值，正式定义如下：先测算当你和其他人都在博弈中时蛋糕的大小，然后再测算在没有你的情况下其他人能做出多大的蛋糕，两者的差异就是你的附加价值。

> 你的附加价值=
> 你参与博弈时蛋糕的大小 − 你没有参与博弈时蛋糕的大小

你很难从博弈中获得比你的附加价值更多的东西。直观地，你能从博弈中拿走的东西受限于你的贡献，而你的贡献就是你的附加价值。如果你要求的报酬多于你的贡献，就表示其他人能分到的蛋糕比你加入前还少，他们会同意吗？还不如大家一起把你踢出去，分到的蛋糕反而比较多，所以不要妄想拿走超过自己附加价值的报酬。[3]

让我们回到纸牌游戏，从附加价值的角度重新审视它。先看看亚当和他的 26 张黑牌，没有亚当和他的牌就没有博弈，因此亚当的附加价值等于博弈的总价值，即 2600 美元。每个学生都有 100 美元的附加价值，因为没有红牌就要少配对一次，即损失 100 美元。因此，附加价值的总和是 5200 美元（亚当的 2600 美元加上 26 名学生每人的 100 美元）。鉴于博弈的对称性，很可能每个人最终都会得到他或她的

第三章 博弈论

附加价值的一半：亚当以每张 50 美元的价格购买红牌，或者以每张 50 美元的价格出售他的黑牌给学生们。

在巴里版的纸牌游戏中，附加价值则完全不同。因为只有 23 张黑牌，所以蛋糕变小了——2300 美元。巴里的附加价值也是 2300 美元，但失去 3 张黑牌带来的重大影响是每个学生的附加价值都为 0。有 3 名学生最终将无法配对，因此没有一个学生在博弈中是必不可少的。26 名学生的总价值是 2300 美元，25 名学生的总价值仍然是 2300 美元，因此每个学生的附加价值都是 0。巴里是唯一有权分蛋糕的人，所以无论你相信与否，他哪怕只给学生每人 10 美元或 20 美元，都算慷慨了。

人们在尝试评估他们的附加价值时会犯一些常见的错误。当我们要求人们玩纸牌游戏时，我们会看到这些错误总是发生。第一个错误是只看到前述等式的一半。人们将注意力放在如果没有亚当，他们将一无所获，因此认为自己没有优势，而忽略了亚当的弱点。他们会很快同意以低价出售自己的牌，价格不会高于 20 美元，成交后还觉得自己很幸运。但是他们却没想到这场游戏要是没有他们，亚当也同样什么都拿不到。你不能只想着少了亚当，你会损失多少，还要想想要是没有你，亚当会损失多少。如果没有你，那 100 美元他最终也沾不到边。所以，亚当的处境真的没有比你好，他可能会为你的红牌支付最多 100 美元的任何金额。这就是你的附加价值。从附加价值的角度思考有助于你了解自己的优势。

如果要计算你的附加价值，请问一下自己："如果我加入这场博弈，能为博弈带来多大贡献？"与其专注于你愿意接受的最低回报，不如更多思考其他参与者为了让你参与博弈，最多愿意向你支付多少。

关于附加价值的第二个常见错误是将个人的附加价值与群体的附

加价值混为一谈。在巴里版的纸牌游戏中，这个错误体现得尤为明显。巴里的学生会高估自己的价值，认为少了自己，巴里什么都拿不到，所以自己总该有些附加价值吧。确实，学生们作为一个群体的附加价值等于整个蛋糕，即2300美元，但这并不意味着学生们会分到一大块蛋糕。只有当所有学生都联合起来并作为一致行动人来改变游戏规则时，这种情况才会发生。这样做肯定符合学生们的共同利益，是一种改变参与者的策略，也是下一章"参与者"的主题。然而，只要每个学生都保持独立，彼此竞争，抢着和巴里达成交易，那在这种情况下，任何单个学生的附加价值都为0。这也是为什么在巴里版的纸牌游戏中，学生如果能拿到20美元就算幸运了。

让我们再以汽车为例思考附加价值的概念。汽车拥有很高的附加价值，因为我们很难想象没有车的日子要怎么过。但这是否意味着福特拥有巨大的附加价值？不。除去福特，你仍然会有通用、克莱斯勒、丰田、日产和许多其他汽车制造商，不再会有的仅仅是福特探索者或福特野马。从某种意义上说，福特独自的附加价值要有限得多。

你的附加价值是什么

将新理论引入日常生活总是很有意义，现在你可以问："我的附加价值是什么？"但请注意，这是一个让人不舒服的问题。你必须设想没有你的世界会是什么样子，这比阅读自己的讣告还要糟糕，就像是在自己的周年忌日读报纸，看看没有你的世界有什么不同。

事实上，有些人努力工作是为了隐藏他们的附加价值。大家都认识一些不停工作、不肯休假的人吧？他们会告诉自己及其他愿意倾听他们的人，如果他们离开工作岗位，世界就会停止运转。如果真是这

第三章 博弈论

样,他们确实具有很大的附加价值。然而,更有可能的情况是,少了他们世界照常运转。因此,他们继续努力工作,以免发现自己没有那么无可替代。

回顾过去,弄清楚在某些情况下你的附加价值是什么其实是一种终极虚无主义的体验,因为你得想象一个自己不曾存在的世界。这就是吉米·斯图尔特(Jimmy Stewart)在电影《美好生活》(*It's a Wonderful Life*)中所做的事情。

这部 1946 年的电影由弗兰克·卡普拉(Frank Capra)执导,吉米·斯图尔特扮演主角乔治·巴里,一位集银行家、丈夫和父亲三重身份于一身的角色。乔治·巴里娶了高中恋人(唐娜·里德),并在他的家乡贝德福德福尔斯定居下来,经营他父亲的储蓄和贷款业务。梦想着环游世界的乔治自觉被困在有限的小世界里。临近圣诞节的一天,乔治的叔叔心不在焉地拿着公司的业务现金到镇上的银行存钱,但是半途把钱弄丢了。邪恶的银行老板波特先生(莱昂内尔·巴里摩尔饰演)发现了现金,但没有将其返还给乔治。乔治担心这笔损失会使自家公司被迫歇业,波特先生将得到觊觎已久的收购机会,那样的话整个小镇也会跟着完蛋。乔治陷入深深的抑郁并考虑自杀,但随后遇到"二级天使"克拉伦斯,他为了让自己长出翅膀而下凡拯救乔治。克拉伦斯向乔治展示如果乔治不曾存在,世界会是什么样子。乔治看到小镇变成了一个更悲惨的地方,因此他认识到自己的人生是有贡献的,附加价值很高。他对人生重新燃起希望,要让自己活下去,最终得到了温馨欢乐的大结局。

我们将在本书中多次开展乔治·巴里式的实验,既回顾过去,也展望未来。回顾过去是为了了解如果某个参与者一开始并不存在,对其他参与者的命运会造成什么影响;展望未来则是为了思考如果某个参与者现在离开了，对其他参与者的命运又会造成什么样的影响。

乔治·巴里对他的附加价值表示怀疑，但演员吉米·斯图尔特的附加价值是毋庸置疑的。要是没有他，《美好生活》就不可能如此精彩。

电影明星拥有巨大的附加价值，但对电影制片公司来说，这未必是好事。真正为电影带来最大投资回报率的是那些没有大明星却依然大卖的电影，如《洛奇》《小鬼当家》《王牌威龙》《生死时速》等，可惜这种好运并不经常发生。西尔维斯特·史泰龙、麦考利·卡尔金、金凯瑞、桑德拉·布洛克等原本默默无闻的演员都因为这些影片爆红，然后他们的附加价值就提升了，下一部电影的片酬跟着水涨船高。

当麦考利·卡尔金被选中出演《小鬼当家》时，他只是众多可以扮演这个角色的有抱负的儿童演员之一。当时，他几乎没有附加价值，很乐意以大约 10 万美元的价格出演这个角色。出人意料的是，《小鬼当家》成为史上票房收入第六高的电影，二十世纪福克斯仅在美国市场就收获了 2.86 亿美元的票房。续集当然要拍，不过这次麦考利·卡尔金的附加价值就大不相同了。[4] 对电影观众来说，麦考利·卡尔金就是电影主角凯文·麦卡利斯特。电影制片公司不可能再换一个新面孔，甚至不能再换一个童星。因此在《小鬼当家 2：迷失纽约》中，麦考利获得了大约 500 万美元的片酬，外加美国国内影片营收分红的 5%。这部续集票房收入 1.74 亿美元，麦考利的收入又增加了 870 万美元，成为好莱坞票房收入最高的 40 位演员中最年轻的一位。

迪士尼拥有创造无偿明星的魔杖，它这些年的动画电影《小美人鱼》《美女与野兽》《阿拉丁》《狮子王》《风中奇缘》都特别赚钱、留名影史。这些电影在制作过程中不必付片酬给任何明星,只要付薪水给动画师就好了。而动画师无法要求太高的薪酬,因为就个人而言,动画师没有太多的附加价值。很多动画师都在为角色工作,没有人是不可替代的,所以迪士尼一直把利润留给自己。今天的动画产业处于不断变化的状态,一方面,随着史蒂文·斯皮尔伯格、杰弗瑞·卡森伯格、大卫·格芬所创办的梦工厂SKG与迪士尼一起在市场上制作动画电影,动画师的附加价值也开始上升;另一方面,迪士尼正在用计算机动画取代手工动画,并制作出了横扫全球票房的《玩具总动员》。

2. 规则

先前的纸牌游戏没有硬性规定谈判方式,亚当可以随意向任何一位学生出价,学生也可以自由杀价。如果亚当和学生没有立即达成交易,学生也可以等亚当再回来找他,谈判没有时间压力。

有些谈判可以很自由,但很多时候谈判是有规则的。在业务经营中,你可能要向每个客户提供相同的价格,这就是规则。或者你和客户之间签订了优先权条款,无论客户从竞争对手那里得到什么报价,只要你愿意跟进,客户就必须把生意留给你做,这也是一种规则。当超市列出商品价格时,顾客要么接受要么放弃,这也是一种规则,事实上这是大多数零售商采用的规则。发布价格的不仅仅是卖家,有时买家也会这样做。当雇主招人时,他们通常会指定工作的条款和薪水,而且几乎没有进一步谈判的余地。

商务谈判有很多规则,这些规则来自惯例、合同或法律。与附加价值一样,规则是博弈中重要的元素,将影响参与者的优势。

为了了解规则如何改变博弈,我们回到纸牌游戏并添加一个简单的规则:只有亚当可以出价。和之前一样,一张黑牌和一张红牌在一起价值100美元,亚当有26张黑牌,26名学生每人一张红牌。但现在改为一次性议价——"要么接受要么放弃"的谈判,我们称之为"最后通牒"游戏。作为一名学生,你可以选择接受或拒绝亚当的报价。如果你接受,则交易完成;如果你拒绝,游戏就结束了。你不能讨价还价,亚当也不能带着更好的报价回来。无论是交易完成还是交易中止,亚当面对每个学生都只有一次机会,反之亦然。

最后通牒　想象一下,如果你是亚当,你会出多少钱来换学生的红牌?你会选择对半平分,还是你有办法拿到更多?你真的会那么幸运吗?

我们多次在课堂上玩这个最后通牒游戏,结果基本一致。我们请人扮演亚当的角色,在第一场谈判中,扮演亚当的人通常出价50美元,这个价格会被接受,双方平分100美元,然后游戏结束。

这个结果并不令人意外。因为我们通常会倾向平分利益,觉得其他的方法都不公平。出价低于50美元对学生不公平,超过50美元对亚当不公平。

如此出价还有一个考量。如果亚当出价低于50美元,他可能会被拒绝,最终一无所获。学生有权决定亚当是否能拿到钱,既然学生处于有利地位,亚当要求太多的话就显得愚蠢了。

不过这只说对了一半。如果拒绝亚当的提议,学生也将一无所获,这似乎使学生处于弱势地位,学生究竟是强势还是弱势呢?优势是在提出要约的人手中,还是在接受或拒绝它的人手中呢?

为了找出答案,我们在第一场谈判结束时要求暂停,并同参与者做了沟通。为了帮助扮演亚当的玩家了解另一方的观点,我们允许他在向下一位学生出价前先跟刚才交过手的学生请教。

通常情况下,学生建议亚当更具侵略性。学生准备接受远低于50美元,也许低至5美元的出价。因此,在下一次谈判中,亚当提出了九一分成的方案,其中90美元归亚当。确实,如果这个学生说"不",那么亚当最终将一无所有,但学生也会如此。倘若学生在乎能否拿到钱,那么与空手而回相比,会更想得到10美元,这样亚当就能顺利拿到90美元。根据课堂上的经验,绝大多数的学生愿意只拿10美元,这一比例高达95%。对亚当来说,有95%的机会拿到90美元,远远好过100%可以拿到50美元。

为了分析这个游戏,需要把自己放在学生的角度看问题。只要能拿到一些钱,学生很有可能会接受出价。要么接受要么放弃的规则让所有议价能力都落到了出价者手中,而要么接受要么拒绝它的学生则没有权力。只要你会玩,你每次扮演亚当的角色都能拿到比50美元多很多的钱。

当然,你不能太过分。如果你只出价一美元,甚至一分钱,学生很可能会觉得受到羞辱而拒绝你。你必须提供一个让对方觉得"不拿白不拿"的出价。经验表明,对于100美元,提出二八分成是非常安全的,甚至一九分成也还算合理,但不要尝试1比99这样的方案。

在这个纸牌游戏的最后通牒版本中,我们再度研究了谁拿得多谁拿得少的问题。有个一般性的原则是,有作用力的地方就会有反作用力,在物理学中这叫作牛顿第三定律,这个说法也同样适用于博弈论。不过,根据牛顿第三定律,反作用力和作用力永远大小相同、方向相反;但在博弈中,反作用力未必大小相同或方向相反,因为参与者不是机器人，不会永远用相同和等量的方式来反应。

为了预测其他参与者对你行为的反应，你必须站在他们的立场上，想象他们会如何对待博弈。在分析的过程中，你首先需要思考其他人会如何回应你的行动，然后反推回来，找出能够帮助你达到目标的行动。该方法适用于所有参与者按顺序出招的博弈。

这正是我们在纸牌游戏之最后通牒版本中所做的。规则很简单：亚当提出要约，学生要么接受要么拒绝。所以，在这个游戏中，只有两种反应需要预料：接受或拒绝。即便如此，该规则的效果并不容易被看透。规则越复杂，其效果就越难理清。在"规则"一章中，我们会分析许多规则，如最惠客户条款、匹配竞争条款、照付不议合同等，我们会看到这些规则如何改变博弈中的力量平衡。

3. 认知

不同的人看待世界的方式不同。正如参与者的附加价值和规则是博弈的重要元素一样，参与者的认知也是如此。人们对博弈的看法会影响他们采取的行动。

因此，对博弈的分析必须包括其他人如何看待博弈，甚至要考虑到他们认为其他人如何看待博弈等。博弈本身与参与者的认知是分不开的。

认知在谈判中尤为重要，让我们来看一个经典的分蛋糕谈判问题。

得州枪战　两位合伙人成立合资公司，通常会包含一条规则：如果其中一位合伙人想要退出的话该怎么做。一个常见的规则就是得州枪战（Texas Shoot-Out），让不满于现状的合伙人出一个价，然后另一位合伙人用这个价格卖出自己的股权或收购对方的股权。如果让你率先出价，你会选择什么价格呢？

大多数人认为最好的价格就是让自己无论买下或卖掉股权都一样好。举例来说，如果你认为公司的价值为 1 亿美元，那么就开价 5000 万美元，虽然你不知道对方会做什么，但这样能保证自己可以分到一半的蛋糕。

事实上，你还有更好的做法。参考一下"我切你选"游戏，这是得州枪战的儿童版：两个孩子必须分一个柠檬派（蛋白酥皮），每个人都想要更大的一块。标准的规则是让一个人切柠檬派，另一个人优先选。

可想而知，可以优先选的孩子肯定会拿大的那一块，那么负责切的孩子明白这一点后就会尽量地把柠檬派切成大小相同的两半。

第二个孩子——负责选择的那个，不会让自己选择不满意的一块，因为他有选择权。预计到这种结果的第一个孩子——切柠檬派的那个，会意识到他能得到的不会超过一半。如果他把柠檬派按照四六切分，那么第二个孩子会拿走较大的那一块，把较小的留给他。所以第一个孩子会尽量把柠檬派平均分。

但是这个分析太简化了，因为直接就假定两个孩子对柠檬派的吃法喜好一模一样。如果第二个孩子更喜欢柠檬派的酥皮，而负责切派的孩子知道这一点，那么他该如何切柠檬派呢？他当然可以从中间切开（如下左图），但他可以做得更好（如下右图）。上面的一块更大，但下面的一块有足够多的酥皮来吸引第二个孩子选择它，而留下一半以上的柠檬派。

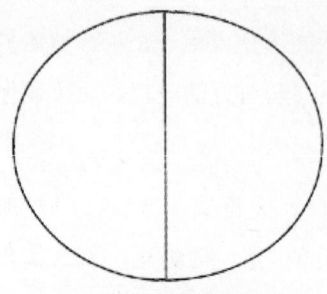

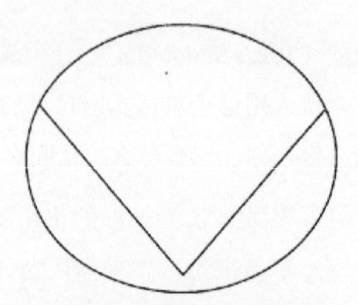

平均切分的柠檬派　　　　　根据口味喜好切分的柠檬派

让我们将这一道理应用到得州枪战中。重要的不仅是你所认为的公司价值，还包括你认为其他合伙人认为公司值多少钱。正确的策略取决于你对合伙人看待公司价值的认知程度。

假设你认为公司值 1 亿美元，而你确认你的合伙人对其估值为 6000 万美元，那么正确的做法是找出你的合伙人愿意买卖的价格，并给他一些激励，让他做出你希望他做出的选择。如果你标出 5000 万美元的价格，你不会在乎他是买还是卖，但他一定更愿意以 5000 万美元的价格卖给你，而不是用 5000 万美元买下对他来说价值为 6000 万美元的公司的一半股权，即 3000 万美元的价值。所以你最好开价 3100 万美元，这样正好可以让对方选择把他的那一半股权卖给你。如果你认为应该在正确的方向上给予你的合伙人更大的刺激，那么你就开价 3500 万美元，这个价格对你来说还是非常合算的。

你该不该假设你知道你的合伙人对公司的估值？显然，你无法确切地知道，但通常可以猜个八九不离十。毕竟你们曾经是合伙人，一直在一起工作，所以你大有可能了解你的合伙人如何看待公司业务，你们甚至可能争论过这家公司的价值。我们曾帮助一家合资企业用得州枪战的方式散伙。我们的客户，其中一位合伙人，想追加投资，但对方，另外一位合伙人，对公司的未来不太乐观，不想投入更多的资金。我们有十足的把握估算出公司对另一位合伙人的价值，并据此来

第三章 博弈论

拟定得州枪战的价格策略。

如果你在得州枪战中不清楚你的合伙人如何看待公司价值,那该怎么办?在这种情况下,你真的无法预测他会做什么。你可以回到最初的方法:如果你对公司的估值为 1 亿美元,则出价 5000 万美元,这样无论你的合伙人是购买还是出售股权都能保证你获得 5000 万美元的价值。但还有另一种选择可以考虑——鼓励你的合伙人先报价,这样,你就可以选择是买入还是卖出。如果你的合伙人报的价格低于 5000 万美元,你就买入;如果他的报价超过 5000 万美元,你就卖出。无论哪种方式,你的净收益都超过 5000 万美元。如果你的合伙人正好出价 5000 万美元,你也没有损失,因为这和你先前提出的价格一样。因此,如果你不确定如何估算公司对合伙人的价值,那就等对方先出价吧。你不会因此有任何损失,但有机会获利。

在得州枪战中,正确的策略完全取决于你的认知。认知永远是一个重要的元素,有时候甚至还扮演了最为关键的角色。

意见不合 在一部大预算的动作惊悚片拍到一半时,导演和片酬高达数百万美元的主演明星意见不合,导演因此决定不干了,搞得制片公司手忙脚乱,急忙寻找替代人选。明面上的人选都没空,导致制作进度严重落后,制片公司非常绝望,准备不惜一切代价聘请一位新导演。

就在这个时候,该片的编剧跳了出来,毛遂自荐。他虽然从来没有导演过电影,但是却导演过几集电视剧,更重要的是主演本片的明星似乎很喜欢他。制片公司于是决定冒险一试,请这位编剧来当导演,不然也没有别的办法了。

编剧本人不知道制片公司已经在电影导演中问过一圈却毫无所获。他非常渴望从事导演工作,为此他嘱咐自己的经纪人要尽力向制片公司争取到最好的协议,但绝不能为了钱而失去这次机会。假使万不得已，他甚至可以无偿接下这份工作。

经纪人开始行动，编剧接任导演工作的报价是 30 万美元。而制片公司的律师得到的指示是看能否用 75 万美元聘请这位编剧来做导演，如果不行的话最多可以加到 200 万美元。律师没想到编剧经纪人的报价如此之低，虽然窃喜，但依旧摆出一副扑克脸：他当然很想用 30 万美元立刻成交，但并不想让经纪人后边发现报价太低而感到懊恼。律师讨价还价说只愿意付 20 万美元，经过短暂的你来我往，最后双方以 25 万美元成交。

经纪人很高兴为他的客户争取到了导演的工作，薪水接近他最初的报价，但他完全不知道自己错过了多少钱。律师则替制片公司节省了 50 万美元，几乎足以证明律师的薪水是值得的。所以结局果真是皆大欢喜？不完全。制片公司老板很高兴电影重回正轨，但是当他得知新导演只拿到这么少薪酬的时候，反而吓了一跳。他知道，一旦主演明星发现制片公司向替补导演支付这么低的费用，就会抗议觉得都是一帮二流人才在和他合作。制片公司老板下令将导演薪酬提高到 75 万美元，并明确表示以后不再允许那位律师处理此类薪资谈判。当编剧得知他的新薪酬数目时非常兴奋，但也因此认为他的经纪人不称职，于是解雇了他。

这个故事对主演明星、制片公司和编剧来说都有了一个圆满的结局，但对经纪人和律师则不然。

经纪人和律师做错了什么？经纪人未能从制片公司的角度看事情，他的报价完全基于编剧的立场，而没有考虑到制片公司有多么急着要找到替补导演。如果让制片公司先开价，他可能会做得更好。律师做对了一些事情，至少在小事上是这样的，他让经纪人觉得自己在谈判中已经尽力了。律师的错误是没有认识到更大的博弈，他认为这是制片公司和编剧之间的博弈，却忽略了主演明星不愿意和廉价的导演合作，毕竟这位明星才是整个事件的主角。

在"战术"一章中，我们将有更多关于认知作用的内容。我们将看到鲁伯特·默多克的《纽约邮报》如何靠着纠正对手的错误认知，从而避开一场价格战。我们将回到认知在谈判中的作用，还将解释孔雀尾巴与认知的关系，以及它对商业策略的启示。

"意见不合"的案例也带我们认识了博弈五大元素中的最后一个——博弈的范围，这正是制片公司的律师所忽略的东西。

4. 界限

到目前为止，我们已经介绍了附加价值、规则和认知，博弈还有一个基本元素：博弈的范围。

原则上，博弈没有界限。世界上其实只有一场大博弈，那就是宇宙的演变，它穿越时空、绵延世代。但是一个没有界限的博弈太过复杂，以至于无法分析。在实践中，人们会在脑海中划出界限，从而帮助自己分析世界——把现实想象成许多个独立的小博弈。

国际象棋就是一个很好的例子。没有人能看透全局，所以才会把棋局分为开局、中局与残局来分析。商业的复杂程度不亚于国际象棋，因此商业也设定了自己的界限。人们经常谈论一个国家的经济或者一个行业，好像它就是全局。当然，大家都知道这只是假定的，世界上各经济体都高度依存。在上一章，我们就谈过行业的界限其实就是人为刻意划分出来的。

孤立地分析单个博弈是很危险的。你可能会误把博弈的一小部分当成整体，但每个博弈都与其他博弈相关：一个地方的博弈会影响其他地方的博弈，今天的博弈会影响明天的博弈。问题就在于我们心目中设想的博弈的界限未必是真正的界限。

爱普生涉足激光打印机业务的案例就说明了当在较小的博弈中做对了而忽视了较大的博弈时会出现什么问题。

未觉链接　1989年，美国市场上出现了三种类型的台式打印机：点阵打印机占据低端市场，激光打印机占据高端市场，喷墨打印机介于两者之间。点阵打印机约占台式打印机总销量的80%，激光打印机约占15%，喷墨打印机只占剩下的5%。点阵打印机的一般零售价为550美元，喷墨打印机为650美元，激光打印机为2200美元。当时，爱普生是点阵打印机之王，而惠普在激光和喷墨打印机领域处于领先地位。[5]

如果把打印机市场分成三个独立的赛区：点阵、喷墨与激光，那么爱普生似乎正处于一个错误的赛道。当时激光打印机的价格最高，利润空间最大，成长速度也最快。于是在1989年8月，爱普生推出了一款价格非常优惠的激光打印机EPL-6000，有点模仿惠普的味道。一周后惠普推出新款打印机LaserJet IIP，价格比EPL-6000低了一大截。爱普生继续降低EPL-6000的价格，到了1989年12月，它已成功抢占5%的激光打印机市场。

由于激光打印机市场的价格竞争加剧，东芝等其他厂商也跟着降价，爱普生的收益开始停滞不前。价格竞争也损害了惠普喷墨打印机的销售，于是惠普开始大力促销喷墨打印机，以抵消喷墨打印机和激光打印机之间不断缩小的价格差距。

爱普生随后发现，它的点阵打印机销量正在输给价格相当的喷墨打印机。点阵打印机的价格不得不下降，但实在没有太大的下降空间，爱普生的核心业务受到了双重挤压。

爱普生犯了什么错误？它搞错了打印机市场的范围，误以为激光打印机与点阵打印机是两个彼此独立的市场。殊不知，在用低价策略切入激光打印机市场的同时，也可能会伤到自己的核心业务点阵打印机。爱普生或许以为高端激光打印机永远无法蚕食低端点阵打印机的市场，如果真是这样，它就没有注意到激光打印机与喷墨打印机之间的市场链接，以及喷墨打印机与点阵打印机之间的市场链接。

爱普生的案例展示了你在一场博弈中的举措会如何影响你在其他博弈中的命运。博弈之间环环相扣、彼此联动，爱普生没能预见这点导致它犯了错误。从小局来看，爱普生的行动似乎是合理的，但往大了看就变得不合理了。爱普生没能看到更大层面的博弈，它没有预料到竞争对手对其行为的反应。如果爱普生当初能预料到这种后果，就知道维持现状会是比较好的选择。

在"范围"一章中，我们将探讨博弈之间的链接这个重要主题。

5. 理性与非理性

人们常常以为博弈论要求所有的参与者都是理性的。每个人都在追求利润最大化，每个人都了解博弈，没有任何误解。骄傲、公平、嫉妒、怨恨、报复、利他、仁爱的感受永远不会出现。这一切都很好，但世界并非如此，博弈论也并非如此。

在许多方面，人们是对的，或者说曾经是对的。诚然，教科书所呈现的"理性人"观点并不适用于复杂的现实商业世界，但这就是教科书的问题。虽然早期的博弈论并没有过多谈论理性或非理性，但最新的科研工作已经补上了，只是教科书的内容还没更新而已。

早期的博弈论者很少讨论人是否理性，背后是有原因的。博弈论始于分析零和博弈，如扑克和国际象棋。在这些博弈中，你就算无法预测其他参与者是否理性也不是太大的问题，如果他们做了一些非理性的事情，那对你来说是个好消息。零和博弈中所有会让对手变糟的事情，对你来说都是好事。

但商业博弈很少是零和博弈，这意味着你们可以一起成功，也可以一起失败。当其他人有可能把你拖下水时，你才会开始关心他们是否理性。回想一下纸牌游戏，亚当和学生如何分配 100 美元是零和博弈：如果亚当拿走得多，学生得到的就少，反之亦然。但是，如果亚当和学生无法达成协议，他们将一无所获。这一事实标志着纸牌游戏在很大程度上是一个非零和博弈：任何一个参与者，在伤害自己的同时也会伤害其他参与者。每个人都必须关心其他人是否理性。

什么是理性，什么是非理性

人们很难搞清"理性"的含义。对我们来说，一个人基于自己对博弈的认知及对博弈各种可能结果的评估，尽全力追求最好的结果，就是理性。

两个人有可能都是理性的，但对博弈的看法却截然不同。比如，甲比乙拥有更多的信息，但是乙不知道甲知道些什么，所以会用不同的方式看事情，这不表示乙就不理性。信息差异自然会导致认知差异，甚至是错误的认知。人们可以猜错，但仍然是理性的。大家会根据自己所知道的事，竭尽所能地采取最好的行动。

人眼中不是只有钱，还有许多不同的因素会影响决策和行为，骄傲、公平、嫉妒、怨恨、报复、利他和仁爱等只是其中一部分。纸牌游戏之最后通牒版就显示了这一点，你在出价时最好了解，就算是理性的人也可能会拒绝非常低的价格。如果你只是双手一摊，抱怨道"为什么连一毛钱都不要"，这毫无意义。

人们在看到别人做"疯狂"的事情时，很快就会认为别人是不理性的。在我们遇到的一个案例中，某位高级管理人准备解雇一名"不理性"的销售员，因为他一心追求营业额，以至于将价格降到了损害利润的地步，就仿佛是他自己一个人在打价格战。

但这位销售员并非没有理性，他非常清楚什么决定了他的奖金。虽然从理论上讲，他需要同时兼顾营业额和利润，但实际上他能领多少奖金完全取决于他能否达成甚至超越他的销售目标，他的奖金多少和公司的利润毫无关系。管理层没有解雇他，在了解了他的立场后，改变了奖金发放制度。可想而知，销售员自然会改变自己的行为。

一味地将别人贬为不理性，无法把事情看透，更好的做法是更加努力地以他人的眼光看待世界。这是一种拓展思维的实践。尝试了解什么激励了对方，什么驱使着他，可以帮助你预测他将来要做什么，或者他将如何回应你所做的事情。

总而言之，别人若有不同的看法，并不代表他们不理性。事实上，如果你试图把你的理性强加于人，那么真正不理性的人是谁呢？

人们是理性还是非理性的，在很大程度上无关紧要；更重要的是，记住从多个角度看待博弈，除了你自己的，还有其他参与者的角度。

这听起来简单,却是博弈论最深刻的见解。

非自我中心主义

> 当我准备和别人讲道理时,我会花三分之一的时间从自己的角度思考我要说的话,花三分之二的时间从对方的角度思考,想想他会说什么。
>
> ——亚伯拉罕·林肯[6]

许多人以自我为中心看待博弈,他们专注于自己的立场。而博弈论能让我们明白关注别人的重要性,也就是"非自我中心主义"(Allocentric)。[7]这一原则是本书关于附加价值、规则和认知的所有内容的基础。要评估你的附加价值,你必须站在其他参与者的角度,问问你给他们带来了什么;要了解规则如何影响博弈的进行,你必须站在其他参与者的角度,预测他们对你的行为的反应;为了考虑不同的认知,你必须站在其他参与者的角度,看看他们如何看待博弈。

基本原则是一样的,那就是你必须把自己放在其他参与者的角度。你必须应用非自我中心主义,但这并不意味着你忽略了自己的立场,关键在于将两者的观点整合在一起:理解自我中心主义和非自我中心主义的观点。

让自己站在其他参与者的角度并不是思考你如何从他们的角度分析博弈,而是思考他们将如何从他们的角度分析博弈。这意味着不仅要把自己放在他们的位置上,还要进入他们的脑袋,用他们的方式看世界。你还要想象他们觉得你会怎么看世界,他们觉得你会怎么思考,或者说你觉得他们会如何看待你。不止如此,你甚至需要想象其他人如何想象你用他们的方式思考,或者说你觉得他们认为你会如何思考,然后不断以此类推。这完全不是一件简单的事。

> **非自我中心主义**
>
> **附加价值**：将自己放在其他参与者的角度，评估你对他们的价值。
>
> **规则**：将自己放在其他参与者的角度，预测他们对你的行为的反应。
>
> **认知**：将自己放在其他参与者的角度，了解他们对博弈的看法。

一旦换位思考，你会发现他们的观点五花八门。很显然，这些观点不会与你的观点完全相符，而要容许这些差异的存在不是件容易的事。要接受别人对这个世界的看法，可能会让你觉得不自在。人都有一种倾向，想要把自己的观点强加给别人。在《谈判力》(*Getting to Yes*)一书中，顶尖谈判专家罗杰·费希尔与威廉·尤里提供了建议，教你如何克服这种问题：

从对方的角度看问题很难，却是谈判者最重要的技能之一。只知道他们对事物的看法与自己不同还不够，如果你想影响他们，你还需要用同理心来理解他们的看法，并感受那种信念的力量。只是拿着显微镜去研究甲虫是不够的，你需要知道当一只甲虫是什么感觉。为了完成这项任务，你要尝试克制自己的批判心理。因为别人很可能相信他们的观点是正确的，就像你相信自己的观点是正确的一样。你可能看到桌子上有半杯水，你的伴侣却看到了一个脏的、半空的杯子，它还会在桌面上留下一个环形的污渍。[8]

当你试图让自己站在别人的立场上时，还有一个更根本的挑战：

你知道的太多了。这就像在下国际象棋，你知道自己的策略是什么，但现在你必须假装自己不知道以便站在对方的立场上思考。你知道自己知道什么还要假装不知道，这几乎是不可能的。

当你试图弄清楚其他人将如何看待或误解你对世界的看法时，也会出现同样的问题。在这样做时，你会因为了解自己的情况而感到有负担。再说一次，你知道自己知道什么，那要如何假装不知道呢？

如何站在另一位参与者的立场上，有一个解决办法是通过其他人的帮助。你可以请同事扮演其他的参与者，你们一起展开博弈，看看各自会采取什么样的行动，然后再彼此分享观点，看看哪里产生了误解，分享之后你们将角色对调，重来一次。

更正式地做这个演练会有很多收获。一家公司可以设立两个团队：第一个团队执行公司战略，第二个团队扮演竞争对手的角色。第二个团队没有获得有关公司拟议战略的预先信息，只在战略执行时才看到它，然后必须对其做出反应。很多时候，反应与预期的不同。通过与客户一起进行这项演练，我们能帮助他们规避真实博弈中的意外。

大多数时候，让自己站在别人的立场上可以帮助你达成目标，但又并非总是如此。

疯狂的司机 现在是一个有点恐怖但真实的故事。巴里和他的同事约翰·吉纳科普洛斯在耶路撒冷上了一辆出租车，并给司机指了他们旅馆的位置。司机出发了却没有按下里程表，两人问怎么不打表，司机回答说他喜欢美国人，并答应给他们一个特价。特价？！

巴里和同事坐在后座上，他们很快使用了博弈论来分析这个情境。他们意识到，如果现在讨价还价而谈判破裂，他们可能不得不再找一辆出租车，但是夜深了，这不是一件容易的事。不过，他们推测等到了旅馆，他们的议价能力会强得多，那时司机应该愿意接受他们开出的价格。

车子开到旅馆后，司机提出收取 2500 谢克尔（约合 2.75 美元）。没人知道这个收费合不合理，但以色列人普遍习惯讨价还价，所以巴里和约翰还价为 2200 谢克尔。司机很生气，他再次要求 2500 谢克尔，巴里和约翰又拒绝了。没有想到，司机直接锁上所有车门，无视红绿灯和行人，以极快的速度折返回去。巴里和约翰被绑架到贝鲁特了吗？不，他们被带回了上车的地方，司机不客气地把他们赶出了出租车，大喊道："看看 2200 谢克尔能带你走多远！"

当巴里和约翰找到另一辆出租车时，司机打开了他的计价器，到旅馆时正好是 2200 谢克尔。300 谢克尔虽然无法弥补时间上的损失，但这趟旅程终究还是值得的：让本书多了一个很好的案例。

什么地方出了错？或许这伤了司机的面子，回想起来，巴里和约翰应该注意到，司机的女朋友就坐在副驾驶座上，又或许司机只是在赌气。无论是哪种情况，巴里和约翰的博弈论分析都不够透彻：下一次，他们会在讨价还价之前下车。

6. 博弈元素

现在我们已经介绍完博弈论涉及的所有基本元素，仅此而已吗？可以说是，也可以说不是。博弈论的概念很简单，但具有欺骗性。仅仅知道这些概念是不够的，重点是创造性地将这些概念应用到各种各样的实践中。为此，我们需要使用它们来分析比本章中的讨论更为复杂的博弈。博弈论的真正价值来自实践行动。

但现在，让我们先做个简要回顾。

在第一章中，我们指出商业并非完全是战争，也不完全是和平，然后我们描述了博弈论如何帮助我们跳出过度简化的世界观，建立新思维，为接下来的内容做好心理准备。

第二章确定了商业博弈的第一个也是最基本的元素：参与者。我们使用价值网络来描述参与者及他们之间的关系，完整的参与者名单包括客户、供应商、竞争者和互补者。我们看到，使用价值网络识别所有参与者及其关系，对任何企业来说都是非常有用的。

本章则先介绍了附加价值的概念，其衡量了每个参与者对博弈的贡献。附加价值听起来很抽象，但其实很好懂，它决定了谁在博弈中拥有优势以及谁将获得巨大的回报。

接着我们讨论了规则。规则构成了博弈的运作模式。在商业中，没有一套通用的规则，它们可以来自惯例、合同或法律。有时，最重要的规则却几乎被视为理所当然。加入规则会对博弈的进行方式产生重大影响。

再接着我们谈到了认知。我们展示了不同人对局势的不同看法对博弈所产生的影响。这些不同的看法不只产生了一些微妙的影响，更是博弈本身的基本元素。同样，认知的认知、认知的认知的认知等这种延伸非常重要。通过改变参与者的认知，你可以改变他们的行动，而用于塑造认知的方式就是我们所说的战术。

我们对认知的讨论引导我们讨论博弈的界限或者说是范围。这里要注意的是人们在定义博弈时，会无形间给博弈一个范围。尽管人们经常孤立地分析博弈，但每个博弈都不可避免地与其他博弈相关联。要了解发生了什么，你需要确保考虑这些联系。

以上就是博弈的五大元素：参与者、附加价值、规则、战术和范围，把它们的英文首字母放在一起就是 PARTS。特别要认识到它们缺一不可，各种元素彼此关联并相互依赖。我们会逐一探讨每个元素以免遗漏。通过 PARTS，我们可以了解任一博弈中发生的情况，以便更好应对。

第二部分

商业博弈五要素：
PARTS

如何改变博弈

> 哲学家只解释了世界,然而重要的是改变它。
>
> ——卡尔·马克思

我们不妨怀抱"革命者"的思想:成功来自改变博弈。最大的机会和最大的利润不是来自以不同的方式参与博弈,而是来自改变博弈本身。如果你身处错误的博弈,你自然需要改变它,但是即便在一个好的博弈中,你也要考虑创造一个更好的博弈。改变博弈才是商业策略的本质。

马克思说得很有道理,真正有意义的行动来自改变博弈。

当人们谈论改变博弈时,经常会说:"你必须改变规则。"这的确是改变博弈的一种方式,但这只是其中之一。

事实上,博弈的每个元素都是改变博弈的工具。要改变一个博弈,你需要改变它的一个或多个元素,这意味着 PARTS 五要素中的每一个(参与者、附加价值、规则、战术和范围)都为你提供了改变博弈的方法。改变其中任何一个元素,就能改变整个博弈。

为了帮助你更深入地了解如何改变博弈,我们就如何利用 PARTS 五要素去改变博弈这一问题进行分章讲解。下边我们首先讨论如何改变五要素之一的参与者,以及改变参与者会带来什么样的结果。然后,在后续的四章中,我们将继续研究如何改变其他四要素。每多掌握一种策略工具,你改变博弈的能力就越强。

如果用见招拆招式的被动方式制定策略,你就很可能错过企业发展的最好商业机会。PARTS 是几乎没有遗漏的策略工具,只要以一种审慎的态度研究 PARTS,你就有信心抓住所有机会和可能性。PARTS 所建议的策略并非总是最新的,但是它能帮助我们系统地给出有效的策略。

PARTS 不仅帮助你跳出既有的框架思考,同时也提供了跳出框架的具体工具。

第四章　参与者

对谁有好处？

——西塞罗（Cicero）

你想成为参与者吗？当你考虑进入一场博弈的时候，这是一个自然要问的问题。但要回答这个问题并不容易，因为人们很容易误判博弈的形势。

原因是，无论何时进入一场博弈，你就一定会改变它。当你作为参与者加入，博弈就已经发生了变化。人们经常会忽视这个效应，没有意识到自己的参与会改变博弈。他们认为自己现在看到的会一直持续到将来。

事实并非如此。当你进入博弈后，博弈与你之前看到的也就不一样了。在物理学中，这种效应被称为"海森堡原理"（Heisenberg Principle）：你无法在不改变系统的情况下与系统互动。商业世界也有自己的海森堡原理：当你参与了博弈，你就改变了博弈。本章就由此开始。

我们将展示三个真实的故事，一起看一下参与者的加入会如何改变博弈。三个新加入的参与者中有两个表现不佳，有一个却赚得盆满钵满，因为他明白自己的加入将如何改变博弈。我们将从这些故事中总结出通用的经验教训，确保你的参与有利可图。

1. 成为参与者

一般而言，如果你想参与商业博弈，你就必须付出代价。成为参与者的成本有时候很低，譬如，你只需要在电话中提供报价；也可能很昂贵，譬如，你必须开展广告或营销活动；如果你必须聘请顾问、律师和银行家进行收购投标，那就更贵了；如果你必须新建一个专门的工厂，那可是真的非常昂贵了。荷兰甜味剂公司（Holland Sweetener Company）就是这种情况，该公司早在20世纪80年代中期就建立了一座价值5000万美元的工厂来生产阿斯巴甜。[1]

甘苦参半的成功 阿斯巴甜是一种低热量、高甜度的甜味剂。在美国，孟山都公司就这款产品推出的品牌NutraSweet或许更为人所知。阿斯巴甜其实是20世纪80年代健怡可口可乐和健怡百事可乐大获成功的关键。对希望减少卡路里摄入的人来说，它是一个神的恩赐。

西方文化的一个信条是，没有不付代价的快乐；但我们要说的是，确实有免费的午餐。

——鲍伯·夏皮罗（Bob Shapiro），NutraSweet CEO[2]

这顿午餐可能不含卡路里，但这是它唯一意义上的免费，其他的都不算。NutraSweet在1985年赚了5亿多美元，毛利率达70%。这样的利润通常会吸引其他竞争者进入市场，但NutraSweet有专利保护。专利过期后会发生什么？

高甜度甜味剂有着悠久且曲折的历史。在罗马时代，人们将葡萄汁倒入铅锅煮沸浓缩，用以生产萨帕（Sapa）。这是一种甜味化合物，可以添加到任何东西里，从食品到口服避孕药都有使用。不幸的是，萨帕中的铅使它变得危险，甚至致命。另一种甜味剂环磺酸盐（Cyclamate）在 20 世纪 60 年代问世，但在研究表明它有致癌风险后，1970 年这种甜味剂被美国食品和药物管理局（FDA）禁用。在美国，阿斯巴甜的唯一替代品是糖精（Saccharin），一种早在 1879 年就被发现的石油衍生品。1977 年，FDA 试图禁用糖精，因为它也是致癌物。但因公众抗议和国会干预，糖精仍作为商品在市场上销售。除了安全顾虑，一些人还认为糖精略有金属苦味。

阿斯巴甜是在无意中被发现的。1965 年，西尔公司（G. D. Searle & Co.）的科学家詹姆斯·施拉特（James Schlatter）试图开发一种抗溃疡药物。在用 L-天门冬氨酸和 L-苯丙氨酸进行实验时，施拉特意外地舔了一下手指，尝到了一股甜味，于是他把这两种氨基酸的名字合在一起造出了"阿斯巴甜"（Aspartame）这个名字。阿斯巴甜的卡路里量与同等质量的糖相同，但其甜度是糖的 180 倍。

1970 年，西尔公司获得了阿斯巴甜的专利权，并向 FDA 申请将阿斯巴甜作为食品添加剂使用。1981 年 7 月，FDA 批准阿斯巴甜可以用在干货产品上。西尔公司旋即推出了第一款阿斯巴甜产品——怡口（Equal）甜味剂。而直到 1983 年 7 月，阿斯巴甜在软饮料中的使用申请才被批准。由于 FDA 许可的长期拖延，西尔公司设法使专利权在欧洲延长至 1987 年，在美国延长至 1992 年。

1985 年，孟山都公司收购了西尔公司，随之获得了阿斯巴甜的专利权。对孟山都来说，这完成了一个闭环。今天，孟山都是农业和化学产品的主要生产商，但其在 1901 年成立时的初衷是挑战德国对糖精市场的垄断。

因果循环，1986 年，荷兰甜味剂公司开始在荷兰赫伦（Geleen）

第四章 参与者

建造阿斯巴甜工厂，挑战孟山都对阿斯巴甜市场的垄断。荷兰甜味剂公司是两家化学公司的合资企业，一家是日本的东曹公司（Tosoh Corporation），另一家是荷兰当地的帝斯曼公司（Dutch State Mines）。组建该公司的目的非常明确，那就是挑战孟山都在阿斯巴甜市场的垄断地位。阿斯巴甜的制造过程相当复杂，所以荷兰甜味剂公司认为在孟山都的专利权到期后，其他竞争对手不会蜂拥而至。

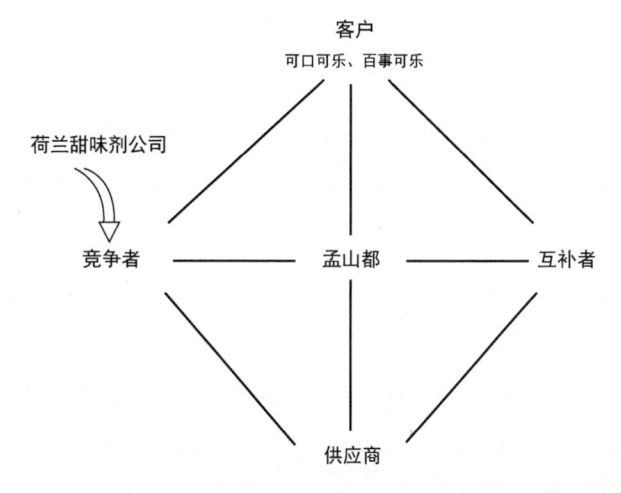

```
                          客户
                     可口可乐、百事可乐

   荷兰甜味剂公司
         ↘
        竞争者 ─────── 孟山都 ─────── 互补者

                         供应商
```

随着 NutraSweet 的欧洲专利权在 1987 年到期，荷兰甜味剂公司向欧洲市场发起进攻，孟山都则以低价策略进行反击。在荷兰甜味剂公司进入市场之前，阿斯巴甜的价格是每磅 70 美元；在它进入市场之后，价格降至每磅 22～30 美元。荷兰甜味剂公司因此亏损，为了生存，它向欧洲法院提起上诉，结果是法院向孟山都征收反倾销税。

在欧洲一战幸存下来之后，荷兰甜味剂公司准备去争取更大的市场份额。正如荷兰甜味剂公司的市场和销售副总裁肯·杜利（Ken Dooley）所说："我们期待着将战争推进到美国。"美国软饮料公司对此表示热烈欢迎。他同时指出："每个制造商都喜欢至少有两家供应商。"[3]

但战争还没开始就宣告结束了。就在美国专利权即将到期之前，可口可乐和百事可乐分别与孟山都签订了新的长期合同。当阿斯巴甜市场终于迎来了真正的竞争机遇时，可口可乐和百事可乐似乎都没有抓住这个机会。或者说它们另有所谋？

可口可乐和百事可乐其实都没有打算替换掉 NutraSweet。两家可乐公司对 1985 年新配方可乐的"翻车"记忆犹新，因此大家都不愿意把 NutraSweet 的商标从可乐罐上撤换掉，免得让消费者觉得它们又在换配方。而如果只有一家可乐公司更改，那么另一家肯定会以独家使用 NutraSweet 为卖点。[4] 毕竟，NutraSweet 已经建立了安全和可口的声誉，而这并非偶然，毕竟西尔公司和孟山都公司为创建该品牌形象进行了大量投资。它们给那些同意 100% 使用 NutraSweet 产品并在商品上展示 NutraSweet 红白色漩涡标志的制造商提供高达 40% 的折扣，再加上 NutraSweet 随处可见的消费者广告，到了 1986 年，98% 的美国健怡可乐饮用者认可 NutraSweet 的漩涡标志。[5] 尽管其他品牌的阿斯巴甜味道也一样，但是大多数消费者对那些品牌的产品不熟悉，可能会认为它们是劣质产品。

另一个不替换 NutraSweet 的原因是孟山都有明显的成本优势。孟山都花了十年时间已经走到了学习曲线的下方，将产品制造成本降低了 70%。而荷兰甜味剂公司仍然处于学习曲线的顶端。孟山都在品牌建设、广告宣传和成本压缩方面持续投入，好似它在遵循着《圣经》中的教训：利用前边七个丰年的富足来应对下一个七年的饥荒。

可口可乐和百事可乐真正想要的是，以更优惠的价格获得之前的 NutraSweet 阿斯巴甜产品。它们确实做到了这一点，新的合同使可口可乐和百事可乐每年总共节省了 2 亿美元。

这是可以预见的结果。让我们比较一下孟山都在荷兰甜味剂公司进入博弈之前和之后的议价能力。在之前,孟山都处于极其有利的地位,因为可口可乐和百事可乐没有很好的替代品来替代 NutraSweet。随着甜味剂环磺酸盐被禁用,糖精又备受质疑,NutraSweet 使安全、可口、低卡路里的饮料成为可能,它的附加价值是巨大的。当荷兰甜味剂公司出现时,NutraSweet 的附加价值大幅降低。它的附加价值不再是基于与糖精的比较,而是基于与其他公司阿斯巴甜产品的比较。孟山都如今只剩 NutraSweet 的品牌价值和制造阿斯巴甜产品的成本优势。

这种博弈让荷兰甜味剂公司处于什么境况?它的加入大大降低了 NutraSweet 的附加价值,而这让可口可乐和百事可乐收益很大。因此,在进入博弈之前,荷兰甜味剂公司有理由要求补偿,无论是一笔报酬还是一纸合同。不过,对荷兰甜味剂公司来说,真正在博弈中赚到钱绝非易事,它既没有品牌优势,又在生产成本上比 NutraSweet 高。荷兰甜味剂公司没有任何附加价值,没有它蛋糕也不会变小,只是会以不同的方式划分。杜利说得没错,所有制造商都希望有第二个供货源。问题是,制造商不一定想和第二家供应商做太多生意。

可口可乐和百事可乐在鼓励新企业进入阿斯巴甜市场这方面做得很好,从而减少了它们对 NutraSweet 的依赖。孟山都在建立品牌形象和成本优势方面做得很好,从而最大限度地降低了普通品牌入场的消极影响。

至于荷兰甜味剂公司,也许它太急于求成了。荷兰甜味剂公司每年可以为可口可乐和百事可乐节省 2 亿美元,那么可口可乐和百事可乐拿什么回报?在销售阿斯巴甜产品时,荷兰甜味剂公司处于非常弱势的地位,它没有任何附加价值。但是,站在销售竞争的角度来看,荷兰甜味剂公司处于非常优势的地位。在某种意义上,它也具有垄断地位:它是两家可乐公司与 NutraSweet 议价谈判的唯一筹码。如果荷兰甜味剂公司一开始便提出要求，或许可口可乐和百事可乐会为这个有价值的角色付费。可惜，荷兰甜味剂公司白白浪费了机会。在后续"要求出场费"一节中，我们将提出各种通过参与博弈来获得报酬的方法。

故事还没有结束。荷兰甜味剂公司有能力将其困境变成谈判筹码，可口可乐和百事可乐不得不担心它会退出博弈，如果这样，它们又得回到 NutraSweet 一家独大的局面。因此，荷兰甜味剂公司有底气提出"付钱才留下"的要求，结果是拿到了合同，后边甚至还扩张了产能。

有了荷兰甜味剂公司的教训，我们一起来看一下诺福克南方公司（Norfolk Southern）与盖恩斯维尔水电公司（Gainesville Regional Utility，GRU）进行价格谈判的策略。

另一家煤炭运输业者　在佛罗里达州的盖恩斯维尔市（Gainesville），电力和水来自市营的盖恩斯维尔水电公司。[6] 该水电公司有一个问题：它一直依赖 CSX 铁路公司运送煤炭。可想而知，CSX 靠盖恩斯维尔水电公司的煤炭业务收获颇丰。在 1990 年，CSX 的运输价格是每吨 20.13 美元。因此那年七月，盖恩斯维尔水电公司与诺福克南方公司达成的协议——以每吨 13.68 美元的价格运输煤炭，对 CSX 而言就是一个晴空霹雳。

唯一的问题是，诺福克南方公司的铁路无法完成运输，因为其最近的线路距离盖恩斯维尔水电公司有 21 英里，还是有点距离的。

盖恩斯维尔水电公司要求 CSX 允许诺福克南方公司使用其轨道，但是 CSX 拒绝了，因为 CSX 没有理由放弃垄断。不过，这只是盖恩斯维尔水电公司的第一招。由于可以获得更廉价的煤炭，盖恩斯维尔市决定修建一条 21 英里长的连接线路。这在经济上是值得的，即

第四章 参与者

使预计成本为 2800 万美元。

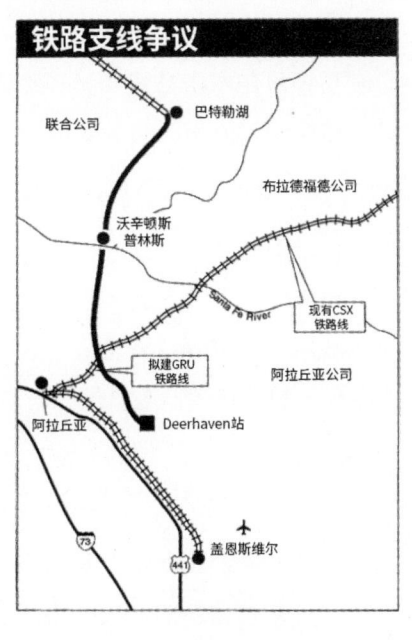

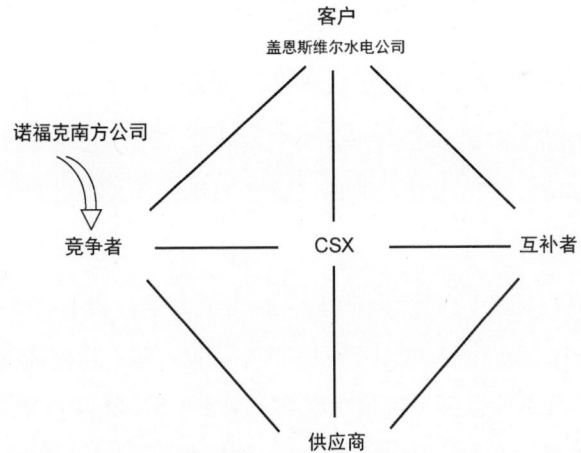

铁路支线争议（地图）

- 联合公司
- 巴特勒湖
- 布拉德福德公司
- 沃辛顿斯普林斯
- Santa Fe River
- 现有CSX铁路线
- 拟建GRU铁路线
- 阿拉丘亚公司
- 阿拉丘亚
- Deerhaven站
- 盖恩斯维尔

```
                客户
          盖恩斯维尔水电公司
                 ◇
诺福克南方公司
     ↓
   竞争者 ——— CSX ——— 互补者
                 ◇
               供应商
```

至此，诺福克南方公司看起来稳操胜券。可以说，它已经让盖恩斯维尔水电公司承担了修建支线的费用，而且还得到了一份合同，如果这条线路真的建成了，就以每吨 13.68 美元的价格运送煤炭。完全

079

有利无弊。

不过，诺福克南方公司还需要动用一些政治资本。由于拟建的线路将穿过一块湿地，盖恩斯维尔水电公司和诺福克南方公司不得不向环境保护局提出申请。监管铁路的州际商务委员会也举行了听证会。

CSX 并没有坐以待毙。1991 年 10 月，CSX 回应了诺福克南方公司的竞价，决定将运输价格降低 2.25 美元/吨。然后 CSX 放出消息，如果盖恩斯维尔水电公司与诺福克南方公司合作，CSX 将放弃经营现有铁路线路，因为这条线路将不再有经济价值。这将让诺福克南方公司成为盖恩斯维尔水电公司的铁路运输垄断供应商。CSX 公关副总唐纳·罗勒（Donna Rohrer）还警告说："他们（盖恩斯维尔水电公司）最终只能换了合作对象，而不会收获他们期待的竞争格局。"[7]

1992 年 11 月，当连接线路即将获得准建许可的时候，CSX 又将价格降低了 2.5 美元/吨。此时修建新的连接线路已经不再具有经济价值。于是，CSX 收获了一份新合同，合同有效期至 2020 年，而盖恩斯维尔水电公司在合同有效期内节省了 3400 万美元。

这样的结果对诺福克南方公司来说并非灾难。它虽然没有拿到盖恩斯维尔水电公司的生意，但也没有损失什么钱。不过，诺福克南方公司本可以做得更好。

诺福克南方公司的错误在于它泄露了竞争。没有诺福克南方公司，盖恩斯维尔水电公司没法要求 CSX 降价。而一旦诺福克南方公司参与其中，盖恩斯维尔水电公司就有了要求 CSX 降价的筹码。这就是博弈。正如普惠公司（PaineWebber）分析师安东尼·哈奇（Anthony Hatch）解释的那样："修建铁路是一项昂贵的冒险……有时候光是威胁要建就足够了。"[8] 在这里，这个威胁价值 3400 万美元。

第四章　参与者

为了确保自身利益，诺福克南方公司应该要求：如果铁路新线路没有建设成功，就需要收取费用。这个费用可以参考盖恩斯维尔水电公司因为它的参与而节约的成本。如此，诺福克南方公司将立于不败之地。如果线路建成，那么它将获得运输业务；如果线路没建成，它将分享自己带来的降本收益。

尽管账面上没有任何损失，但诺福克南方公司确实还是付出了一些隐性成本。为了使刺激计划得到批准，诺福克南方公司在游说中消耗了一些政治资本。此外，诺福克南方公司的参与毕竟给 CSX 带来了 3400 万美元的损失，因此还不得不提防 CSX 的报复。在整个美国，只有 20 座左右的发电站由一条以上的铁路供应煤炭，正如 CSX 拥有进入盖恩斯维尔水电公司的唯一通道一样，诺福克南方公司在美国其他许多地方也是垄断供应商，CSX 也可以在那里充当搅局者。

诺福克南方公司应该对此非常清楚。此前，它已经两次成为类似博弈的受害者。在 1991 年之前，位于亚特兰大的南方电力公司一直由诺福克南方公司独家服务。[9] 直到南方电力公司修建了一条 7 英里长的铁道线路，令亚拉巴马州伯明翰附近的一家工厂连上了 CSX 所有的轨道。这是美国电力公司有史以来第一次为了创造竞争而修建铁路。类似的事情还发生在印第安纳州埃文斯维尔，PSI 能源公司（PSI Energy）威胁要修建一条从其工厂到 CSX 干线的 10 英里长的铁路延伸线。同样，这次诺福克南方公司是唯一的运输商，它被迫让 CSX 与其轨道对接，从而为自己培养了一个竞争对手。而这时候，PSI 能源公司突然认为没有必要建造铁路延伸线了。

也许诺福克南方公司在盖恩斯维尔的所作所为是一次以牙还牙的报复：在 CSX 破坏了诺福克南方公司对南方电力公司和 PSI 能源公司的垄断之后，诺福克南方公司破坏了 CSX 在盖恩斯维尔的垄断。但这不太可能是最终回，CSX 不太可能就此善罢甘休。因此，对诺福克南方公司来说，盖恩斯维尔一战不可能没有负面影响，那里更像是"失落之地"。

正如荷兰甜味剂公司和诺福克南方公司的故事所表达的那样，有时你能做的最有价值的事情就是"制造竞争"，所以不要轻易泄露。当竞争成本高昂时，情况尤其如此：荷兰甜味剂公司不得不建造一座价值数百万美元的工厂，而诺福克南方公司的出价可能会引发报复。竞争太有价值，制造竞争的代价也太高，你需要确保有所收获才去行动。在接下来的故事中，参与者便很好地理解了这个观念。

接听电话 1989 年 6 月，正值手机业务快速整合阶段，39 岁的克雷格·麦考（Craig McCaw）竞购了 LIN 广播公司（LIN Broadcasting Corporation）。五年前，联邦通信委员会将全国划分为 306 个独立市场，并给每个市场分配了两张移动通信牌照。其中一张牌照指定给当地电话公司，而另一张牌照则抽签发放。麦考一直在四处走动，从中签公司那里购买牌照。到目前为止，麦考的牌照已经涵盖了 5000 万名潜在客户，用行业术语，就是 5000 万个 POP。

作为行业领导者，麦考的公司有布局全美的打算。收购 LIN 的 1800 万个 POP 是麦考获得主要城市特许经营权进而创造一个全国性手机事业的最佳机会，或许也是唯一的机会。这意味着他必须收购 LIN，因为 LIN 拥有纽约、洛杉矶、费城、休斯敦和达拉斯的移动通信牌照。麦考已经拥有 LIN 9.4%的股份，现在他想要拿下其余的部分。

麦考有远见，并且有一种愿赌服输的魄力。为了购买所有牌照，他背负了巨额债务。然而，截至 1989 年年中，在他的 5000 万个 POP 中，只有 25 万名付款用户，渗透率仅为 0.5%。麦考并不悲观，他认为市场的利润空间是巨大的。

麦考以每股 120 美元的出价收购 LIN，总计 58.5 亿美元。他的出价导致 LIN 的股价从 103.50 美元飙升至 129.50 美元。显然，市场预期他会有更多行动。但麦考的出价有一个附带条件，他要求 LIN 取消其"毒丸"反并购条款（Poison Pill），但是 LIN 拒绝了。LIN 首席执行官唐纳德·佩尔斯（Donald Pels）对麦考一直比较反感，而麦考也同样不喜欢佩尔斯。[10] 如果麦考成功，佩尔斯保住工作的可能性几乎不存在。面对不友善的回应和毒丸条款，麦考把收购价格降低到了每股 110 美元。

LIN 于是寻求其他出价者。据传闻，几个小贝尔（贝尔公司的区域性公司）对此感兴趣。其中，南方贝尔（BellSouth）拥有丰厚的财务资源，并有购买手机业务的部署，似乎最有可能接手 LIN。LIN 在洛杉矶和休斯敦的牌照可以让南方贝尔在这两座城市拓展业务。两家公司的总市场规模达到 4600 万个 POP，只差 400 万就可以赶上麦考的 5000 万。尽管这还算不上全国性大规模，但对麦考的领先地位将是一个严重威胁。

对南方贝尔来说，赢得与麦考的竞标战的可能性很低。麦考预测，到 2000 年将有 15% 的美国人使用手机，按此计算，每个 POP 的价值约为 420 美元。而小贝尔们一致预测普及率仅为 10%，这导致它们认为每个 POP 的价值仅为 280 美元。于是，在南方贝尔和麦考的这场较量中，聪明的资本站在了麦考这边。

麦考出价高还有其他的考虑。只要 POP 市场价值上升，他所拥有的 5000 万个 POP 将更加值钱。而对南方贝尔来说，参与这场博弈的成本却很高；律师和投行的费用可能高达 2000 万美元，公司高管也会因此分心而影响到公司的日常运营。此外，如果竞标失败（似乎是大概率事件），南方贝尔将颜面扫地，再也不会被看作是势在必得的竞标者。

尽管如此，南方贝尔还是愿意以合适的价格收购LIN。但问题是，如果加入竞争就会引发一场竞标战，那么LIN必定会以不合理的价格出售。南方贝尔清楚只会有一个竞标者胜出，如果胜出者是麦考，它希望因其参与而获得补偿。因此，作为参与竞标的条件，南方贝尔得到了LIN的承诺，即如果麦考胜出，南方贝尔将获得5400万美元的安慰金，以及上限1500万美元的投标费用补贴。如此，南方贝尔参与了竞标，市场分析师评估其出价大概为每股105～112美元。

不出所料，麦考并未放弃，以每股112～118美元的出价超过了南方贝尔。[11]LIN回到南方贝尔这边，要求其提高出价。作为交换，南方贝尔再次要求LIN为其参与竞标支付费用。LIN将南方贝尔的费用补贴上限提高到2500万美元。作为回报，南方贝尔开出了每股115～125美元的新价格。

麦考又将价格提高到了每股124～138美元，然后为了中标又加上了几美元。与此同时，他支付了2250万美元给南方贝尔要求其退出竞标。[12]在最终价格下，LIN的总市值为63～67亿美元，而首席执行官佩尔斯手里的股票期权价值也超过了1亿美元，于是他高兴地与麦考达成了最终的协议。

那么在这场博弈中，不同的参与者表现如何？在南方贝尔宣布其第一次出价的前一天，LIN的股价为105.50美元。等到南方贝尔退出时，LIN的股价为122.25美元，每股净上涨了16.75美元，总市值增长了接近10亿美元。因此，LIN多赚了10亿美元，这使得它支付给南方贝尔的5400万美元和额外的投标费用补贴看起来非常合算。麦考获得了他的全国网络，随后将其卖给AT&T，成为亿万富翁。南方贝尔，先是通过参与博弈拿到了钱，然后离开博弈又拿到了一笔钱，作为一个弱势者获得了7650万美元外加投标费用补贴。南方贝尔很清楚，即便你不能用常规的方式在博弈中赚钱，你也可以通过改变博弈来获得报酬。

回头来看，我们想到了几个问题。

为什么南方贝尔拿到的安慰金是 5400 万美元，而不是 10 亿？这也许是因为如果南方贝尔太贪婪的话，LIN 可能会转向另一个小贝尔。也有可能 LIN 会同意给它一笔更大的安慰金，但那将会有很大的风险，因为 LIN 的股价可能会被炒到任何其他人都望而却步的境况，然后法院可能会认定收购的买卖双方有"锁定协议"。在这种情况下，南方贝尔将一无所获。[13]

为什么麦考付钱让南方贝尔退出？这是因为麦考无法确定南方贝尔是否会自行退出，而即便它确实退出，也不知道是早还是晚。退出越快对麦考越有利，因为麦考不希望有其他新买家参与。正如麦考手下的一位高级主管所言："我们能拿出 2600 万美元让南方贝尔尽快离开。"[14]

麦考向南方贝尔支付的退标费用显得有些不可思议，但完全合法。美国反垄断法原则上禁止投标人支付费用给其他投标人让其退出，但是对上市公司的收购属于证券法的范畴，法院认为证券法优先于反垄断法。[15] 证券法不禁止这种"退场费"，只需要信息全面披露。这背后的逻辑是，退场费的存在可以鼓励较弱的竞标者参与博弈，进而推高股价。但如果已经有多个竞标者参与其中，那么被并购公司的股东显然希望禁止退场费的存在，但世上哪有两全其美的事情。

LIN 为什么没有坚持在与南方贝尔的合同中加入禁止退场费的条款？难道是 LIN 没有想到？这事确实有些不合情理。LIN 付钱给南方贝尔邀请其参与竞标，也应该考虑到其他人可能会付钱让南方贝尔退出。这种情况本可以预防。

我们现在已经研究完了三个想成为参与者的故事。荷兰甜味剂公司和诺福克南方公司都表现不佳,其他参与者受益,它们买单。南方贝尔做得好得多,它之所以赚钱,是因为它认识到谁会从它的参与中获利,认识到这一点后,它可以通过谈判来分得一杯羹。

有机会加入博弈的参与者应该总是问"西塞罗之问":对谁有好处?荷兰甜味剂公司和诺福克南方公司肯定没有问,而南方贝尔问了。

让我们把这些故事的教训应用到一个熟悉的日常商业环境中。

要求出场费 电话铃响了,一位潜在客户说他不满意当前的供应商,希望你来报个价。这是一个与竞争对手合作了相当一段时间的大客户,机会来了。

你应该怎么做?首先你告诉对方稍后给他报价,然后你向他询问一些具体情况以帮助你制定报价策略。电话放下后,你立刻召开团队会议讨论报价。尽管对方在电话里客客气气,但你知道这距离拿下订单还远着呢。所以,你要更加用心,在价格上也要更有竞争力。

回头想想,你怀疑客户是在利用你从他当前的供应商那里获得更好的价格。但这不就是博弈吗?如果你不报价,就没有机会得到这笔生意。甚至,你可能再也不会有和这个客户合作的机会了。你还得考虑如何向你的老板解释你错过了一个业务机会,特别是如果客户最终确实更换了供应商。

所以你的报价很低。不报价没有好处,且有潜在的风险;而报价没有坏处,且可能带来好处。报完价,客户感谢你并承诺会回复,但却没有下文了。

你还能做什么?当然你可以给个更低的报价,但这不能保证结果

第四章 参与者

会更好。这绝不是解决之道。

问题出在策略本身。你报的低价只会帮助客户从其他供应商那里获得更低的价格。客户最终受益，而你却毫无所得。

人似乎总有一种冲动，不取一分一毫就让大家进入竞争和博弈。毕竟，这也是商人的本分。你想要个报价？我会给你报价，承包商、建筑师、除虫公司都会报价。所以，荷兰甜味剂公司和诺福克南方公司也只是做了同样的事情。但南方贝尔没有，至少不是免费的。

正确的思考方式应该是这样的：你的报价对客户有多重要？如果你的报价很重要，那么你应该得到报酬。如果不是那么重要，那么你就不太可能获得生意，也不太可能赚钱，那你需要重新考虑是否要报价。

要求出场费，理论上听起来很好，但在实践中可行吗？每个人都想成为南方贝尔，因为竞标输了而得到7650万美元的报酬。但这种情况很少见，如果你试图让客户为你的报价付钱，他们很可能会对你嗤之以鼻。

> 竞争是有价值的。
> 不要徒劳白送。
> 收了钱再参与。

要求别人付钱让你参与博弈是不讨喜的，通常也不那么明智。幸运的是，我们还有很多其他方式可以在博弈中获得报酬。你可以要求对方承担投标所需要的费用，或者分担前期的资金投入，譬如建设工厂的成本。你还可以要求一份销售合同。除此之外，你可以考虑在合同里加入"最后查看条款"（Last-Look Provision）：只要你能给出市场上最好的价格，生意就得归你。

作为参与投标的回报，你可以要求获得更多的业务信息，这样你赢得客户的机会就大得多了。这也让你从一个局外人变成一个局内人，而这是与客户建立关系的第一步。

你还可以要求进一步洽谈业务，让这次被邀投标成为你接触对方高级管理层的机会。你的参与是可以给予价值的，找对能懂得你价值的人，而不是只关心最低价格的人。你也可以借此机会要求参与客户的其他业务。

最后，你可以试着化被动为主动。与其向客户报价，不如反问客户什么样的价格才能拿下订单。让客户给你单方签好的合同，并在上面写上准确的价格，然后你来决定是否签字。如果签了，客户就必须把生意给你。这样，你可以确保客户没有在玩博弈。汽车经销商非常熟悉这种套路。他们经常会问你打算花多少钱，而不是直接给你报价。听到你的价格后，他们会说："我很想以这个价格卖给你，但需要经理批准。"他们还会让你按照你给定的价格签好合同才往上呈报。经销商知道，只有这样才能把生意做成功，而不是进入又一轮的讨价还价。

七种在博弈中获得报酬的方法

1. 要求对方分担投标费用、前期资金成本和进入博弈的其他成本。

2. 要求签订担保销售合同。

3. 要求附加"最后查看条款"。

4. 要求获得更多的业务信息。

> 5. 要求会见那些懂得你价值的高层。
>
> 6. 除目前的业务外，要求参与其他业务。
>
> 7. 要求客户报一个他会给你订单的价格。
>
> 当然，要求现金也可以。

即使有了这些策略，你可能仍然得不到报酬。在这种情况下，你可能决定不参与博弈。其实不参与也未必就是坏事，成本收益率可能不值一提。所以，参与博弈并非总是有利无弊。

投标的八项隐性成本

参与竞标存在着很多隐性成本。

1. 你的时间可以用在更有价值的地方。 参与竞标不仅仅是读一下报价单上的数字，通常需要耗费很多时间和精力，而这又占用了你服务当前客户的时间和精力。让你当前的客户满意比追逐其他人的客户更明智。

2. 你赢得了生意却赔了钱。 如果你赢得了生意，你应该思考一下，你真的想仅靠低价来赢得客户吗？不。一个只能靠低价赢得的客户没有忠诚度。如果你认为这会给你以后涨价赚钱的机会，那么请再想一想：客户不正是通过找你获得更低的价格而更换供应商的吗？因此，你最好确保能以你吸引客户的报价赚钱。

你最好琢磨一下：为什么原本的供应商会让客户离开？是客户没有付钱，还是他的要求特别高。如果这是一个好客户，你的竞争对手一定会想方设法留住他。但现在你能够轻而易举地拿下客户，这事你得思考一下。[16]

有时，从竞争对手那里挖到客户确实有合理的解释。可能是竞争对手真的搞砸了，客户确实打算离开。但在这种情况下，你不需要用低价来吸引他。

总之，很难通过低价吸引竞争对手的客户而且还能赚到钱。除非你本身就有一个较低的成本结构，才能既竞争成功，又赚到钱。

3. 原供应商可能会报复。 不要认为赢得这个客户就意味着博弈结束了。如果这是一个有价值的客户，那么你的胜利就意味着别人的损失（而如果这是一个没有价值的客户，那么你就已经犯了错误）。原供应商很可能会做出回击。他可以去挖你的客户，虽然未必得逞，但肯定能迫使你降价。如果他成功地抢走了你的客户，那么由于你们的竞争，两个高利润客户变成了两个低利润客户。这等于你用经营多年的老客户换来了刚刚建立关系的新客户。可能竞争对手第一次没有成功挖走客户，但是他会继续这样做，直到成功。最终的结果是双输。

4. 你现有的客户会想要更好的条件。 你给新客户的低价不可能一直保密。如果老客户知道了，他们也会要求至少同样的低价。他们甚至可能有合同条款来保证他们能拿到你提供给其他客户的最优价格。结果是，无论你是否获得了新客户，你现有的客户都有合理的理由让你降价。这个代价非常高。

5. 新客户将以低价为基准。 降价抢客户开了不好的先例，这不仅会让老客户重新要求降价，而且对新客户来说，低价将会成为他们出价的基准。

6. 竞争对手也将以低价为基准。 即使你打算在未来再收取更高的价格，但你的竞争对手可能会判断你依旧采取低价策略，于是竞争对手只能降价，逼着你也只能继续采取低价策略，于是现实真的变成了竞争对手所预判的那样了。

总之，现有客户、未来客户和竞争对手都将以低价为未来的基准价格。

7. 为客户的竞争对手提供更好的成本优势并无益处。 你的未来和你的客户的未来是紧密相连的。如果你把公司未来与可口可乐强关联，那么你肯定不想帮助百事可乐获得更低的价格。除非你有很好的理由相信你可以获得百事可乐的业务并保留可口可乐的业务，否则竞标百事可乐的业务成本很高。你帮助了竞争对手的客户，实际上伤害了自己。

8. 不要破坏竞争对手的玻璃屋。 降低竞争对手的利润并不明智。如果竞争对手正在准备与你做一番较量，你自然需要留心，但这并不意味着你应该对他的利润穷追猛打，就像联邦快递的快递员不应该去扎 UPS 卡车的轮胎一样，那绝对是烂招。

只要竞争对手输了你就赢了，这种观点过于简单，甚至可能很危险。如果你让竞争对手的利润没有了，那么他就没有什么可失去的了，于是竞争对手将变得更具侵略性，他可以毫无顾忌地挖你的客户。相反，你的竞争对手赚得越多，他在价格战中的损失就越大。除非你的竞争对手住在玻璃屋里，否则不要指望他们不向你扔石头。因此，帮助他们建造一座玻璃屋，而不是一座房子或豪宅，绝对符合你的利益。

投标的八项隐性成本

1. 你很可能失败，可以把时间用在更有价值的地方。

2. 就算你拿到了生意，价格往往很低，你就会赔钱。

3. 原本的供应商可能会报复你，最终双方都把之前的高利润客户变成了低利润客户。

4. 无论输赢，你都把价格拉低了，然后老客户又会要求低价。

5. 你开了一个不好的先例，新客户会以低价为基准。

6. 竞争对手会以低价为基准。

7. 为客户的竞争对手提供更好的成本优势毫无益处。

8. 不要破坏竞争对手的玻璃屋，如果他们有脆弱的地方，就不太可能挖你的客户。

当客户邀请我们投标的时候，我们总是兴冲冲地报价，现在你应该知道得三思而后行，或者根本不参与其中。如果你的老板问你为什么不愿参与，反正也不花钱，你可以解释一下投标的八项隐性成本。

你可以进入别人的博弈，别人也可以进入你的博弈。这时候，你该怎么办？

拨打所有参与者的电话　又一次，一位客户打电话来说他对现任供应商不满意，而你正是他口中的现任供应商。你问他为什么不满意，他告诉你有别人找上门来愿意以 50%的价格提供相同的服务。他接着问："你有何打算？"

你深吸了一口气，接下来你必须问自己，客户是否真的说了实话。

谎称报价让现任供应商提供更低的价格并非什么稀奇事，但这是一个不入流的把戏。从长远来看，这既不道德，也不有效。这让供应商处于一种两难的境地：跟着虚假报价出价，供应商得赔钱；但是揭穿客户的虚假报价诡计，那供应商也不可能和这个客户继续做生意了。（我们将在"战术"一章对此做更多介绍。）那能否让竞争对手来确认报价是否真实？至少在美国，这是违法的。

好的，你不得不默认客户说的是实话。现在怎么办？配合客户跟进较低的报价？这可能没有必要。首先，你应该提醒客户你的业务记录，当然，必须确保你之前的业务做得还是不错的。强调在更换供应商的过程中，他会放弃一段已被证明的良好合作关系，转而去选择不确定的合作关系。不管价格是否更低，他很可能会后悔这一举动。如果客户重视这种关系，你应该能够在不满足新价格的情况下留住生意。你可能也需要在价格上做出一些让步，但你不需要全盘照收。

如果这招不起作用，那也不意味着你就应该马上跟进他们的新价格，或许让客户离开更好。跟进新价格可能需要付出昂贵的代价：你的其他客户可能会听到风声，也会要求类似的折扣；你甚至可能有合同义务给他们同样的低价。

至于让客户离开自己转向竞争对手，虽然确实难以接受，但这种事不会总发生。有可能的情况是，竞争对手只剩下一点潜力，就像枪里只剩下一颗子弹，他会继续寻找其他目标，直到成功命中。如果你与之斗争，并成功留住了客户，对手会转移目标到你的另一个客户那里。你可以坚持战斗，不让你的竞争对手抢到任何客户，但你会失去利润，最后只是惨胜。

也许你应该让你的竞争对手得逞。但是，如果放弃单个客户会刺激竞争对手更加积极地抢走你的其他客户，那你应该努力留住每一个客户，即使这会付出一些代价。为了决定该怎么做，你必须思考一下如果竞争对手没有得到客户会怎么做，如果他得到了客户又会怎么做。

至此，我们已经了解了如何进入博弈，以及如果有不受欢迎的人进入你的博弈,应当如何应对。现在我们开始讨论让其他参与者加入博弈的策略。

2. 引入其他参与者

博弈中的参与者通常希望扩大参与者的规模,我们已经看到了一些这样的例子。LIN 广播公司将南方贝尔作为第二投标者引入,盖恩斯维尔水电公司将诺福克南方公司作为第二供应商引入,可口可乐和百事可乐也准备好向荷兰甜味剂公司支付高价,让其成为自己的第二供应商。

我们将从引入客户的策略开始介绍这一部分,然后我们将讨论引入供应商,接着我们会遍历价值网络的剩余部分。你一定会希望引入互补者,在某些情况下,甚至引入竞争者,这样会让大家都大为受益。[17]

引入客户

让更多的客户加入博弈是一个好主意。一个特别明显的好处是,蛋糕会变得更大。更多的客户带来更多的销售业绩,进而带来更多的利润。还有一个好处是,随着客户的增加,企业不再依赖单一客户,引入新客户会降低所有现有客户的附加价值,这使得卖方在与客户的谈判中处于更有利的位置。因此,对卖方来说,这是双赢:蛋糕越大,自己的市场份额也越大。

回想一下纸牌游戏:巴里故意丢掉了 3 张黑牌,整个蛋糕变小,但是他分得的部分却变大了。反过来，如果他多找 3 张红牌发给学生，他会做得更好。也就是说，巴里玩的游戏不是 23 张黑牌和 26 张红牌，而是 26 张黑牌和 29 张红牌。同样，没有任何学生有附加价值。但是在这种情况下，蛋糕变大了而不是缩小了，巴里最终会在更大的蛋糕中分得最大的一块。

如果你和巴里一样垄断市场，那么引入新客户没有任何问题。但如果你面临竞争呢？你带来了更多的买家，但他们不一定属于你。开发市场的成本很高，所以如果你的竞争对手可能是受益者，那么你为什么要这么做？

制造商相争　门座式起重机让木场搬运原木更加高效，理论上，哈尼施菲格公司（Harnischfeger）的最高报价就是每台起重机能为木场节省的大约 500 万美元成本。[18] 但问题出在竞争上。1987 年，小型起重机制造商克兰科公司（Kranco）进入市场，这是一家由哈尼施菲格公司前高管们牵头杠杆收购的小型起重机公司。毫无疑问，克兰科的产品性能和成本与哈尼施菲格的相差无几。

由于这个市场的买家较少，因此每个买家都可以让哈尼施菲格和克兰科同台竞技。通过向这两家起重机制造商招标，引发价格战，买家便可以轻松省下 500 万美元搬运成本中的大部分钱。这正是哈尼施菲格所面临的困境。

哈尼施菲格有哪些选项可以改变博弈？一种可能性是经典的"人输我赢"策略：扼杀竞争对手。克兰科是一家通过杠杆收购的急需现金的公司，而哈尼施菲格拥有雄厚的资金实力，长期的价格战可能会使克兰科资金链断裂。但与此同时，哈尼施菲格自己的利润也会受损。有一种更好的方法来改变博弈：找来更多买家。

与其争夺当前少得可怜的买家，哈尼施菲格不如去开拓更多的买家。门座式起重机如果想要为木场节约成本,有一个前提是木场的原木必须是整木长度。但绝大多数木场是在整木处理技术出现之前设计和建造的,它们只能处理短原木,因此门座式起重机毫无用武之地。哈尼施菲格可以通过向这些老旧木场展示整木处理技术的价值进而显著拓展自己起重机的市场规模。

但万一所有这些新拓展的买家都从克兰科那边购买呢?那克兰科不就是大赢家了,这难道不是一个问题吗?不,那会是双赢。有了更多的客户,克兰科就不会那么急切地去追求每一个与哈尼施菲格关系紧密的客户。买家也不太可能让这两个卖家相互对抗。如此,两个公司都可以从每一个客户节省的 500 万美元中分得更多。

这将不再有价格战。并非只有克兰科输,哈尼施菲格才能赢。

事实上,对哈尼施菲格来说,双赢意味着真赢。克兰科是小公司,起重机产能有限,它不可能吸引太多新买家。在这个故事里,身为竞争者的克兰科的枪中只有几颗子弹,这几颗子弹一旦用完,它就无法再给哈尼施菲格造成伤害了。

回到现实,也不知道到底发生了什么,让哈尼施菲格选择继续价格战——一种以双输告终的人输我赢策略。克兰科最终宣布破产,但它并没有消失,而是被芬兰一家行业领先的工程公司通力公司(Kone)收购,如今哈尼施菲格面临更强大的竞争对手。

类似于哈尼施菲格的故事在许多其他行业中也能找到。以飞机制造业为例,新飞机的订单金额大,但是并不高频,因此飞机制造商波音(Boeing)和空客(Airbus)都认为必须拿下每架飞机的订单。于是,航空公司便可以让波音和空客彼此对抗,坐收渔翁之利。如果两家飞机制造商中的任何一家能引入更多的买家,那么局面就会大为不同。即便这些新买家都去找空客,波音也能坦然接受,毕竟大家的产能都是有限的。如果空客连续几次都赢得了订单，那么订单会大量积压。在这种情况下，波音将能够承诺更快的交付，从而赢得接下来的几笔订单。而如果只有少量买家，不足以形成积压订单，那么波音就不能承受空客的任何一次赢单。每一笔订单的丢失都会给波音的运营带来更大的压力，于是，竞争加剧直到波音和空客都无法盈利。客户数量的微小变化，无论是变多还是变少，都会给市场的均衡带来巨大的影响。这又是纸牌游戏的翻版：只要在黑牌或红牌的数量上做一个小小的改变，就可以改变博弈中的力量平衡。

让更多的客户加入博弈是一个好主意。当你没有竞争对手时，这个道理是对的；当你有竞争对手时，这句话将会变得更加重要。至于如何吸引客户，我们已经探讨了一些方法。一种是教育市场，就像哈尼施菲格可能做的那样；另一种是付钱让他们参与，我们在本章第一部分已经讲过了。

有时，付费吸引客户至关重要，尤其是针对新产品的种子客户，你需要首先把雪球滚起来。典型的例子是售卖网络服务。使用美国在线（America Online）的人越多，人们就越重视它，因为他们会在此联系到更多的人。同样，拥有 ProShare（我们在"思考互补品"一节中讨论过的英特尔视频会议系统）的人越多，它对每个人的价值就越大，因为有更多的人可以打视频给你，你也可以给更多的人打视频。

美国在线知道要构建种子客户群，在早期必须向参与者付费。同样，英特尔也在资助 ProShare。好消息是，不必为所有客户的参与花钱。一旦有了特定数量的基础客户群，其他客户就会自动跟进。

让一个夜总会门庭若市与此大同小异。没有人想去一个空荡荡的夜总会，所以夜总会通常在夜幕刚刚降临时提供免费入场券，甚至免费饮料。夜总会付钱让一些人可以进来玩，以确保后续有其他人会付钱进来。

报纸和杂志也会对一些客户进行补贴。它们有两类客户：读者和广告商。读者数量越多，广告商愿意投放的费用就越多。为了提高发行量，出版商通常以低于成本的价格销售出版物，然后靠广告来赚钱。许多出版商愿意将自己的出版物免费派送出去，甚至付钱让人们复印，前提是需要确保拿到出版物的人真的会阅读。但问题是，如果价格太低，出版商就无法确认订阅者是否真的是因为感兴趣才订阅的，广告商也会因此担心出版物还没被阅读就被丢掉了。

另一种引入更多客户的方法是鼓励互补品的出现。开发互补品会很自然地吸引更多的客户加入博弈，我们在"竞合"一章中介绍过这个概念，后面的"引入互补者"一节会详细讨论。

最后，你可以考虑成为自己的客户。

第一次世界大战后，美国飞机制造商波音和道格拉斯（Douglas）都在苦苦挣扎，因为军用飞机的需求消失了，而民用飞机业务尚未起势。正在这时，绝佳的机会出现了——美国邮局就航空邮件的运输开始对航空公司进行招标。中标者会购买波音的飞机还是道格拉斯的？波音不打算被动等待结果，而是选择主动参与投标并中标。紧接着，波音制造了飞机，创建了航空公司来运输邮件，这家航空公司就是后来的美国联合航空公司。为了确保自己的飞机市场，波音算是创建了自己的专属客户。

出于同样的逻辑，汽车制造商也开始建立自己的汽车租赁机构。福特拥有赫兹（Hertz），并持有巴吉特（Budget）部分股权。克莱斯勒拥有道乐（Dollar）和苏立夫提（Thrifty）租车公司，并对安飞士（Avis）进行投资，而投资要求是安飞士 20%的用车必须来自克莱斯勒。通用汽车也拥有安飞士的股份，作为通用汽车持股 25%的回报，安飞士同意 60%的用车来自通用汽车。通用汽车拥有过国家租车（National），尽管于 1995 年 4 月出售了它，但国家租车的新买家与通用汽车签订了长期协议，仍会继续购买通用汽车的汽车。此外，三菱汽车拥有价值租车（Value Rent-a-Car）的部分股权。

发展汽车租赁业务有助于汽车制造商销售更多汽车，还使得他们能控制租赁机构使用哪些汽车。此外，这也是让人们试驾新款车型的好办法。

成为自己的客户是开拓市场、确保需求和实现规模的一种方式。

引入客户

1. 教育市场。

2. 付钱让他们参与。

3. 补贴一些客户，其他客户会全额买单跟进。

4. 自己动手：成为自己的客户，开拓市场、确保需求和实现规模。

引入供应商

引入更多的客户是一个好主意，引入更多的供应商也是。有了更多的供应商，就没有任何一个供应商显得至关重要，这使买方处于更有利的谈判地位。那么如何将供应商引入博弈？就像对待客户一样，一种方法是付钱让他们参与。还有另一种方式：组建采购联盟。

联合买保险 1995 年 5 月，美国运通（American Express）、IBM、

ITT、万豪酒店（Marriott）、美林银行（Merrill Lynch）、纳贝斯克食品（Nabisco）、辉瑞药业（Pfizer）、西尔斯百货（Sears）以及其他两家不愿透露姓名的大公司成立了采购联盟，集体为其员工购买医疗福利中的 HMO 部分，最终有超过 60 万名员工及其家属购买了 10 亿美元的健康保险。[19]

美国运通早先已经证明采购联盟是有价值的。1994 年，美国运通与美林银行和梅西百货（Macy's）合作，在加利福尼亚州、佛罗里达州、得克萨斯州、纽约市和亚特兰大市测试了这一想法。[20] 结果是，在这几个联盟地区，HMO 保费减少了 7%。相比之下，在联盟未覆盖的地区，保费增加了 7%。[21]

采购联盟最明显的价值是其规模巨大。各大医疗保险公司都不能失去联盟的庞大生意，所以都会积极出价。

但这还不是全部。采购联盟还有第二个甚至更重要的价值，它吸引了 100 多家竞标者参与竞标，因此，没有任何一家竞标者拥有太大的附加价值，这使得联盟处于极其强大的谈判地位。

竞标者数量众多，远远超过任何一个联盟成员能单独吸引的数量。美国运通可能会吸引 5 家甚至 10 家医疗保险公司，但绝不可能是 100 家。因为它的账户规模不足以吸引这么多医疗保险公司花费时间参与竞标——从上百家竞标者中获胜的概率也太小了。但是，由于采购联盟的生意金额高达数十亿美元，所以哪怕是一点点获胜的机会都值得一搏。这就是有 100 家竞标者愿意参与的原因。

即使美国运通自身能够吸引 100 家竞标者，它也无法完整评估所有竞标者，因为成本确实太高了。评估竞标者是一件非常耗时耗力的事情，联盟可以分担评估 100 家竞标者的成本。评审小组需要对每一家入围的竞标者进行面试，了解其怎么处理棘手的医疗案件。每家公司需要提供 25 份不良病例的病历，如患者因相同疾病再次入院，甚至意外死亡。[22]

美国运通所在的采购联盟继续扩大。这 10 个创始成员又与另外 10 个新成员一道讨论其他采购计划。这个规模几乎达到了之前的 6 倍、覆盖了 350 万人口的组织，正讨论联合购买精神健康服务、药品和其他医疗福利。[23]

采购联盟比人们想象的还要普遍。正如战略顾问兼作家迈克尔·特雷西（Michael Treacy）所指出的那样，开市客（Costco）和山姆俱乐部（Sam's Club）实际上就是采购联盟。[24] 人们不再去当地超市决定买哪种品牌的牙膏或花生酱，而是把决定权交给开市客们的专业采购。这些采购联盟虽然商品品种不多，但是优惠的价格可以弥补这一缺点。

组建采购联盟是引入更多供应商的有力策略。我们确信，更多的机构，如独立书店、大学图书馆和医院，可以从这种采购策略中获利。

美国反垄断法确实对采购联盟施加了一些限制。联盟成员不能被迫与联盟一起购买，最终购买与否必须是自愿的。当然，这些成员通常是有财务压力或同行压力才留在联盟里的。联盟不能有"市场控制力"，这通常是指有能力控制超过 30% 的市场。[25]

引入供应商

1. 付钱让他们参与。
2. 组建采购联盟，成为更大的买家。
3. 自己动手：成为自己的供应商，确保供应，创造竞争。

引入互补者

引入客户和供应商是一个好主意，引入互补者也是如此，这可以提高你的附加价值。有了更多的互补品，你的产品对客户就更有价值，如果互补品价格不贵的话就更好了。因此，在与对手竞争的博弈中，互补者越多越好。

我们在"竞合"一章中已经看到了麦克贝恩夫妇及其二手车周刊的例子。麦克贝恩夫妇承诺会把最优惠的互补品（保险、信贷和保修服务）介绍给读者，其实就是在为读者建立一个采购联盟。通过这种方式，麦克贝恩夫妇可以与更多潜在的互补品供应商议价谈判，这样比读者自己去议价更好，可以帮读者省下更多的钱。

我们还提到了汽车保险公司可能采取类似策略。它们可以与经销商谈判，帮助客户在新车上获得更好的价格。一些保险公司如USAA、一些信用合作社和AAA（美国汽车协会）都已经或多或少地这样做了。我们认为这一策略还可以得到更广泛的应用。

相比于客户自己去买新车，大型保险公司肯定能争取到更好的价格。一个人最多会造访两三家经销商，但保险公司会吸引全州的所有经销商竞标其业务。保险公司可以去一个州的所有福特经销商那里告诉他们，如果他们能把价格定得只比成本高一点，保险公司愿意将其所有客户介绍过去。一旦保险公司在某个州对此类交易谈判成功，它就会知道可能的底价，并可以利用这些信息在其他州谈判。

对购车者来说，这意味着不需要再与经销商讨价还价。当人们想买新车时，他们只需打电话给专门的保险公司，说明所需的品牌和型号，然后保险公司会报出最优惠的价格，并提供离得最近的经销商的信息。购买新车将变成一种更便宜、更快捷、更愉快的体验。人们也会更频繁地购买新车，进而又增加对汽车保险的需求。

如果保险公司自己不想涉足购车业务怎么办？它们仍然可以通过与现有的汽车购买服务商（如 Auto by Tel、CUC 等公司）结成采购联盟来实施这一策略。

无论哪种方式，保险公司都能得到另外一个好处。委婉地说，保险公司其实并不总是受到人们的感谢。人们花大价钱买保险，但大多数时候都看不到任何实际的回报。只有遭遇不幸，人们才能得到补偿。从这个角度来说，保险更像是安慰剂。但如果保险公司能帮助客户以低价购买汽车，那么保险公司将赢得客户的感激。

在博弈中引入更多的互补者是有益的，但有时会遇到一个更为根本的问题：互补品压根就不存在。电子游戏制造商经常面临这个问题，其下一代技术通常与旧技术不兼容，因此消费者不会购买新款游戏机，除非新款游戏机有足够的游戏软件。但如果新款游戏机没有足够的销售规模，游戏软件开发商就不愿意开发新游戏。这就成了"蛋生鸡，鸡生蛋"的问题，而我们同时需要鸡和蛋。

廉价的互补品　3DO 公司是创建首个 32 位 CD-ROM 电子游戏架构的公司。[26]这项技术在 1993 年推出，使电子游戏更具现实感和互动性。游戏软件开发商才得以实现用高质量画质、CD 音质和令人叹服的计算机图形生成技术来制作游戏。

3DO 的策略是通过授权游戏软件开发商制作游戏，并收取每份仅 3 美元的版税来赚钱，这也是公司名字的由来。为了吸引硬件制造商生产游戏机，3DO 将其硬件技术免费授权。

3DO 由特里普·霍金斯（Trip Hawkins）创立。作为哈佛大学的本科生，其专业是策略和博弈论。1982 年，28 岁的霍金斯作为苹果电脑的老手，创立了艺电公司（Electronic Arts），积累了人生的第一桶金。该公司因其电子游戏产品而闻名。1991 年，霍金斯放弃了艺电公司的管理权，以便能够全身心地投入他的新公司 3DO 中。

霍金斯认为互动式家庭娱乐市场潜力巨大。他观察到，美国人每年花 50 亿美元看电影，而在家庭录像带租赁和购买上的花费为 140 亿美元。按照这个算法，人们每年花在玩街机游戏上的 70 亿美元应该可以转化为 200 亿美元的家庭电子游戏市场。事实上，当时的家庭电子游戏市场规模仅为 30 亿美元。霍金斯的计划是调整这种不平衡，并开发剩下的 170 亿美元市场。[27]

1993 年 5 月，3DO 以每股 15 美元的价格上市。到当年 10 月，股价达到了 48 美元，公司整体市值接近 10 亿美元。霍金斯旗开得胜，投资者也激情满满，但消费者能感受到他们的激情吗？

1993 年 10 月，3DO 推出了第一款游戏机，由松下公司（Matsushita）制造，并以松下（Panasonic）品牌销售。这款游戏机的售价为 700 美元，配有一款高速 3D 赛车游戏"燃烧战车"（Crash'N Burn）。除此之外，几乎没有其他 3DO 游戏可玩。那些可选购的游戏平均价格大概为 75 美元，也显得非常贵。到 1994 年 1 月，松下公司只卖出了 3 万台游戏机。令人失望的销售业绩导致 3DO 的股价跌至 20 美元的低点。

CD-ROM 游戏的成本结构让事情变得更加复杂。由于其复杂的画面和音效，CD-ROM 游戏的开发成本高达每款 200 万美元，而 16 位卡带游戏的开发成本仅为 50 万美元。不过，CD-ROM 游戏碟片的制造成本要低得多，每盘 2~4 美元，而卡带的制造成本接近 10 美元。这种成本结构使得 CD-ROM 游戏需要一个大众市场。然而，3 万台游戏机的销量并不能构成大众市场，因此游戏软件开发商不愿意为 3DO 游戏的开发进行投资。

霍金斯意识到必须打破"鸡生蛋，蛋生鸡"的僵局。首先是硬件设备。游戏机确实是太贵了，霍金斯认识到光是邀请硬件制造商进入博弈还不够，需要付钱让他们参与。1994 年 3 月，3DO 为硬件制造商提供了一项优惠措施：只要他们愿意以 3DO 所建议的低价卖出游戏机，每卖出一台就可以分得两股 3DO 的股票。松下积极回应，将游戏机的单价降到 500 美元，紧跟着，东芝、金星和三星也都开始制造 3DO 游戏机。

接下来解决游戏软件太少的问题。霍金斯早先创办的艺电公司做出了郑重承诺，要为 3DO 开发 25 款游戏。但霍金斯认为 3DO 需要亲自下场参与游戏软件开发。正如产品经理艾米·古根海姆（Amy Guggenheim）所解释的：

回顾过去，我们的本意并不是要开发自己的游戏，而只想成为一家授权公司。但在我们推出游戏机后，很明显，在乎 3DO 生死的只有 3DO 公司自己。我们很快就意识到自己必须参与游戏软件的开发。我们推出了最前沿的游戏，可以让所有人受益：消费者受益，获得授权的游戏软件开发商受益，生产游戏机的硬件制造商也受益。我们现在必须学会自己掌握自己的命运。[28]

回到游戏机的硬件，仍然太贵了。1994 年 10 月，霍金斯告诉 3DO 硬件制造商，为了让 3DO 游戏机在价格上更有竞争力，他们需要在未来 15 个月自行承担 2 亿美元的损失。当硬件制造商对前景犹豫不决时，霍金斯转身去求助游戏软件开发商，并重新谈判了软件版税。3DO 要求游戏软件开发商对售出的每盘碟片除支付 3 美元的版税外，还需要再支付 3 美元的附加费。这笔额外的附加费将用于成立"市场发展基金"，其中部分资金将用于宣传和推广 3DO 游戏机，而其余资金将用于补贴硬件制造商，激励其降价促销游戏机。霍金斯评论道："没有游戏软件开发商是一个问题，但没有游戏机硬件制造商问题更大。"[29]

到 1995 年年中，3DO 游戏机的价格降到了 400 美元（内附价值 150 美元的游戏软件），累计销量超过 50 万台。虽然进步是显而易见的，但截至 1996 年初，3DO 的前景仍不确定，它再没有推出新的 32 位游戏软件。与此同时，世嘉（Sega）以 400 美元的价格发售 32 位游戏机土星（Saturn）；索尼以 300 美元的价格推出 32 位游戏站（PlayStation）；任天堂（Nintendo）则有望超越它们，其 64 位游戏机 Ultra 于 1996 年 4 月以低于 250 美元的价格上市。

霍金斯的错误在于过于依赖那些不认同 3DO 激励机制的参与者，这导致其在硬件和软件方面都出了问题。3DO 游戏机从来都不够便宜。1986 年，任天堂以惊人的 100 美元低价推出了 8 位电子游戏机，人们普遍认为这个价格低于成本。1992 年，任天堂和世嘉同样以 100 美元的价格销售 16 位电子游戏机。为什么 3DO 不在 1995 年按照 100 美元的价格销售游戏机呢？任天堂和世嘉能够以 100 美元的价格销售游戏机，是因为它们可以通过未来的软件销售赚钱。而 3DO 的硬件制造商松下和其他公司却没有办法这样赚钱，[30] 这就是为什么它们不愿意降价销售。

霍金斯的错误还在于将游戏软件的收入与游戏机硬件制造进行了分离。当霍金斯开始通过向售出的每台游戏机派发股权来纠正这个问题时，为时已晚。他的第二个策略"市场发展基金"，有点像"拆东墙补西墙"，补了西墙，东墙也没了。

同样，3DO 的游戏软件也不够，尤其是在早期。游戏需要先被开发出来，才能安装到游戏机上售卖，但是游戏软件开发商没有足够的激励让他们去赌一把。霍金斯后来通过内部开发游戏来解决软件短缺问题，但这又晚了一步。

付钱给自己的互补者　3DO故事的教训是：不要依赖别人。如果你要同时开发两个互补品，最好自己来。这就是任天堂和世嘉自己开发硬件和软件的原因，这也是英特尔创建ProShare的原因。3DO将软件和硬件都交给了别人，所以日子不好过。

有时，人们会拒绝进入一个互补业务。他们说："我们在那里不可能赚钱。"这样说还是没有抓住要点。你不能单独看待两个互补的业务，并要求它们都能实现各自的目标回报率。如果你在互补市场上没有赚到钱，那没关系，只要把它想象成你的左手和右手正在做互补就好。真正重要的问题是，你是否会在整体上赚钱。

人们有时会以另一种方式拒绝互补博弈。他们说："这不是我们的业务，我们应该聚焦自己的本业。"但如果市场没有需求，你再聚焦有什么意义。你最好先把市场盘活。

> **引入互补者**
>
> 1. 代表自己的客户组建采购联盟。
> 2. 付钱让互补者参与。
> 3. 自己动手：成为自己的互补者，不要依赖别人来开发互补品或者提供更便宜的互补品。

引入竞争者

如果你没有一个真正强大的竞争对手，你应该创造一个……

> 竞争是一种生活方式。
>
> ——比尔·史密斯堡（Bill Smithburg），
> 桂格燕麦公司（Quaker）首席执行官 [31]

比尔·史密斯堡并不缺少真正的竞争者。在运动饮料市场，他的产品佳得乐（Gatorade）正在与可口可乐和百事可乐旗下的同类产品竞争；在瓶装冰茶市场，他新收购的思乐宝（Snapple）将与可口可乐的Fruitopia和百事可乐的立顿（Lipton）展开竞争。史密斯堡的观点是，竞争可以推动你达到个人最佳水平，就像大多数跑步者喜欢与对手比赛而不是对着表跑。[32]

管理大师汤姆·彼得斯（Tom Peters）讲述了一个关于Quad/Graphics公司的故事，该公司将"引入竞争者"这一理念付诸实践："［它］将其最先进的技术授权给主要竞争对手，明确目的是让自己保持活力（并在此过程中赚得一笔钱）。"[33]

当然，你不想做得过头。理想情况下，你既能得到竞争带来的好处，又不影响到自己的业务。大公司可以在自己的内部创造竞争。宝洁公司（Procter & Gamble）以鼓励其旗下品牌相互竞争而闻名。海飞丝（Head&Shoulders）、潘婷（Pantene）、飘柔（Pert）、普瑞尔（Prell）和沙宣（Vidal Sassoon）洗发水都是宝洁在同一市场上的品牌。这同样适用于汰渍洗涤剂（Tide）和博德洗涤剂（Bold）以及象牙香皂（Ivory）和舒肤佳香皂（Safeguard）。每个品牌都是作为独立的业务进行管理的，有着独立的广告、定价和战略。跨品牌的竞争让每个人都不敢懈怠。

即使你认为不需要竞争对手，你的客户也可能不这么认为。有时，除非你有竞争对手，否则客户不会愿意与你做生意。在这种情况下，你最好引入一个竞争对手。

第四章 参与者

制造同类 1978年英特尔开发出8086微处理器后，授权IBM、AMD和其他十家外国制造商（如NEC）为第二供应商，算是放弃了对8086微处理器的垄断。它为什么要这么做呢？

英特尔的大客户IBM非常担心自己投资研发的硬件设备对英特尔的芯片产生依赖，只有一家供应商非常危险。其中一个问题是英特尔制造的可靠性，当时的英特尔还没有今天的辉煌业绩。IBM坚持要获得英特尔的微码授权，以便自己能够生产芯片。

另一个问题是英特尔成为单一采购源后的定价权。买家不仅关心今天的博弈，同时也关心明天的博弈。他们要求英特尔授权第二供应商。尽管IBM已有自主生产的权利保护，但它需要多一层保险。通过广泛授权其微码，英特尔向硬件制造商保证该芯片的市场将会竞争激烈，让各硬件制造商没有顾虑地采用英特尔的技术。事实上，8086微处理器市场确实竞争激烈。在1986年之前，英特尔自己生产的芯片只占不到三成的市场。

然而，买家可能没有意识到，一旦走上了英特尔铺设的道路，他们就没有回头路了。英特尔广泛授权的芯片技术，并没有延伸到后边的286、386、486、奔腾（Pentium）或高能奔腾（Pentium Pro）微处理器。到了286微处理器，只有五家公司获得了第二供应商的授权。从386微处理器开始，只有IBM最终获得了授权，且只限于内部使用。

为什么IBM和其他公司不把目光放得更远，坚持要求英特尔授权每一代芯片技术？事实上，英特尔确实与AMD和IBM签订了长期授权合同。但长期合同很难签订，尤其是在技术日新月异的背景下。毫不奇怪，AMD和IBM的合同解释都引发了法律纠纷。最后AMD失去了386及更高版本微处理器的第二供应商授权。IBM为了解决纠纷，也于1994年将授权卖回给英特尔。从奔腾微处理器开始，英特尔就没有义务分享技术了。

IBM 认为,如果英特尔不打算创建自己的竞争对手,它将不得不为英特尔创建一些。后来,在与苹果和摩托罗拉的合作中,IBM 确实推出了 Power PC 芯片与英特尔进行竞争。

> **引入竞争者**
>
> 1. 授权你的技术既可以赚钱,又可以避免自满。
> 2. 创建第二供应商,鼓励买家采用你的技术。
> 3. 自己动手:推动公司内部竞争。

上述方法足以引入更多竞争者了。大多数时候,公司不会抱怨自己面对的竞争者太少,只会抱怨竞争者太多,有时甚至会想铲除一些竞争者。

铲除竞争者 历史学家斯蒂芬·戈达德(Stephen Goddard)讲述了汽车如何取代有轨电车的故事。[34] 在汽车的早期发展阶段,即 20 世纪 20 年代和 30 年代,以底特律为大本营的汽车制造商们很难打入城市市场。在郊区和农村地区,小汽车和公共汽车很流行;但在市中心,有轨电车便宜且方便,是汽车的最大竞争者。更糟糕的是,有轨电车的轨道占据了道路的中央,挡住了汽车的去路。

为了解决这个问题,通用汽车(General Motors)联合凡士通轮胎(Firestone)、麦克卡车(Mack Trucks)、菲利普斯石油公司(Phillips Petroleum)和标准石油公司(Standard Oil)一起决定把路权夺过来。它们求助于罗伊·菲茨杰拉德(Roy Fitzgerald),并和他的四个兄弟成立了蓝杰快速运输公司(Range Rapid Transit Company)。这家公司的使命是，收购全美各地的电车公司，并将其关闭。可能实际操作的手法更体面一些，但是实际上就是那么回事。从亚拉巴马州的蒙哥马利到洛杉矶，菲茨杰拉德买下了电车的特许经营权，拆除了输电线路和电车轨道，重新铺设了街道，并废弃了有轨电车。与各地政府达成的协议是，菲茨杰拉德将用公共汽车取代无轨电车服务市民。当然，这只是促使人们转向汽车的过渡手段。

尽管有效，但这个策略严重违法，明显违反了《谢尔曼法案》。法院判决通用汽车及其同谋者各 5000 美元的罚款，并让罗伊·菲茨杰拉德缴纳了 1 美元的罚款。

对通用汽车及其同谋者而言，这点罚款真是不痛不痒。如今，美国法院对违反反垄断法的行为采取了更为严肃的态度，但也有一些情况例外，譬如在产业衰退的时候，为了使制造商能够生产并生存下去，收购竞争者是合适又合法的。[35]

威廉·安德斯（William Anders）在 1991 年当上了通用动力公司（General Dynamics）的 CEO，当时该公司是美国国防部的承包商。由于冷战结束，国防开支缩减，他必须找到办法对公司业务进行重组，重振公司业绩。安德斯曾经是战斗机飞行员和阿波罗八号的宇航员，他很熟悉美国空军和航天系统。于是，他将生产 F-16 战斗机列为公司最重要的计划。不过，另外一家军火商洛克希德（Lockheed）也在生产战斗机。一山不容二虎，安德斯好几次想买下洛克希德的 F-22 战斗机部门，纳入自家公司旗下，但是都被拒绝了。

安德斯意识到，如果他不能买下他的竞争者，他可能不得不让他的竞争者买下他，有一方必须离开。如果洛克希德不肯卖，也许会买。尽管安德斯更希望由通用动力公司完成收购，但还是狠下决心把 F-16 战斗机业务卖给了洛克希德。

3. 改变参与者

在你进入博弈之前，评估你的附加价值。如果你有高的附加价值，你会在博弈中赚钱，那就继续参与。但如果你没有太多附加价值，你就无法在博弈中赚很多钱。然后呢？

即使你不能在博弈中赚钱，你也可以通过改变博弈来赚钱。想想西塞罗的问题："对谁有好处？"你需要找出你的参与对谁有好处，他们可能愿意付钱让你参与。

荷兰甜味剂公司没有附加价值，但它的加入降低了 NutraSweet 的附加价值，这对可口可乐和百事可乐都有帮助。荷兰甜味剂公司应该要求为提供这项服务预先收费。诺福克南方公司没有附加价值，但它的加入降低了 CSX 的附加价值，这对盖恩斯维尔水电公司很有帮助。诺福克南方公司不应该在没有得到报酬的情况下参与博弈。南方贝尔在收购 LIN 的博弈中几乎没有附加价值，但它的存在降低了麦考的附加价值，这对 LIN 有利。南方贝尔很了解这些，并确保自己能获得丰厚的报酬才参与博弈。

如果你拿不到报酬，你确定你应该参与博弈吗？袖手旁观可能是最好的策略。参与博弈的成本比人们通常认识到的要高，不要忽视投标的八项隐性成本。

一旦你进入博弈，你可以尝试改变博弈中的其他参与者。围绕价值网络，考虑引入客户、供应商、互补者，甚至竞争者。不过别忘了，其他参与者就像你一样，可以自由选择是否参与博弈。你不能强迫他们参与,所以你必须创造正确的激励机制。

有时这是有可能的,而且非常奏效。美国运通公司组建采购联盟的策略就是一个完美的例子:通过给每个竞标者更大的激励,从而吸引了更多的竞标者参与竞标。随着更多的竞标者参与竞标,每个竞标者的附加价值都会减少,这使得采购联盟处于更有利的谈判地位。然而,有些角色你不应该留给其他人。如果你想增加附加价值,那么开发一个互补者是有必要的。当某个角色对你的成败至关重要时,不要指望其他人,扮演这个角色的最佳人选可能就是你自己,这就是3DO的教训。

任何时候参与者的阵容发生变化,附加价值也会发生变化。附加价值也可以更直接地改变,这将是我们下一章的内容。

第五章　附加价值

没有什么比水更有用的了；但用它几乎换不到什么东西，或者用很少的东西就可以换到水。相反，钻石几乎没有任何使用价值；但用它可以换到大量东西。

——亚当·斯密，《国富论》

两百年前，亚当·斯密提出了一个关于水与钻石的悖论：水对于生命是必不可少的，而钻石不是。然而，水基本上是免费的，而钻石是天价。

如果亚当·斯密生活在20世纪90年代，他可能会把电视和汽车与电子游戏进行比较。电视和汽车就像水，对于现代生活几乎是必不可少的。电子游戏则像钻石，是孩子们最好的朋友，但没有其他任何价值。那么，你更愿意做哪一行：消费电子、汽车还是电子游戏？

让我们比较一下三家著名的日本公司：索尼、日产和任天堂。三家公司分属三个产业：索尼生产电视；日产制造汽车；任天堂制作电子游戏，其代表作是《超级马里奥兄弟》。1990年7月至1991年6月，这三家公司的平均市值为

日产，2.0万亿日元

索尼，2.2万亿日元

任天堂，2.4万亿日元

第五章 附加价值

是的，至少在一段时间内，任天堂的市值超过了索尼和日产。[1] 任天堂是怎么做到的？它是如何让自己的体量做到和索尼、日产差不多的？答案就在附加价值。

1. 垄断的附加价值

一强众弱。

——山内溥（Hiroshi Yamauchi），任天堂社长[2]

电子游戏的历史可以追溯到1972年雅达利公司（Atari Corporation）成立时。[3] 雅达利虽然是一家美国公司，但它的名字来源于日本的围棋游戏，其含义类似于国际象棋中的"将军"，即宣布对手的领土受到攻击。带着这个充满杀气的名字，雅达利以一款名为"乓"的乒乓球电子游戏占领市场。

雅达利的成功是空前的，但也是短暂的。短短十年时间，美国家庭电子游戏市场的零售额从零增长到30亿美元，但市场充斥着劣质的游戏软件，这导致了产业衰落。到了1985年，家庭电子游戏不再流行，雅达利的销售额也下降到1亿美元以下，其亏损已经与鼎盛时期赚的钱齐平了。大家都认为这个行业不行了。

因此，当任天堂出现时，没有人关注。作为一家拥有百年历史的日本公司，任天堂多年来逐渐从制作扑克牌扩展到制作玩具，然后再扩展到生产电子游戏。曾经，在日本以外任天堂几乎鲜为人知，但这种情况很快就发生了变化。

任天堂力量　任天堂三个字在日语中的意思是"听天由命"，[4]

事实上，在它进入家庭电子游戏市场的过程中，任天堂并没有听天由命。它做对了每一件事，让自己进入了一个良性循环。

首先，任天堂的游戏机很便宜。任天堂找到了一种在廉价家用机器上重现街机游戏体验的方法。这种游戏机被称为"家庭电脑"（Famicom）。1983年，任天堂在日本推出Famicom，1986年将其命名为"任天堂娱乐系统"并推向美国。

事实上，Famicom和电脑没有关系，它其实只有一个功能：玩游戏。为了降低成本，任天堂特意使用了一种可以追溯到20世纪70年代的8位微处理器芯片。当时的个人计算机，如IBM的AT或早期的苹果麦金塔（Macintosh），售价都在2500美元至4000美元之间。任天堂游戏机售价为24000日元，约100美元。Famicom价格之低，以至于许多人认为它在亏本。

除了便宜的硬件，任天堂还拥有一流的游戏软件。这不是偶然，任天堂利用其在电子游戏方面的经验，开发的家庭电子游戏让Famicom的体验提升了一个维度。它的王牌设计师宫本茂（Shigeru Miyamoto）是一位追求卓越的天才，其创造的《大金刚》（*Donkey Kong*）、《超级马里奥兄弟》（*Super Mario Bros.*）和《塞尔达传说》（*The Legend of Zelda*）等轰动一时。

有了便宜的硬件和精选的游戏，消费者开始大量购买任天堂的游戏机和游戏。家庭电子游戏行业又开始恢复生机了。

良性循环　一旦销量起飞，任天堂就不必凡事亲力亲为了。软件公司排队为任天堂系统开发游戏，但只有通过任天堂的许可才行。吸取之前行业崩溃的教训，任天堂在硬件中安装了一个安全芯片，以确保只有任天堂认可的卡带才能在其系统上运行。这个做法是为了防止猖獗的抄袭，正是这种抄袭曾一度摧毁了整个行业。只有经过任天堂

第五章 附加价值

同意，软件公司才能为任天堂系统开发游戏。结果是什么？任天堂拥有了完全的控制权。

任天堂的游戏软件授权有一些特别条款。每家获得授权的公司每年只能生产五款游戏。这样，游戏软件开发商就不得不重视质量而不是数量。所有游戏都必须符合一系列的标准，包括禁止任何过度暴力或性暗示的内容。完成游戏审批后，任天堂生产所有的游戏卡带。它通过向获得授权的公司对每盒游戏卡带收取高额的许可费来赚钱。最重要的是一项排他性条款——禁止被授权公司两年内在其他电子游戏机上发布同款游戏。[5]

凭借低价的游戏机和自己开发的热门游戏，任天堂进入了一个良性循环。随着越来越多的消费者开始购买游戏机，任天堂可以降低其生产成本；随着游戏机销量的增长，任天堂又能够吸引更多的外部游戏公司开发游戏软件；随着游戏软件越来越多且越来越好，越来越多的消费者购买了任天堂游戏机，这导致了更大的销售量，也意味着更低的生产成本和更多的游戏。因为游戏的增多，任天堂的游戏机变得更有价值，导致了进一步的销售量，最终掀起一股任天堂热。

即使需求猛增，任天堂依旧小心谨慎。它严格控制游戏卡带的数量，一旦某款游戏热度下降，它就将此款游戏立即下架。任天堂超过一半的游戏就是这样停售的，但这有时也会造成严重的缺货。最著名的一次是在 1988 年，当时零售商们下了 1.1 亿盒游戏卡带的订单，预计销售量也至少在 4500 万盒，但任天堂总共只供应了 3300 万盒。[6] 在圣诞节期间，短缺变得尤为严重。

有点矛盾的是，短缺可能有助于创造更多的消费需求，至少存在三种不同的影响。

首先，短缺使得游戏卡带在消费者眼中更受欢迎，因此短缺刺激了需求。时尚餐厅也在玩同样的套路。例如,新奥尔良 K-Paul's 餐厅外面的长队让它显得热火朝天,进一步增加了排队人数。[7]为什么不提高价格让排队的人别这么多?因为没人排队可能会降低产品的声望,需求可能会骤减。

其次,短缺能成为新闻头条,而完全满足需求则不会。"今晚的新闻头条:任天堂向所有想要游戏卡带的人卖出了游戏卡带,详情在 11 点。"这样的新闻不可能存在。任天堂并不是一个喜欢在广告方面大手大脚的公司(广告费用只占其销售额的 2%),短缺正好为任天堂带来了巨大的免费宣传效应。

最后,短缺帮助零售商趁机卖掉那些不热卖的游戏,因为如果孩子们想要的游戏卖完了,父母们会买一个现成的卖得没那么好的游戏。当然,这只是应急,我们称之为创可贴效应。替代品可能会让孩子们从圣诞节玩到新年,但他们不会忘记自己想要的游戏。因此,一旦有货,家长们还会买回来。于是,任天堂实现了二次销售,而不是一次。

这确实是一个"少即是多"的例子。

为了进一步激发人们对游戏的兴趣,任天堂创建了一份月刊《任天堂力量》(*Nintendo Power*),内容包括游戏评级、游戏攻略、新游戏预告。月刊没有广告,且任天堂尽可能地让杂志便宜,只保持收支平衡。到 1990 年,这个拥有 600 万读者的月刊已成为美国发行量最高的儿童杂志,可以说是任天堂游戏的理想互补品。

其结果是,十年时间,任天堂重新将家庭电子游戏打造成全球 50 亿美元市值的产业。任天堂在日本和美国 8 位电子游戏市场的市场份额也达到了惊人的 90%以上。每三个日本和美国家庭中就有一个拥有任天堂,近四分之三的有十几岁男孩的美国家庭拥有电子游戏系统。任天堂的产品销量占整个美国玩具业的20%以上，仅游戏系列《超级马里奥兄弟》的累计销量就超过了4000万盒。[8]在美国儿童中马里奥比米老鼠更受欢迎。

任天堂的良性循环会被挑战者打破吗？循环一旦开启，就很难被打破。忘掉那些游戏之外的其他选择——电视、书籍和体育，从一个孩子的角度来看，没有比电子游戏更好的选择了。唯一真正的威胁来自其他公司的游戏机，但关键还是游戏软件。任天堂有一个庞大的游戏库可供选择，为什么有人会买另一款游戏机呢？也许挑战者可以将热卖的任天堂游戏带到自己的游戏库，但排他性条款扼杀了这种可能。在两年的时间内，任何游戏都不能被带到另一个平台上，两年后游戏也已经过时了。换言之，挑战者必须从零开始建设自己的游戏库。虽然巨额利润和短缺通常会吸引玩家入局，但良性循环让任何人都无法撼动任天堂。唯一的希望是用新技术超越任天堂，我们将在"范围"一章中看到，世嘉公司最终成功地做到了这一点。

强势参与者　由于任天堂垄断了8位电子游戏市场，其附加价值相当于家庭电子游戏市场整个蛋糕。任天堂的竞争者，其他游戏机制造商，无论是雅达利还是其他公司，都没有任何附加价值，一点威胁也没有。

但也有其他参与者垂涎这块蛋糕。看下任天堂的价值网络。图的上边是它的零售渠道，也就是任天堂面对的客户，包括玩具反斗城（Toys "R" Us）和沃尔玛（Wal-Mart）等大型零售商。图的右边是任天堂的互补者，如Acclaim和美国艺电等游戏软件开发商。图的下边有任天堂的供应商，包括理光（Ricoh）和夏普（Sharp）等芯片制造商，以及任天堂游戏中的卡通主角和漫画英雄的版权拥有者，如迪士尼和漫威。

竞合战略

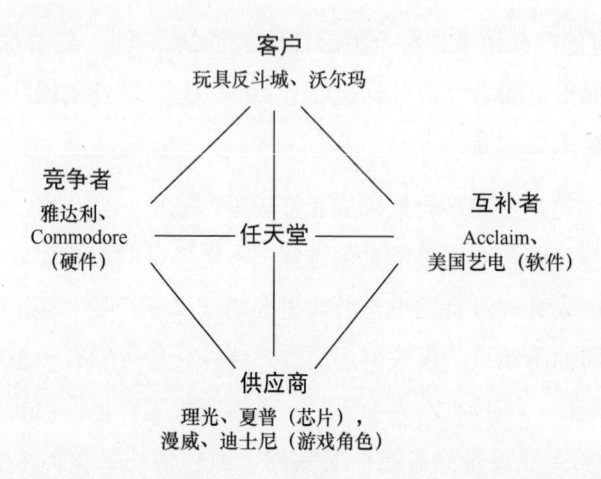

```
                    客户
              玩具反斗城、沃尔玛

   竞争者                           互补者
   雅达利、      ——— 任天堂 ———      Acclaim、
   Commodore                       美国艺电（软件）
   （硬件）

                    供应商
              理光、夏普（芯片），
              漫威、迪士尼（游戏角色）
```

任天堂的策略有效地限制了博弈中其他参与者的附加价值。

从任天堂的客户开始，任天堂是如何与玩具反斗城或沃尔玛这样的强势零售商进行博弈的呢？关键在于任天堂的库存管理策略，让游戏卡带一直处于供不应求的状态。任天堂可能损失了一些销售额，但让零售商无法及时获得供应才是重点。零售商的角色就像巴里版纸牌游戏中的学生，26个客户竞争任天堂的23张黑牌。就像巴里的学生一样，零售商几乎没有什么附加价值，甚至像玩具反斗城这样的巨无霸也处于弱势地位。随着任天堂热的兴起，消费者在商店外排队，零售商也在叫嚷着要更多的产品。由于供应短缺，任天堂削弱了买家的优势地位。

游戏软件开发又是另外一场博弈，这场博弈会发生些什么呢？首先，任天堂本身在这方面就做得很好。其次，安全芯片可以让任天堂进行有效授权。而每年只能开发五款游戏的发行限制，使游戏软件开发商保持势均力敌，没有一个开发商会变得特别强大。而且，由于任天堂自己内部也能开发游戏，所以它对任何外部开发商的依赖性都不高。任天堂这样操作的综合效应就是大幅限制被授权的参与者的附加价值。

任天堂的供应商也没有什么附加价值。对于任天堂，芯片只是一种普通商品，至于游戏里的人物角色也类似。任天堂自己开发了马里奥这个卡通角色并赢得了大奖。马里奥成为明星后，米老鼠、蜘蛛侠和其他授权角色的附加价值也降低了。事实上，任天堂完全转换了自己的角色，开始授权马里奥出现在漫画书、卡通秀、麦片包装盒、棋盘游戏和玩具上。

正如自己的月刊《任天堂力量》的名字一般，任天堂势不可当。

任天堂的策略为自己带来了高附加价值，同时降低了其他参与者的附加价值。通过这种方式，任天堂得以从一个中等规模的蛋糕中拿走一大块。相比之下，索尼和日产在竞争激烈的行业中都面临着许多竞争者。不要把索尼的附加价值与电视行业的附加价值混淆，也不要把日产的附加价值和汽车行业的附加价值混淆。你仍然可以在没有索尼的情况下看电视，只是不在便携电视（Watchman）或特丽珑彩电（Trinitron）上；你也可以在没有日产的情况下驾驶汽车，仅是没有了西玛（Maxima）或英菲尼迪（Infiniti）。至于任天堂，因为它拥有垄断地位，它的附加价值基本上就是电子游戏行业的附加价值。没有任天堂，就不会有电子游戏，这就是任天堂的市值可以超越索尼和日产的关键。

反垄断挑战　在美日关系紧张的背景下，一些人开始质疑任天堂的做法。在1989年"珍珠港纪念日"那天晚些时候，众议院反垄断小组委员会主席、国会议员丹尼斯·埃卡特（Dennis Eckart，俄亥俄州民主党人）召开了一次新闻发布会，要求司法部调查任天堂是否以不公平的手段阻碍了竞争。

埃卡特给司法部的信概述了几个方面。一是游戏机内嵌的芯片妨碍了竞争。二是关于任天堂与游戏软件开发商签订的授权协议。信中称，软件开发商"几乎完全依赖任天堂对其游戏和产品的安排"。信中进一步声称，1988年圣诞节的游戏机短缺"是为了抬高价格和需求，提高任天堂的市场影响力"。最后，小组委员会指控任天堂"积极操控其市场力量"，以限制供应威胁零售商，甚至恐吓只要竞争对手的产品一上架，就马上切断供应。埃卡特声称，由于这些做法，"最终结果是市场上只会剩下一个玩家"。[9]

商业周刊《巴伦周刊》在评论政府的反垄断案件时写道：

与提起这类案件相比，反垄断律师军团更热衷于玩《超级马里奥兄弟3》。与其说他们在追捕骗子，倒不如说他们更热衷于追逐任天堂和其他商业成功的故事、真正的成就、真正的技术进步和真正的回报。[10]

一年后，政府放弃了对任天堂的调查。[11]

金钱垄断

让他们欲罢不能。

——市井俚语

垄断意味着什么？没有你，什么都没有了。因此，你的附加价值等于整个蛋糕，这是一个令人羡慕的角色和地位。但你能得到多少蛋糕不仅取决于你自己的附加价值，还取决于其他参与者的附加价值。这就是你需要短缺的原因。

在纸牌游戏中，亚当和巴里都拥有垄断权，两人都有所有的黑牌，但巴里做得比亚当好得多。巴里丢了三张牌，实际上造成了短缺，结果是巴里的学生的附加价值比亚当的少很多。因此，当亚当和他的学生们只能平分蛋糕时，巴里却能在蛋糕中得到最大的一块。这就是为什么任天堂做得这么好：虽然垄断本身是好事，但短缺可以让垄断的好处再放大。

任天堂的故事证明了短缺对客户的显著影响，鉴于价值网络的对称性，我们也可以对供应商采取短缺策略。当我们减少对原材料的需求时，同样可以显示出与供不应求同样的效果。

全美橄榄球联盟（NFL）同时采用了这两种策略。在"博弈论"一章中，我们看到了NFL限制了球队的数量，其实它还限制了球员的数量。NFL还确保了想打职业橄榄球的人数多于能够参加职业橄榄球比赛的人数，这降低了每一位运动员的附加价值，包括职业球员。如果NFL扩大球队数量和球队规模，比赛质量可能会下降，但球员的工资会上涨。

钻石王牌　让我们回到本章开始的地方，亚当·斯密的水与钻石悖论。两百年前，钻石只能在印度的河床和巴西的丛林中找到，[12] 供需关系决定了水和钻石的相对价格。水资源丰富，因此价格低廉；钻石很稀少，因此价格昂贵。悖论就这么被解决了吗？还早。

让人不可思议的是钻石为什么一直都如此昂贵。高价格驱使人们寻找新的钻石来源，并找到了它们。19世纪70年代，南非的特兰斯瓦尔发现了大型的钻石矿，接着安哥拉、澳大利亚、博茨瓦纳、纳米比亚和刚果（金）发现了越来越多的钻石矿。20世纪60年代，俄罗斯在西伯利亚永久冻土下发现了巨大的钻石矿，并实现了有效开采，现在它是世界上最大的钻石生产国。1950年至1985年间，世界钻石产量从每年1500万克拉增加到4000万克拉。1985年至1996年间，产量又增加了一倍多，达到1亿多克拉。今天，钻石已经不再稀缺。

这是供给侧的情况。至于需求侧，对钻石的需求要稳定得多。需求主要由人口数量来驱动，尤其是订婚的人数。既然供应增加、需求相对稳定，那么为什么钻石的价格仍然那么高？相比于亚当·斯密时代，今天的水与钻石悖论似乎更难解释。

其实用一个词就可以解释：戴比尔斯（DeBeers）。这家南非公司垄断了全球钻石市场，世界上几乎所有的钻石都是通过戴比尔斯的分销系统来销售的，甚至俄罗斯95%的钻石也是通过戴比尔斯分销系统出售的。

戴比尔斯还限制了供应。回顾一下，1988年任天堂让零售渠道商拿不到货，而戴比尔斯则年年都这么做。戴比尔斯每年举行十次销售活动——行业术语叫"看货"。每次活动只邀请150名钻石经销商参加，戴比尔斯来决定如何合理地分配。每个受邀者都会拿到一个普通的棕色盒子，里边装着钻石，他们要么接受要么放弃，当然经销商通常会接受。那些试图通过囤积、投机或与黑市交易来规避戴比尔斯的经销商不要指望再被邀请，想取代这些不守规矩的经销商位置的大有人在。[13]

除了控制供应，戴比尔斯还必须管理人们的需求。人们重视钻石，因为他们认为钻石极度稀缺。但其实不是，不过这并不重要，重要的是人们对稀缺的认知。钻石的"稀缺性"使其成为订婚戒指的理想选择，但这离不开戴比尔斯长期的广告宣传。事实上，钻石订婚戒指是被创造的"传统"。1967年，只有二十分之一的日本新娘拥有钻石戒指，现在它几乎是结婚必备。

戴比尔斯也利用广告来塑造博弈规则。它希望购买钻石的人永远保留钻石，这可以限制二手市场带来的竞争。因此，为了阻止人们出售钻石，戴比尔斯发起了"钻石恒久远"的宣传活动。此外，为了应对俄罗斯中等级钻石的激增，戴比尔斯开始利用这些中等级钻石推广"永恒戒指"作为周年纪念戒指。

尽管戴比尔斯做出了种种努力，但它仍无法让市场需求跟得上快速增长的供应。为了维持钻石的稀缺性，它不得不囤积越来越多的钻石。尽管戴比尔斯在 1994 年上半年售出了创纪录的价值 25 亿美元的钻石，但到了当年 6 月，其库存达到 40 亿美元，是十年前的两倍。

俄罗斯国库拥有的钻石储量也快速增长，估计价值至少 40 亿美元。[14] 随着俄罗斯这些年的政治动荡，这一库存显得格外诱人，一些未经许可的钻石已经流入市场。戴比尔斯不得不进一步削减自己的供应，以保持价格平稳。戴比尔斯面临着严峻的挑战，这在历史上不是第一次了。

戴比尔斯和俄罗斯在重新控制供应方面有着共同的利益，这次它们应该会成功。但面对日益丰富的钻石资源，维持钻石的稀缺性越来越困难。钻石可能恒久远，但亚当·斯密的悖论还能持续多久？

现代版的水与钻石悖论已经无法用供需关系来解释，它是参与者拥有垄断权并控制供应的结果。为了了解所有权和控制权的重要性，请想象一下，如果世界上所有的水都是由一个人拥有和控制的话，那么戴比尔斯对钻石的控制就显得不值一提了。

限制供应

让我们将任天堂、NFL 和戴比尔斯故事的启示应用到大家更熟悉的商业场景中。假如你面临着不断增长的产品需求，很明显，你需要扩张产能，但需要多少呢？管理学教科书将此描述为一个平衡问题：

扩张太少，可能会失去销售；扩张太多，最终会让产能闲置导致浪费。最佳的扩张策略就是将扩张太多和扩张太少带来的成本最小化。

教科书中对产能扩张的分析有一个前提假设：无论是产能不足还是产能过剩，单位销售利润不变。但这种假设是错误的。产能稍有不足，每个客户的附加价值都很小；产能稍微超量一点，每个客户都会变得强势。当产能出现短缺而不是盈余时，你的利润会更健康。又是纸牌游戏了，仅仅是黑牌数量的一个小小的变化，无论是增加还是减少，都会对巴里相对于学生的表现产生很大的影响。

从附加价值的角度考虑，让产能减少一些而不是增加，更为有利。宁可因为产能不足而犯错，也不要产能过剩，因为这会让你失去讨价还价的能力，进而带来巨大的成本。

产能不足和产能过剩之间惊人的不对称性有助于解释从纸浆和造纸到化工、酒店、存储芯片再到财产和意外保险等众多行业中反复出现的经济周期。有人扩大产能，每个人的利润都急剧下降。因为即使是很小的过剩产能也会导致利润大幅下降。利润的急剧下降导致产能扩张暂停，与此同时需求继续增长，不久之后又出现产能不足。[15] 权力又回到了生产者手中，于是他们又开始盈利了。接着，又有人变得热情满满，过度扩张，哪怕只是一点点，这种循环就又开始了。

到目前为止，我们学到的是：谨慎供应过剩。但供应不足也有一些隐性成本，你需要将其考虑进去。供应不足缩小了市场蛋糕：今天的需求无法被满足，失去的不仅仅是今天的销售，也失去了一些客户，这意味着失去了未来的销售。产品短缺也可能造成负面影响。没有得到产品的客户肯定会不高兴，甚至那些得到产品的人也会对你的高价感到不满。如果短缺造成了品牌效应，就像任天堂和钻石一样，这可以抵消负面影响，但不应被视为理所当然。

简而言之，供应不足会在市场上造成一个缺口，并让客户失望。这样做等同于邀请其他竞争对手参与。即使是你的客户也可能会欢迎你的竞争对手参与，来给你一个教训。这就是为什么从长远来看，你可以玩亚当版的纸牌游戏，而不是巴里版的。虽然你可能会损失一些短期利润，但你可以把博弈继续进行下去。

限制供应

好处

1. 给你一块更大的蛋糕。
2. 或许可以让你出名。
3. 或许可以提供免费宣传。
4. 或许会导致客户在等待补货的同时，先去购买你不热门的产品。

坏处

1. 市场的蛋糕会缩小。
2. 可能会让你失去一些客户，从而影响未来的销售。
3. 造成负面影响。
4. 在市场上留下缺口，吸引竞争对手进入。

到目前为止，我们一直假设你原本有一些附加价值，把重点放在了是否以及如何限制博弈中其他参与者的附加价值。当然，你不能认为你的附加价值是理所当然的。下一节我们将介绍如何建立附加价值。

2. 竞争世界中的附加价值

在一个竞争激烈的世界里，你必须努力工作才能获得附加价值，这也是做生意的基本法则：你找到了制造更好产品的方法，希望更有效地利用资源；你倾听客户的意见，了解如何使你的产品对他们更有吸引力；你与供应商合作，一起发现如何更有效地运营业务。总之，你需要站在客户和供应商的角度，了解他们的观点。

但生活并不是那么简单，有一个问题：改进产品会增加成本。同样，如果削减成本，就会降低产品品质，这里有一个"品质与成本的权衡"。

权衡

建立附加价值的一种方法是做出明智的权衡。诀窍是只花 1 美元却让客户觉得产品价值增加了 2 美元，然后你可以把价格提高 1.5 美元，这便是双赢。同样，你也可以节省 2 美元，而让客户对产品的价值判断只比之前少 1 美元，这样你可以降价 1.5 美元，同样是双赢。在这两种情况下，你都建立了额外 1 美元的附加价值，并将其与客户分享。

要做出这些权衡，你必须跳出你的舒适区，挑战你之前的做事方式，就像下文的环球航空一样，挑战令人不舒适的传统方法。

舒适舱和科齐 1993 年 1 月，环球航空进行了破产后重组。这家航空公司陷入低谷，客户纷纷离去。环球航空的乘客满意度也在同行中垫底，员工士气全无，公司账上只剩下1000万美元。

就在这个关头，环球航空的营销高级副总裁鲍勃·科齐（Bob Cozzi）看到了出路。他建议每架飞机撤掉10~40个座位，并将剩余的座位打散，给乘客更多的腿部空间。根据科齐的说法，"我们把骰子直接掷到了桌子上。我们先花100万美元改装了座位，又花900万美元做了广告推广。"[16]公司孤注一掷。

科齐以"环球航空是最舒适的航空公司"来宣传自己的"舒适舱"。常规的经济舱的腿部空间为30~32英寸，而他们的舒适舱提供了额外的3英寸腿部空间，差别显著。虽然每家航空公司都在商务舱和头等舱提供了更多的腿部空间，但环球航空是唯一一家为经济舱增加腿部空间的大型航空公司。尽管如此，许多人还是持怀疑态度，刻薄的观察家还将这一举措比作重新安排泰坦尼克号上的躺椅。[17]

怀疑论者被证明是错误的。实际效果是乘客满意度飙升，员工士气也随之高涨。在六个月的时间内，环球航空的排名从垫底升至榜首，这些都是因为腿部空间的改造。在七项指标中，环球航空在六项上的评分低于平均水平，包括准点率、飞机内饰、航班住宿、行程安排、机内设施、登机口值机和行程后服务。然而，环球航空在座椅舒适度这一项指标上显著优于所有其他航空公司，以至于市场研究公司J.D. Power将其列为美国国内长途航班排名第一、短程航班排名第二的航空公司。

所有这些都有助于环球航空生意兴隆。根据科齐的计算，每趟航班上只要额外增加一名乘客，那么每年就可以增加8000万美元的收入。同样重要的是，更多的商务旅客现在选择乘坐环球航空，这是因为如果公司不允许员工乘坐商务舱，那么环球航空的舒适舱就是最佳选择。到

1993年底，环球航空单座收益率增长了30%，是其他航空公司的2倍。

舒适舱是环球航空提高服务质量的一种非常聪明且经济高效的方式。拆除一个座位的成本是那个座位本该带来的收入。但如果飞机没有坐满，那么拿出一些座位给人们腾出更多的腿部空间，并不增加什么成本。

这是环球航空的胜利，也是乘客的胜利。随着服务的改进，环球航空也在竞争中占据了一席之地。这是否就意味着其他航空公司的损失呢？不一定。环球航空的确吸引了其他航空公司的部分商务乘客，但这里边也有双赢的成分。环球航空不打算发动价格战。由于座位变少，空座位也变少了，它不再有降价的必要。事实上，由于乘客愿意为其改进的服务支付更多费用，环球航空甚至有一定的提价空间。其他航空公司会因为环球航空不再被迫降价而获益。

但如果其他航空公司效仿环球航空的策略呢？这会不会让环球航空的努力付之东流？不会。如果其他人效仿，那么整个行业过剩的座位将会减少。乘客将有更多的腿部空间，航空公司也将有更少的空位，从而避免触发价格战。科齐找到了一种方法，让航空业远离因为抢夺经济舱乘客而进行的价格战。这才是最好的商业策略。

事实证明，大多数航空公司都没有跟进环球航空。它们担心"周五下午效应"——在出行高峰时段，尤其是周五下午，飞机会爆满。在这种情况下，每拆除一个座位都会带来损失。其他航空公司决定保留它们的座位，以便在高峰期使用，而不在意在一周其他时间里这些座位仍然是空的。但是航空公司忽略了一点，座位的减少会改变乘坐高峰期的博弈。一家拥有更满飞机的航空公司，哪怕是因为座位被拆除才更满的，降价的必要性也在下降。价格上涨带来的收益可能比周五下午多卖几张经济舱的票更重要。很明显，其他航空公司

第五章 附加价值

并不这么认为。

事实上，环球航空也曾忘记了自己的初衷，几乎想要放弃舒适舱。环球航空的策略非常成功，以至于额外的腿部空间成本就显得很高。1994年，新的管理层来了，认为额外的舒适并不能证明其在经济上是合理的，他们忘记了是什么原因让飞机坐满。正如科齐所描述的，"舒适舱进展得如此顺利，以至于新管理层决定终止它。"[18] 员工们站起来为舒适舱辩护，反对取消舒适舱的传真纷至沓来，超过三百份。

科齐因反对管理层的计划而辞职。最后，管理层让步了。1994年4月，舒适舱被缩减而不是被取消，只有那些专为夏天旺季准备的热门航班才把座位完全加回去。1994年秋天，舒适舱在环球航空国内航班上全面恢复。那个时候，其他航空公司如果打算跟进，还为时不晚。

以较低的成本增量却提供了更高质量的服务，舒适舱算不上是一种权衡，但创造了环球航空的辉煌。通常来说，提高品质确实需要花钱，但你不能指望每个人都愿意为此支付足够的费用。不同的人对品质的重视程度不同。有些人对价格更敏感，而有些人不惜代价追求品质上哪怕细微的改进。例如，你花 1 美元来提高品质，有些人可能愿意多付 10 美元，有些人只愿意多付 2 美元，还有一些人只愿意多付 0.5 美元。权衡是一个数字游戏，需要一些技巧。

大家都认为搭乘协和超音速飞机是更好的飞行方式，然而因为载客量有限，它的运营成本居高不下。大家觉得为了节省了三个小时而付出更高的价格不是很合算，因此尽管协和飞机只有一百个座位，依然很少能坐满。但这并不意味着超音速飞机在经济上不可行。如果能有一架更大的超音速飞机，可以让平均成本更低，票价就可以更低，这可能可以吸引更多的乘客，并实现盈利。在 20 世纪 60 年代协和飞机被设计出来的时候，制造一架更大的超音速飞机在工程上是不可行的，但在今天，这项技术已经成熟了。

提高品质的另一面是节约成本。当你试图节省成本时，人们可能会有不同的反应。许多人不会介意品质的小幅下降，但有些人会觉得降低品质后的产品价值也大大降低，不再值得购买。这也是一个数字游戏。

塔可钟快餐（Taco Bell）和英国服装零售商马莎百货（Marks & Spencer）就擅长这种数字游戏。你可以买到比塔可钟更好吃的墨西哥食品，也可以买到比马莎百货更优质的衣服，但高品质意味着大多数人不愿意承担的高价位。塔可钟和马莎百货放弃了一些对品质要求高的客户，但获得了更多客户。事实上，塔可钟和马莎百货的性价比都很高，以至于它们的顾客都希望经常光顾。

舒适舱、塔可钟和马莎百货的例子都涉及最低程度的权衡。环球航空以很小的成本在品质上进行了大幅度的改进。同样，塔可钟和马莎百货也为节省成本在品质上做了小幅度降低。理想情况下，权衡应尽可能小，最小的权衡是完全不做任何权衡。

兼而得之

虽然权衡是建立附加价值的一种方法，但若你最终同时获得更高的品质和更低的成本，岂不是更好。这种结果就是我们所说的兼而得之。是否存在所谓的兼而得之？绝对存在。想想质量革命，人们已经了解到重新设计制造工艺而不是返工有缺陷的产品，可以在提高品质的同时节约成本。高品质的产品实现了低成本。

建立良性循环是创造兼而得之的另一条途径。你开始制造更好的产品，成本上升，但是品质改进有限。但如果你能坚持下去，会有更多的客户来找你。于是，产量变大，你就可以更高效地生产。品质与成本的权衡开始变得对你有利，于是你赚的钱比一开始要多了。接着，你也有资金可以投入到品质改进或成本优化，也可以同时投资这两者。你可以获得更多的客户和更高的效率。于是，良性循环启动起来了。有了足够的规模，你的成本甚至可能比一开始更低。你已经把权衡变成了兼而得之。

在环保议题上，人们常说权衡是不可避免的。拥有更清洁和更环保的产品是可能的，但前提是接受更低的品质或更高的成本。事实并非如此。哈佛商学院教授迈克尔·波特（Michael Porter）和他的合著者瑞士圣加仑大学（St. Gallen University）管理学教授克莱斯·范德林德（Claas van der Linde）以荷兰郁金香生意为例，说明了环保议题上兼而得之的可能性。[19] 为了减少土壤和地下水污染，荷兰人将郁金香的种植从室外转移到先进的温室，现在农药和肥料在一个封闭的系统中实现再循环。受控的环境还降低了虫害风险，使花农能够进一步节约农药和肥料。在温室内，花农找到了种植郁金香的新方法，进一步降低了处理成本。最后，温室又减少了生长条件的变化，提高了产品品质。荷兰郁金香花农设法在保护环境的同时提高了自己的附加价值。

做到兼而得之不只是一项工程工作，如果你出去寻找，到处都有机会。我们明白实地调查的重要性，所以我们去了 Club Med 俱乐部。[20]

相处融洽 客观来说，Club Med 俱乐部的工作人员非常辛苦，每天从早上 7 点 15 分的早餐开始忙碌，通常会持续到午夜，具体工作包括打深夜篮球、调酒或排练第二天晚上演出的小品。工作人员需要会说几种语言，每周工作六天。然而，Club Med 向员工支付的工资远远低于正常的市场价，因此 Club Med 的人力成本占营收的比重，比酒店产业的平均水平低约 10 个百分点。

这是否意味着 Club Med 俱乐部只能雇用三流员工？完全不是。因为业绩增长，它每年可以创造 2000 个岗位，但是申请者却超过 35000 人。Club Med 吸引了那些不把钱放在首位而更看重俱乐部工作体验的人。Club Med 甚至从游客中招聘员工，结果员工与游客非常投缘，相处融洽。

通过节约劳动力成本，Club Med 俱乐部最终对游客更有吸引力，这恰是兼而得之。

Club Med 想了另一种方法降低成本，那就是尽量让游客在俱乐部内娱乐消费。这里有太多可供娱乐的项目：空中飞人课、帆板、晚间表演等，所以游客根本想不起来去岛上的其他地方看看。事实上，Club Med 并不鼓励俱乐部之外的活动。虽然它也提供越野考察，但收费不菲。Club Med 的特色之一是与游客们共度时光，如果有些人离开俱乐部去探索岛屿，这将减少这种集体体验的乐趣。

统包游客的所有活动也有助于俱乐部建立自己的品牌。人们对去 Club Med 俱乐部度假的首要感受是"我去了 Club Med 俱乐部"，而不是想着"我去了马提尼克岛或天堂岛"。Club Med 俱乐部的活动体验紧紧围绕着俱乐部本身，而不是它所在的岛屿。

Club Med 俱乐部的设施很简单，住宿只提供最基本的睡觉功能，可能有人会说简朴，但绝不会有人说奢华。那里没有电话、时钟、电视、报纸，甚至没有写字纸。低成本住宿的设计目的是让人们下床进入公共的室外空间，这促进了集体体验。Club Med 俱乐部再次降低了成本，同时还增加了吸引力。

Club Med 俱乐部的用地主要是租赁来的，但是俱乐部靠着强大的品牌和简朴的设备并不担心土地所有者会随意涨价。俱乐部可以轻易地搬到岛上的另一个地方，而不会失去客户，也不需要进行大笔投资。

第五章 附加价值

附加价值始终掌握在俱乐部手中,而不在土地所有者那里。

Club Med俱乐部又是一个"少即是多"的例子。降低成本使客户更开心,保持简单让产品更受欢迎。

那么,反过来可以创造兼而得之吗?让客户更开心能节省成本吗?绝对可以。我们一起来看下面的故事。

囚犯市场 田纳西州立法机构得出结论,由私营企业美国惩教公司(CCA)运营的私营监狱比州惩教部门运营的州营监狱更好,也更便宜。[21]

可以用更少的钱来管理监狱,这一事实并不令人惊讶。正如芝加哥大学法学和犯罪学名誉教授诺瓦尔·莫里斯(Norval Morris)所说:"很明显,你可以用最节省的方式建造一个地牢,把犯人扔进去,再把非常廉价的食物扔给他们。问题是你想为囚犯做些什么。"[22]

有趣的是,CCA成功地节省了成本,同时将监狱运营得更好。CCA向田纳西州政府收取每名囚犯每日35.18美元的费用,而类似的州营监狱的费用为35.76美元。这看起来并没有节省多少,但请记住,CCA还能以此收费赚钱。1994年,CCA经营的45所监狱的平均利润率为7.3%。至于质量,田纳西州议会的一个特别委员会给CCA监狱的评分高于类似的州营监狱。CCA的越狱和暴动较少,提供了更好的医疗服务和更多的就业与教育项目。

从犯人角度,我们也能收到积极的反馈。25岁的菲利普·菲利普斯因持械抢劫罪被判处十年徒刑,他认为CCA监狱是他所经历的六所监狱中最好的一个,"这里更干净,有更多的食物可供选择,工作人员也更耐心,更愿意花时间。"21岁的塞缪尔·米切尔被定罪为劫匪,为了和哥哥在一起,他从CCA监狱转到一所州营监狱。他哀叹道,"我不该离开那里。"[23]

CCA 是如何做到的？管理监狱的最大开支是狱警的工资。在州营监狱，最高有 25%的预算被用于支付加班费。CCA 的创始人兼董事长克兰茨博士解释了原因：如果监狱既不安全又令人不适，狱警就不想来上班，他们会打电话请病假，其他狱警不得不加班加点，这增加了人力成本。根据克兰茨博士的说法："关键是让狱警认为他的工作是体面的，所以不要让犯人过于拥挤。要给犯人很多的任务让他们保持忙碌，把墙壁粉刷好，把草地保持好。"[24]

如此算来，地牢并不是最便宜的。

私营监狱的数量日益增长，已经开始普及。我们相信，还有许多其他公共部门的服务可以提供更高的品质，同时降低成本。任何缺乏市场力量的经济部门，都是寻找兼而得之机会的好地方。

建立附加价值

权衡

1. 提高客户愿意支付的金额，使之超过成本的增量。

2. 降低成本，并让客户的购买意愿不降低太多。

兼而得之

1. 降低成本，以提供更好的产品。

2. 提供更好的产品，以降低成本。

3. 关系的附加价值

你尽你所能以低成本提供高品质的产品和服务，但你的竞争对手也会这么做，这就是竞争的本质。如果你做的事情很多人都可以做，你就没有多少附加价值。

如果你没有太多的附加价值，你就无法承受太多的成本溢价，也就赚不了多少钱。如果你的可变成本相对于固定成本较低，那情况就更糟了，你很可能无法收回你的固定成本，在这种情况下你最终会亏损。

固定成本高的企业不胜枚举：航空公司、汽车租赁公司、健身俱乐部、酒店和餐馆。许多行业，如铝、化工、炼油和造纸等，其企业都有类似的成本结构。上述这些企业的一个共同点是生产成本不取决于客户的数量。

这本身并不是问题，这些行业里有些公司做得相当好。例如，尼维斯岛上的四季酒店提供特色的加勒比度假体验，因此它具有很高的附加价值。而在世界上几乎任何一个城市的市中心，都能找到希尔顿、凯悦、万豪、喜来登这样的酒店，千篇一律没有差别，这使它们都处于弱势地位。当市场供应紧张时，每家酒店都有很高的附加价值；但如果市场供应过剩或需求放缓，所有酒店的利润都会暴跌。

至于航空公司，它们处于非常弱势的地位。当然，在一些航线上，航空公司可能会有很高的附加价值。譬如，如果你想直飞明尼阿波利斯，你很可能不得不乘坐西北航空的航班，几乎没有其他选择。但在大多数航线上，都有几家航空公司可供选择，任何一家的飞行体验都与其他家没有太大区别。此外，航空业的产能严重过剩，几乎所有的成本都是固定成本。基于此，你就不难理解为什么航空公司面临这么大的盈利压力。

尽管面对极大的压力，航空公司依然能想出具有创造力的解决方案。它们很早就明白一个道理：在竞争激烈的市场中建立附加价值的一种方式就是与客户建立关系。正如我们在下文中即将看到的，这就是航空公司制定"飞行常客奖励计划"的目的。

建立忠诚

最难的问题是如何发展关系。在某种程度上，关系是自发的。人们从你那里购买过一次之后，下次他们会有自然的动机再次从你那里购买，而不是对比后再购买，这是人们出自本能的惯性。这种惯性会给你带来一些附加价值，但应该还不够。

你可以做得更多。你可以积极促进与客户及供应商的牢固关系。即使不是一见钟情，你也可以把与客户或供应商的初次约会变成终生的恋情。

搭顺风车　1981 年，美国航空业经历了动荡。当时市场管制刚刚放松，老牌航空公司还在调整适应，一波新的航空公司（主要是廉价航空）就纷纷入场。老牌航空公司意识到自己正陷入一场激烈的乘客争夺战，于是票价暴跌。航空公司们发现，单纯追求低价的乘客没有忠诚可言。

至少在当年 5 月 1 日，美国航空推出其飞行常客奖励计划 AAdvantage 之前是这样的。[25] 该计划可以让乘客累积里程数积分来兑

第五章　附加价值

换飞往夏威夷或其他地方的免费机票。飞行的里程数越多，奖励就越高。每次搭乘美国航空的航班都激励着乘客下一次继续搭乘该航空公司的航班，于是客户变得忠诚了。

借助一张塑料会员卡、一个追踪里程的计算机程序和一些空座位，美国航空凭空创造了忠诚。不仅如此，AAdvantage 计划对经常出差的商务乘客最有吸引力，这些乘客也是航空公司的主要客源。

AAdvantage 计划通过奖励来建立忠诚，只要控制成本，这就是一个好主意。对于乘客，飞行常客奖励计划非常合算。那么，对于美国航空，提供免费飞行奖励的成本是多少？其实只是一些花生和一点燃料，大约 20 美元。正如环球航空的舒适舱拿掉空座位给乘客更多的腿部空间一样，美国航空也是用空座位给忠诚的乘客提供免费旅行。

当然，也有一些侵蚀利润的情况。存在一些用免费激励去夏威夷的人，而这些人原本也会花钱去那里。在这种情况下，美国航空的成本更像是 1000 美元，而不是 20 美元。乘客节省了他本应消费的 1000 美元，美国航空则损失了本应收取的 1000 美元。即使在这里，AAdvantage 计划依然购买到了想要的忠诚，只不过是价值 1000 美元的忠诚，每一美元忠诚的成本就是一美元。

但大多数时候并不会出现侵蚀利润的情况。奖励给了那些非常乐意免费飞往夏威夷而不愿意支付 1000 美元机票的人。为了方便讨论，我们假设某乘客认为这次旅行的价值是 500 美元，那么美国航空花 20 美元购买了 500 美元的忠诚，用票价五十分之一的成本购买了价值票价一半的忠诚，成本效益相当高。

然而，有两个注意事项。首先，美国航空必须确保免费旅行不会影响那些正常付费的乘客。如果免费旅行造成飞机客满而损失一名付费乘客，那么美国航空的成本就是 1000 美元。因此，美国航空限制了每架飞机上可供激励积分兑换的座位数量，并规定了不能使用激励机票乘坐的日期，从而对免费旅行进行了一些限制。其次，美国航空必须防止免费机票的转售，否则它们很可能最终落入那些本应正常支付全额机票的人手中，那么美国航空的成本又将是 1000 美元。

当然，如果没有这些限制，乘客会发现飞行常客奖励计划更有价值，那么美国航空为什么不按照乘客的想法来呢？因为那样的话，成本会远高于 20 美元，更接近 1000 美元，这个奖励计划就不合算了。这些限制并不是为了让大家不高兴，而是使该奖励计划能得以实施的必要前提。

一些经济学家断言，飞行常客奖励计划没有附加价值。牛津大学教授保罗·克伦珀（Paul Klemperer）和加州大学洛杉矶分校教授方博亮（Ivan Png）在《洛杉矶时报》的一篇专栏文章中评论道："飞行常客奖励计划并非通过增强消费者满意度来建立客户忠诚，这与开发更温和的肥皂或更省油的跑车不同。"[26]

我们不同意上述观点。美国航空发现了一些未充分利用的资源——空座位，并将其充分利用，让原本不会去夏威夷的人们可以去夏威夷度假。通过这种方式，美国航空把蛋糕做大了，增加了附加价值。

AAdvantage 计划让美国航空受益，但是这样的激励方案其他航空公司也可以模仿。

支离破碎的忠诚 美国航空推出 AAdvantage 计划后仅两周，联合航空就推出了自己的飞行常客奖励计划 Mileage Plus。三个月内，美国主要的航空公司都有了自己的奖励计划。即便如此，到 1981 年底，AAdvantage 计划仍保持领先地位，注册会员超过 100 万人。

并非每家航空公司都顺利地复制了 AAdvantage 计划。美国航空在使用计算机技术方面遥遥领先,其在运行飞行常客奖励计划时具有显著优势。没有自动化能力的航空公司发现这些奖励计划管理起来特别麻烦。为了追踪里程数,它们必须收集乘客在登机口出示的优惠券。

飞行常客奖励计划使大型航空公司比区域性航空公司和初创公司更具优势。通过更广泛的航线系统,它们可以提供前往夏威夷、加勒比海和其他令人向往的目的地的免费机票。区域性航空公司试图通过提供更丰厚的奖励来弥补这方面的不足。反过来,各大航空公司通过与国际航空公司结盟,进一步增强其计划的吸引力。

美国航空的 AAdvantage 计划被如此迅速地抄袭,对美国航空有多不好?的确,模仿降低了美国航空争夺市场份额的能力,因为它不再是独一无二的了,现在所有的航空公司都提供了类似的奖励计划,航空公司们又开始变得势均力敌了。

但这并不意味着忠诚效应不复存在。即使其他航空公司都有自己的奖励计划,当一位乘客在美国航空飞行了一些里程后,下次他还会继续选择搭乘美国航空的航班,这才是奖励计划的真正高明之处。即使被模仿,它们仍然可以建立忠诚。

就像美国航空有忠诚的乘客一样,其他航空公司也有自己忠诚的乘客。一旦每家航空公司都有了自己的忠诚乘客群,通过低价追求市场份额就变得不那么有意义了。假设联合航空为了夺取市场份额而降低价格,这样做不会太有效,因为它很难吸引美国航空的忠诚乘客。同样,如果联合航空涨价,它也不会损失那么多乘客,因为忠诚乘客不想浪费他们在联合航空的里程数。

总体而言,降价的效果会变差,价格上涨带来的风险也变小,对每家航空公司都是如此。降低价格只能获得更少的新客户,提高价格也不会损失太多的老客户。忠诚效应在商旅市场尤为明显，因为那里的乘客拥有最多的里程数，这就是全价票和商务舱票的价格一直稳定的原因。

飞行常客奖励计划也存在缺陷。人们可以加入一个以上的计划，这会削弱忠诚效应。即便如此，乘客仍然只会选择有限的几家航空公司。一个4万英里的奖励比两个2万英里的奖励要好，所以选择把里程数分散到太多航空公司不合算。另一个缺陷是，当里程数被兑现时，忠诚效应会立马减弱。

随着航空公司推出金卡和白金卡计划，这两个缺陷都得到了纠正。这些新的奖励计划为航空公司的最忠诚客户提供了VIP特权。要想在美国航空获得金卡，每年需要飞行2.5万英里，而白金卡则需要飞行5万英里。联合航空甚至为那些一年飞行10万英里以上的人提供一张特殊的10万英里贵宾卡。由于新的计划对里程数要求很高，能够加入金卡或白金卡计划的乘客很少见，因此忠诚效应不会被稀释。

一旦人们达到临界里程数，他们将在接下来的12个月内享受无限的头等舱升级、特殊客户预订和同伴升级等服务。这不是一次性奖励，所以忠诚效应不会减弱。为了利用这些特权，并保持他们的金卡或白金卡身份，旅行者有充分的理由继续选择同一家航空公司。金卡和白金卡计划很重要，因为它们吸引了航空公司最有价值的客户，即那些支付全额票价的直飞乘客。

谁赢谁输　飞行常客奖励计划创造了忠诚的客户，为航空公司们带来了多赢。这正是我们前文提到的，有时候取得成功的最好方法是让别人做得好，包括你的竞争对手。

客户呢？他们可以免费前往夏威夷，但要为所有前往费城的商务旅行支付额外费用，因此有得有失。总的来说，大多数商务旅客还是更认可的，毕竟花钱买票的是公司老板，但是获得里程数的却是自己。那么老板是输家吗？不一定。激励的里程数变成了一种公司免税补偿经常出差的员工的方式。

事实上，也有人在质疑航空公司之间能否达到多赢的结果。例如，西北大学凯洛格管理学院的马克思·巴泽曼（Max Bazerman）教授认为，飞行常客奖励计划是一种相互破坏的升级博弈。他列出了数个激烈的竞争案例，比如1987年的"三倍里程战争"。[27]当时，美国航空、达美航空和其他所有航空公司都执行着每飞行一英里就可以集三英里里程数的飞行常客奖励计划。结果是，乘客们累积了超过一万亿英里的里程数，这对航空公司们来说是巨大的潜在隐患。所以他的结论是，飞行常客奖励计划对航空公司们来说是一场多败俱伤的博弈。

一万亿英里是一个非常大的数字。略做计算，一架满员的波音747飞机需要往返飞行近10万次。[28]不是说奖励计划的成本就是免费的花生吗？这可要高多了。

事实上，这种观点极度夸大了实际成本。为了避免影响正常付费的乘客，航空公司限制了免费机票的使用，因此许多里程数根本无法兑换。此外，航空公司还会修改奖励计划中的部分条款：如果在一定时间内未使用，里程数可能会过期；免费旅行所需的里程数有所增加。当然，有些条款也存在一些争议。事实是，航空公司有自己的策略将负债，也就是里程数，削减到可控的范围之内。

诚然，飞行常客奖励计划使航空公司之间竞争新会员，因此才发生了"三倍里程战争"。今天花钱来创造明天的忠诚，这是值得的，但只能在一定的程度范围内。对一家航空公司来说，过多争夺会员是不明智的。它应该允许其他航空公司也有一些忠诚乘客。否则，竞争对手会放手一搏，完全有理由通过价格战来吸引乘客。可以回顾一下上一章"投标的八项隐性成本"中描述的玻璃屋效应，重要的是让竞争对手有所顾忌，不能轻易发动价格战。

即使有缺陷，飞行常客奖励计划也是天才之举，它做大了蛋糕，而且还建立了忠诚。尽管有时候抢新会员的竞争会失控，但总的来说，我们认为这对美国航空、其他航空公司和乘客来说是多赢，更不用说夏威夷的旅游业了。

飞行常客奖励计划也能帮助其他产业的企业建立客户忠诚。汽车租赁机构、信用卡发行商、酒店、长途电话公司和其他公司已经与航空公司建立了"联名计划"，以便航空公司向自己的客户提供里程数。例如，花旗银行信用卡和美国航空合作，芝加哥第一银行信用卡与联合航空合作，用这些信用卡每消费一美元就能获得一英里的里程数；用长途电话公司 MCI 电话卡每打一美元电话，就能获得西北航空五英里的里程数；在斯普林特电信（Sprint）注册，就可以在环球航空积累五英里的里程数。联名合作商为这些航空特权向航空公司支付费用，大约每英里一美分。据估计，航空公司每年从联名计划中可以获得 20 亿美元的收入。这些计划的规模如此之大，以至于超过一半的里程数都是在地面上产生的。

酬谢客户

飞行常客奖励计划给每个行业都提供了借鉴：向你的忠诚客户提供酬谢，这是建立关系的关键一步。我们认为，酬谢是在竞争激烈的市场中创造附加价值的必要方式。

第五章 附加价值

> 酬谢客户。
> 靠奖励忠诚来建立忠诚。

联名计划是酬谢客户的一种方式，但你可能要考虑建立自己的忠诚计划。连锁酒店确保常客能预订到酒店、升级房间，以及享受更多的福利。汽车租赁公司、铁路公司、赌场和其他企业都有自己的忠诚计划。我们认为每家企业都应该有忠诚计划。

当然，酬谢客户的方式有好也有坏。我们积累了一些与企业合作制订忠诚计划的经验，这里提供几条准则，供大家参考如何最有效地酬谢客户。

1. 用实物酬谢，而不是现金。 最合算的酬谢方式是以实物而非现金。想象一下，如果航空公司向乘客承诺以500美元的现金作为飞行4万英里的奖励，那么航空公司所需要承担的成本就是500美元。[29] 这是一个大方的酬谢，但也是一个昂贵的酬谢，因为每一美元的酬谢都会让航空公司承担实实在在一美元的成本。另一种更具成本效益的酬谢方式是给乘客他们觉得价值500美元的东西，而这些东西的实际成本比500美元低得多。航空公司通过利用空座位提供免费航班坐席来实现这一目标。

当你用自己的产品来酬谢时，提供产品的成本是要低于客户认为的价值的（否则你就不应该做生意了）。如果你的产能过剩，这一点尤其正确。不需要你免费赠送你的产品，按成本价或折扣价酬谢客户，仍然可以有效地表达你的感谢。[30] 找到合适的方法，表达感谢并不需要花你多少钱。

在某些情况下，人们非常理解"非现金原则"，但在其他一些情况下，却又忘记了这个原则。例如，保险公司有时会用产品而不是现金来弥补客户的损失，这样更合算。凭借它们的经验和影响力，保险公司通常可以以更低的价格更换损坏或丢失的物品。对我们来说，这意味着保险公司也应该帮助它们的忠诚客户购买新产品，这会是奖励忠诚的一种成本效益高的方式。例如，汽车保险公司应该帮助它们的客户购买新车，这也是我们在上一章从其他不同的角度得出的策略。

同样的想法也适用于 B2B（企业对企业）关系。你可以通过帮助客户在原材料上获得更好的价格来酬谢客户，也可以利用你的影响力或渠道来帮助客户。总而言之，无论你的客户是消费者还是其他企业机构，都要想办法真诚地表达感谢。

2. 把最好的酬谢留给你最好的客户。许多企业向新客户提供最好的待遇，这可能得不偿失。你应该把最好的待遇给你最好的客户。

新客户是未知数，你不知道最终能否从他们身上赚到钱。对于现有客户，你是大体知道他们的情况的。找出谁是你最有价值的客户，永远不要失去他们。奖励他们以确保他们的忠诚，这就像是在你把一段浪漫恋爱变成婚姻之后，还要记得继续送花。

电信运营商可能会牢记这一点。目前，企业中存在巨大的过剩产能，可以用来在客户中创造更多的忠诚。例如，运营商可以为自己最好的客户提供周末和晚上的免费电话，或者可以按照客户拨出电话的时长赠送一定比例的免费接听时长。

一些运营商确实提供免费的周末和晚间福利，但仅限于新客户。还有一些运营商对新款手机提供相当大方的折扣，但同样仅限于新客户。这都是错误的方法，实际上会刺激客户来回切换运营商以享受优惠。它实际上是在破坏忠诚而不是创建忠诚。

第五章 附加价值

再次强调，飞行常客奖励计划，尤其是金卡和白金卡计划，都做到了这一点：最好的客户得到最好的待遇。

3. 以建立业务的方式酬谢客户。通常，企业会给潜在客户免费试用，这是增加销售额的好策略。但更好的做法可能是给忠诚的客户一张邀请函，并鼓励他们带其他人来。健康俱乐部就经常这样做。

你也可以用产品来激励忠诚客户与你做更多生意。例如，长途电话公司可以通过免费或至少大幅打折的语音邮件来奖励忠诚客户。有了语音邮件，客户就不会错过任何电话，电话公司也可以通过留言赚取通话费。更好的是，收到留言的人必须通过电话来接收信息，甚至可能还要打另一通电话回复对方或留下语音邮件。就像语音邮件解决了无人接听的问题一样，呼叫等待解决了信号繁忙的问题，让客户可以接听更多的电话，给运营商带来更多的业务。我们猜测，向忠诚客户提供免费的三方通话将进一步刺激电话的使用。[31]

4. 不要酬谢得太快，也不要太慢。如果你还没有利用足够的时间去建立关系就开始酬谢客户，这就和直接打折没啥两样。同样，如果你过了太久才去酬谢，那也没有什么意义。

5. 让客户提前知道你会酬谢。飞行常客奖励计划的另一个精心设计之处就是，它们从一开始就告诉你，你可以期待多大的酬谢。你飞行得越多，你得到的酬谢就越多。而在其他一些奖励计划那里，酬谢是一种惊喜。例如，美国运通最近向我们中的一个发送了一份10年会员奖励。非常不错，但出乎意料，而且我们不知道未来在成为15年会员或者20年会员的时候是否会有酬谢。

如果你打算酬谢，你最好提前让你的客户知道，这样他们才会留下来。你完全没必要给你的客户惊喜，如果客户不再出现，那就该你感到惊讶了。告诉他们你有礼物等着他们，不会破坏你们之间的感情。

6. 认识到你可能需要为忠诚而竞争。酬谢客户是让客户忠于你的一种方式。当然，你可能需要与那些希望这些客户忠于他们的人竞争。

竞争的一种方式是给予大折扣以吸引新客户。这种策略的问题是，其他人将被迫跟着这样做，然后你的一些现有客户将离开，成为其他人的新客户。其结果很可能是大家的市场份额没有实质性的变化，只是付出昂贵的代价对客户进行重新洗牌，并失去了所有客户的忠诚。

一个更好的竞争客户的方式是创建一个更有吸引力的忠诚计划，这样争夺客户的最终结果是获得更多的忠诚。但也不要做过头，这是我们下一点要讨论的。

7. 允许竞争对手拥有忠诚客户。正如你从拥有忠诚客户中获益一样，不要嫉妒别人也能如此。这不仅仅是一个心胸格局的问题，我们得从另一个角度思考：如果你的竞争对手没有忠诚客户，他们肯定不会有提高价格的动机。事实上，由于损失不大，他们更有可能降价以吸引你的忠诚客户。如果你的竞争对手能建立自己的忠诚客户群对你是有好处的。正如我们所说，住在玻璃房里的对手不会随意扔石头。

8. 即使你有垄断权，也别忘了酬谢。今天你可能拥有垄断地位，但明天可能就有新对手或者新技术进入竞争。拥有忠诚客户将使你在明天的博弈中处于更好的位置，它甚至可能让其他对手不敢越雷池一步。建立忠诚的最佳时机恰恰是在你拥有垄断权的时候，你不必争夺客户，因为他们都是你的。

有线电视公司似乎忽略了这一点。它们有能力给忠诚客户提供目前闲置的优质服务。很少有人同时订阅 HBO、Showtime 和 Cinemax 三个频道，虽然人们都希望多拥有几个频道，但由于这几个频道的节目有重叠，显得不值得付那么多钱同时订阅。因此，在有人订阅了 HBO

频道一年后,有线电视公司应该向客户提供增加一美元就可以多订阅 Cinemax 频道的服务。或者,在人们支付了十部按次付费电影的费用后,有线电视公司应该给他们一些可以免费观看的电影。

为什么有线电视公司错过了机会?或许是因为它们习惯了垄断思维,不觉得有必要建立忠诚。大错特错。市场正在逐步开放,如今,它们面临着来自卫星电视和"无线"的有线电视这些新生代的竞争。明天,它们会后悔早该在培养忠诚客户方面投入得更多。与有线电视公司一样,区域性电话公司也面临着行业监管的放松,它们也犯了同样的错误:在垄断行业的时候,却未能培养客户忠诚度。

9. 同时酬谢供应商和客户。回想一下价值网络的对称性:每一种针对客户的策略都有一种对称的针对供应商的策略。正如你应该酬谢忠诚的客户一样,你也应该酬谢忠诚的供应商。

这真的有必要吗?你是供应商的客户,他们不是有责任为你制订忠诚计划吗?为什么反而是你给他们提供忠诚计划?这些忠诚计划应该是双向的。你希望你的供应商对你忠诚,这就是你需要忠诚计划的原因;你的供应商希望你对他们忠诚,这就是他们需要忠诚计划的原因。

很多公司经常会酬谢员工,这样的逻辑同样适用于酬谢供应商。有些公司给员工免费赠品或者在公司产品上给员工内部折扣价,许多公司为长期员工提供表彰和奖励。但是除了员工,公司也应该奖励忠诚的供应商。如果你为员工提供产品折扣,请考虑将此优惠扩展到所有供应商(及其员工),或者你可以利用你的优势和渠道帮助供应商在原材料上获得更好的价格。这只是向供应商表示感谢的两种方式。

每个公司都应该有一个客户忠诚计划和供应商忠诚计划,这是在价值网络上下两方面同时创建忠诚的方法。

酬谢的九条准则

1. 用实物酬谢，而不是现金。
2. 把最好的酬谢留给你最好的客户。
3. 以建立业务的方式酬谢。
4. 不要酬谢得太快，也不要太慢。
5. 让客户提前知道你会酬谢。
6. 认识到你可能需要为忠诚而竞争。
7. 允许竞争对手拥有忠诚客户。
8. 即使你有垄断权，也别忘了酬谢。
9. 同时酬谢供应商和客户。

4. 模仿

美国航空的 AAdvantage 计划是建立客户忠诚的典范。我们看到了 AAdvantage 计划是如何工作的，甚至在其他航空公司复制了它之后，它也在继续发挥效用。如今，几乎每家航空公司都有类似的奖励计划，而这些计划仍然是航空公司培养忠诚度的有效手段。为什么一个策略即使在被复制后仍能发挥作用？这似乎违背了传统观点。

传统观点认为，模仿是商业策略的顽疾。你制定了一个新的商业策略，它非常有效，但正因为它非常好，所以大家都模仿你，然后你的策略就不再有效了，你必须想出新的策略。

第五章 附加价值

这是商业策略教科书中普遍表达的观点。耶鲁大学管理学院教授莎伦·奥斯特（Sharon Oster）写道："如果每个人都能做到，你就不可能赚钱。"[32] 波士顿咨询集团（Boston Consulting Group）创始人布鲁斯·亨德森（Bruce Henderson）将商业中模仿的影响与一种称为"高斯竞争排斥原理"的生物现象进行了比较："没有两个物种可以以相同的生存方式共存，……商业中也是类似。"[33]

确实，当有人真的复制你的产品或流程时，这会侵蚀你的附加价值。美国航空有晚上 10 点从洛杉矶飞往纽约的航班，但当联合航空提供晚上 9 点 55 分的航班时，美国航空就失去了一些附加价值，因为美国航空不再唯一了。

有些人认为模仿的负面影响不仅如此，他们表示商业无恒式。为什么没有呢？因为如果有人发现了这样一个公式，这个公式就不太可能长期保密。[34] 然后，由公式生成的任何策略都可以也将被复制，所有人获得的只是暂时的收益。如果这个论点正确的话，它将意味着任何商业处方都是有保质期的。

但这种说法是不正确的。以航空公司的飞行常客奖励计划为例：每家航空公司都能做到，每家航空公司都可以赚钱，而且可以持续赚钱，并非只有短暂的获利。此外，还有其他商业策略，如匹配竞争条款和返利方案，在被复制后也持续有效，我们将在"规则"一章中研究这些策略。那么，对模仿的传统认知错在哪里？

良性模仿

如果目标是确保"竞争优势"——比别人做得更好，那么模仿就是商业策略的顽疾。模仿意味着每个人都可以做同样的事情，你不可

151

能比别人做得更好,因为他们正在做你所做的事情,你不可能拥有持续的竞争优势。

当你认为有赢必有输的时候,模仿确实是有害的。假设你发现了一个压制对手的策略,你向前走两步,你的竞争对手后退一步。如果你的竞争对手能模仿你,同样的策略也会用来对付你。你的竞争对手前进两步,你后退一步。如果这样,模仿是有害的:它会侵蚀你早先的收获。

如果仅仅只是上述情况,那你还算幸运,还有更糟的情况。有时有赢必有输意味着你向前走一步,竞争对手后退两步。这方面的经典例子是价格战。当你通过低价来截获竞争对手的客户时,你的收益比竞争对手的损失少,因为你以低价赢得了一个客户,而你的竞争对手失去了一个支付全价的客户。这对你来说是前进一步,对你的竞争对手来说是后退两步。你或许暂时领先了,但是你的竞争对手又会截获你的客户。于是,你的竞争对手前进一步,而你后退两步。最终结果是你和你的竞争对手都后退了一步,各自的市场份额最终回到原来的状态,但是价格更低了。如此,模仿不仅有害,而且致命。

> 人输我赢 + 人赢我输 → 双输

所以,总指望对手输的策略会因为模仿带来反效果,而且结果很糟糕。

传统认知的错误之处在于忽视了双赢策略的可能性。考虑到商场即战场的传统思维,这并不奇怪。在双赢策略下,模仿是良性的。现在,你向前迈出一步,你的竞争对手也向前迈进一步。模仿之后,这对你的竞争对手来说是向前进一步，对你来说也是如此。模仿实际上放大了收益。

> 双赢 + 双赢 → 双赢

再看看飞行常客奖励计划，美国航空从 AAdvantage 计划中获得了优势，该计划为美国航空提供了一种吸引其他航空公司乘客的方式。到目前为止，人输我赢，美国航空前进一步，联合航空后退一步。在 AAdvantage 计划被模仿后，美国航空失去了进一步获得市场份额的能力，联合航空前进一步，美国航空后退一步，又回到了原来的格局。

但引入 AAdvantage 计划也有一个双赢的因素。有了更多的忠诚客户，美国航空就不会发动价格战。事实上，它甚至可以提高价格，这也给了其他航空公司一些提高价格的空间。在市场份额上存在输赢，但是在定价方面确实存在双赢的因素。

模仿 AAdvantage 计划逐步消除了有赢必有输的负面影响，增强了双赢的效果。我们看到，当每家航空公司都有飞行常客奖励计划时，客户变得更加忠诚。打价格战的效果没那么好了，同时因为涨价而带来的客户流失风险也变小了，于是发动价格战的动机也在变小。结果是机票价格更稳定，尤其是在商旅市场。

总之，模仿双赢策略是有益无害的。所以，如果你想出了一个双赢的策略，你不必保密。你的策略变得广为人知并被广泛模仿，不是问题而是好事。采用你的策略的竞争对手越多，对你就越有利。

同样，不会因为我们在这本书中写下客户忠诚计划的理论，忠诚计划的效果就会被削弱。相反，我们希望我们所写的内容可以促使更多的公司建立客户忠诚计划，而且越多越好。

恶性模仿

并非所有事情都是双赢的，你必须为可能存在的不健康模仿做好准备。如果只能获得短期收益，你需要做什么？你需要持续不断地创造短期收益。

诀窍是动作必须要快，越快越好。你需要做出更好的产品，其他人会模仿你，但到那时你已经领先一步改进了你的产品。

重点不是你的产品有多好，而是你多么擅长改进你的产品。不是比你的位置，而是比速度，你要变成活动的靶子，不能站着不动。[35]

如果其他人模仿你的改进呢？他们在改进产品方面和你做得一样好，然后呢？这时候你需要改进你的改进过程。现在，博弈不再是你的产品有多好，也不再是你在改进产品方面做得有多好，而是你在改进"改进过程"方面有多出色。换言之，重点不是你的位置，也不是你的速度，而是你的加速度。[36]

原则上，你甚至可以改进你的"改进'改进过程'"，并且继续套下去。这听起来似乎有些高深莫测，但英迪威尔公司（Individual, Inc.）可不这么认为。

与众不同的英迪威尔公司 英迪威尔公司提供高科技剪辑服务，帮助人们应对信息爆炸。客户告诉英迪威尔公司他们感兴趣的主题，然后英迪威尔公司使用计算机查找所有相关文章，对其进行排序，并通过个性化网页、电子邮件甚至老式传真将这些文章提供给客户。根据事先指定的优先级排序，客户可以获得文章的全文、摘要或标题，

第五章 附加价值

就像是私人新闻简报。

英迪威尔公司的问题是如何保持其附加价值。怎么能阻止其他公司复制此项服务？尽管英迪威尔公司的 SMART（文本处理和检索系统）软件是独家专利，但其基本概念并不受专利保护，不过英迪威尔公司还多迈出了一步。它定期请客户按照"不相关"、"有点相关"和"非常相关"三个等级为收到的文章内容评分。这种"相关性反馈"被输入 SMART 中，SMART 据此来改进交付给客户的内容。SMART 还通过监测客户阅读的内容来学习客户的习惯，每次客户从摘要或标题中检索文章全文时，SMART 都会记录这些行为并相应地更新其用户配置文件。

一般情况下，客户刚开始收到的文章大概只有 50%非常相关，英迪威尔公司可以在一个月内将这一比例提升到 90%。客户不仅得到了改进的产品，而且还看到了持续改进的切实措施。这似乎在提醒英迪威尔公司的客户：如果换到另一家剪辑公司，内容相关度会回到 50%。

英迪威尔公司不仅一直在改进产品，还在提高其产品改进的速度，它已经发展出更好的解读客户反馈的能力。因为可以从经验中学习以微调机器学习算法的参数，所以随着服务时间的增长，公司可以更快地了解客户。

通过了解客户的偏好，以及学习如何更快地了解客户的偏好，英迪威尔公司确保了自己的附加价值。

英迪威尔公司的策略也适用于书店、杂志社、视频租赁店，甚至是婚介机构。事实上，这个策略适用于任何一家企业。其核心是根据客户的不同需求提供智能匹配的服务。在互联网上，firefly.com 要求人们填写一份关于音乐品味的问卷，然后根据其他有类似偏好的人在听什么来进行音乐推荐；Amazon.com 允许购书者查看品味相投的用户的

155

"购物篮"中有哪些相关书籍。类似地，当一家传统书店向顾客推荐书籍时，书店会跟进并记录这本书是否受顾客喜欢。这样，书店下次就可以做出更好的推荐。竞争对手的书店可以出售同一本书，但如果没有第一家书店的反馈机制，竞争对手就无法复制好的推荐服务，至少在足够了解顾客之前不能做到。如果顾客对第一家店感到满意，竞争对手可能就没有机会了。

《哈佛商业评论》请读者对每篇文章进行评分，该杂志利用这种反馈来改进素材的选取。结果杂志内容更加贴近读者，读者也会变得更忠诚。我们也想培养一个忠诚的读者群，这就是为什么我们希望你能给我们关于这本书的反馈。

快速的产品改进适用于英迪威尔公司，适用于书店和杂志社，也同样适用于英特尔。英特尔的策略是在竞争对手完成当前一代芯片的模仿之前跳到下一代芯片，但这不是万能药。对于某些产品，持续不断地改进是不现实的。

以肥皂为例，几乎没有太多可以改进或者创新的余地。这对明尼苏达州的一家小型公司明尼顿卡（Minnetonka）来说是一个非常现实的问题。[37] 该公司研发了一种新型肥皂，但是它将如何阻止宝洁和利华兄弟等公司模仿它的想法呢？

提升利润 1964 年，企业家罗伯特·泰勒（Robert Taylor）从自己的积蓄中拿出 3000 美元，创立了明尼顿卡。在接下来的二十年里，泰勒将公司从一个创造新奇洗漱用品的小生产商转变为肥皂、牙膏和个人香水行业的创新者。明尼顿卡广为人知的产品包括软皂洗手液、修复牙膏和 CK 香水的迷人（Obsession）和永恒（Eternity）系列。

泰勒并不害怕试验，光是在某年春天，明尼顿卡就推出了 78 款新品。这是典型的"意大利面测试"策略，也就是把意大利面扔到墙上，

第五章 附加价值

看看它会不会粘住，粘在墙上的就是可以吃的面。汤姆·彼得斯（Tom Peters）称之为"反策略"策略：不要分析，多做一些，只看效果。泰勒本质上是在试卖一系列产品，以寻找一款能够进入大众市场的热卖品。他找到了一款。

1977年，泰勒推出了"神奇肥皂机"，一种可以压出液体肥皂的塑料泵瓶。这款产品很快成为明尼顿卡最畅销的产品。"神奇肥皂机"令全美各地经常会把客房和浴室弄得脏兮兮的肥皂膏一去不复返了。这是明尼顿卡进入肥皂大众市场的天赐良机。

"神奇肥皂机"很快就更名为软皂（Softsoap），销售开始起飞。在试卖阶段，软皂抢占了肥皂总销售额的5%～9%，准备进军全美。1980年，明尼顿卡投入了700万美元进行广告宣传，而当时的市场龙头阿莫大雅（Armour Dial）为肥皂大雅（Dial）准备的广告预算是850万美元。

软皂在试卖中取得成功，第一年的销售额达到3900万美元。泰勒相信洗手液市场将达到4亿美元，但是一旦曾经领先的块状肥皂制造商推出了自己版本的洗手液，他们还能保留多少市场份额呢？

模仿的威胁是真实存在的。软皂很难获得专利保护，因为早在阿基米德时代泵就存在了。软皂这个品牌不错，但肥皂行业还有其他更知名的品牌，例如象牙肥皂已经有一百多年的历史了。

泰勒以前就经历过被模仿的问题，他曾尝试将水果洗发水带到大众市场："我们创造了这个概念，把它带到了市场上。我看到伊卡璐（Clairol）仿制我们的洗发水，看到他们把仿制洗发水搬到药店和食品店，我们的产品就这样滞销了。"[38] 一旦阿莫大雅、宝洁、利华兄弟和高露洁等公司凭借其品牌和分销能力强势进军，他将如何保持住自己的附加价值？

泰勒抓住了一线机会。肥皂的主要品牌商起初都采取了观望的态度，毕竟洗手液还没有得到市场的验证，他们更愿意让软皂做小白鼠。等他们看到软皂取得了成功正打算跟进时，却遇到了一个意外。

所有洗手液产品都需要一个小塑料泵，而泰勒意识到只有两家供应商可以生产这种部件。于是泰勒压上公司的全部身家，订购了1亿个小塑料泵，这相当于两家供应商一年的产能。即使是每件12美分，这也是一笔1200万美元的订单，比明尼顿卡的净值还要高。通过垄断夺取小塑料泵的供应，泰勒又争取了18～24个月的时间，于是软皂赢得了更多的时间来培养品牌忠诚度，从而建立附加价值。

当宝洁公司最终试水洗手液市场时，它使用了一个独立的品牌名：飘柔（Rejoice），以免给象牙品牌带来负面影响，但结果并不好，于是宝洁再次推迟新品上市。靠着勇气加上运气，泰勒有了三年的发展窗口期。直到1983年，宝洁公司才终于推出象牙牌洗手液，并迅速占据了近30%的市场份额。美国品牌公司（American Brands）推出的珍柔（Jergens）洗手液排在第三位，但与前两位相距颇远。截至1985年，洗手液市场规模已增长到1亿美元，软皂以相当可观的36%的市场份额保持领先地位。两年后，高露洁棕榄（Colgate Palmolive）以6100万美元的价格收购了软皂，以弥补其在洗手液市场上的不足。

明尼顿卡没有任何东西可以申请专利。但即使是专利也不能完全保护你免遭恶性模仿，你必须为专利到期或有人推出替代品的那一天做准备。在"参与者"一章的荷兰甜味剂公司的故事中，我们看到了NutraSweet如何利用专利保护期为未来的模仿做准备，它在产品品牌化和学习曲线下移方面进行了大量投资。一旦专利到期，NutraSweet的品牌和成本优势都让荷兰甜味剂公司无法匹敌。此外，NutraSweet想方设法让荷兰甜味剂公司追赶上的难度增大，通过积极反对荷兰甜味剂公司进入欧洲，造成其无法量产，从而减缓了其移动到学习曲线下方的速度。

恶性模仿的解药

1. 收集客户反馈，为客户量身打造产品，让竞争对手无法复制，因为他们还没有相关信息。

2. 创建品牌标识。

3. 扩大产量，以沿着学习曲线向下移动。

4. 通过增加产量积极竞争，让竞争对手无法跟着你移动到学习曲线下方。

英迪威尔公司、明尼顿卡和NutraSweet面临着来自恶性模仿的明确威胁，并采取了有效策略来保护自己的附加价值。然而，有时恶性模仿的威胁看起来不那么明显，公司可能会无意中让自己陷入被动，我们将用两个例子来说明这种情形。在第一个例子中，出于当事人的要求，人物名字是虚构的。

纸箱 安迪迎来了突破性的一天。多年来，他的工厂一直在为主要客户宝利公司提供消费品专用纸箱，但这是一桩令人窒息的生意。宝利公司有四个部门，每个部门都有自己的纸箱规格，并且都独立采购。因此，安迪不得不开发独立的产品以响应诸多独立的订单，这导致了高昂的生产准备成本，也让公司整天疲于应对这些琐碎的订单。

安迪意识到，他可以通过做点不寻常的事情来节省一些成本，也可以更好地应对宝利。他发现通过加大产能、储备更多的库存，每平方英尺可以节省 2 美分。这是个小数字，但是如果宝利也同意做一些改变，那么就可以实现更大的成本节约。

其实宝利真的不需要那么多的纸箱规格，如果宝利的不同部门能够统一纸箱规格，对产品品质不会造成任何影响。就目前的情况而言，当纸箱库存下降到一定水平时，四个部门就会开始订货，整个流程都是由一个旨在最小化宝利成本的计算机程序完成的。但这个程序并没有考虑到如果宝利下了更大的订单并持有更多的库存，安迪可以提供更低的价格。

如果宝利将其纸箱规格标准化，协调订购，并且自己持有更多库存，那么安迪只需要生产更少的纸箱种类，每种规格的纸箱产量也更大。他估计，扣除宝利额外的库存成本后，每平方英尺可以节省 10 美分，那加起来就是几十万美元。

当然，这导致了一些进退两难的局面。安迪可以用宝利看不见的方式自己节省 2 美分；但如果要节省 10 美分，他需要让宝利的不同部门标准化规格、协调采购和改变库存策略。这需要他与宝利分享自己的分析结果，以及节省下来的成本。

安迪决定节省更大的成本。他去了宝利，解释了新方案，并提出将节省下来的钱分一部分给宝利。他认为这足以激励宝利改变其经营方式，宝利也一定会非常感激这笔意外之财，这也会让明年合同的谈判更加顺利。这将释放善意，并证明他是真正的伙伴。

宝利赞赏了安迪的方案，现有合同还剩六个月，宝利也很乐见节省下来的每一分钱，一切看起来将会是双赢。

当双方准备续约的时候，不好的征兆出现了。宝利广发招标邀请，并找到了四个新的投标人，而在过去，最多只有一个投标人来与安迪

第五章 附加价值

竞争。安迪的公司有独特的资质以合理的成本提供所有特殊纸箱，尽管这种"利基生产"本质上是低效的，但安迪是一个非常高效的利基生产商。

到底发生了什么变化？宝利的采购人员表示，现在规格标准化，生产周期变长，大厂商们开始对宝利表现出兴趣，其中一家较大的生产商每平方英尺的报价比去年安迪的价格低 20 美分。安迪大吃一惊。采购人员还表示，他感谢安迪在实现成本节约上的帮助，如果安迪能跟进这个价格，他可以继续让安迪来做。

安迪别无选择，他只能接受，毕竟还有一些利润可赚。尽管如此，安迪还是想不通，他想出办法将每平方英尺的成本降低 10 美分，但是自己却被要求降价 20 美分。

究其原因，安迪在无意间降低了自己的附加价值。他确实降低了宝利的供应成本，但新的方法完全可以被模仿。安迪成功地将宝利的服务成本削减了很多，以至于那些大生产商现在发现宝利的生意有利可图。结果对宝利来说是一场很大的胜利，而对安迪来说则非常无奈。

安迪应该怎么做？也许他可以签一份长期合同，但这不会换来长期的胜利。真正的问题是，安迪作为一名利基生产商有其附加价值，而降低宝利的供应成本使他所做的更容易被模仿。无论是否符合客户的利益，改变客户经营业务的方式完全不符合安迪的利益，或许未来这必然会发生，但是没必要提前让它发生。

安迪了解客户想要什么，并分享自己的解决方案，然后看着客户引入新的竞争对手。他做了一个更大的蛋糕供别人分食。这是一个即使是知名公司也犯过的错误，我们认为 IBM 在进入个人计算机市场时就是如此。

许多人都探讨过 IBM 在 20 世纪 80 年代末和 90 年代初遇到的困难，他们特别指出 IBM 未能将其在大型计算机中的强大优势带入个人计算机领域。一些人认为，IBM 一直担心个人计算机会蚕食其大型计算机业务；另一些人则认为，IBM 是大型组织在业务变革时困难重重的一个典型案例。让我们从恶性模仿的角度来审视 IBM 的故事。

失算 1981 年 IBM 刚刚进入个人计算机市场的时候，苹果处于领先地位，IBM 奋力追赶。速度成为成败的关键，IBM 需要快速建立自己的基本盘，它希望能在 12 个月内完成 IBM 个人计算机的设计与上市。为此，IBM 放弃了内部开发的传统，转而让英特尔和微软为其个人计算机提供微处理器和操作系统。[39]

IBM 外包决策的价值在于让 IBM 个人计算机快速生产和上市。个人计算机一下子变成了一个更大的蛋糕，但代价是它不得不与英特尔和微软分享这个蛋糕。为了简单起见，让我们假设 IBM、英特尔和微软可以各自获得这一更大蛋糕的三分之一。对 IBM 来说，这可能比每一件事情都由自己去做而得到小蛋糕的一大块要好得多。当然，对英特尔和微软来说，一起分享蛋糕也是好事。

外包只是 IBM 在个人计算机领域商业策略的一半，另一半是采用开放式架构，以便程序员更容易地为 IBM 个人计算机编写应用程序软件。一个意想不到的结果是，其他参与者开始复制 IBM 的硬件，并很快解决了所有软件不兼容的问题。首先是奥斯本（Osborne）、领先边缘（Leading Edge）和惠普（Hewlett-Packard），然后是康柏（Compaq）、戴尔（Dell）和数百家其他电脑公司，所有这些公司都使用英特尔芯片和微软操作系统对 IBM 个人计算机进行复制。

现在英特尔和微软比以往任何时候都重要了。微软是一家垄断供应商，为快速增长的 IBM 兼容机的生产业务提供必要保障。尽管英特尔被迫授权其最初的 8086 芯片,但随着每一代芯片的相继推出,英特尔也逐渐成为一家垄断供应商。蛋糕越大对英特尔和微软就越有利,但对 IBM 的影响却截然不同。康柏是 IBM 一个非常不错的替代者,IBM 不再是唯一的硬件供应商,所以 IBM 的附加价值大幅缩减。

IBM 真正的错误是将外包和开放式架构策略结合起来。如果它只引入英特尔和微软,不放弃对硬件业务的控制,它将保持强势地位。如果它保持对芯片和操作系统技术的控制,那么即使别人模仿了硬件,它仍将处于强势地位。这两种方法单独都可以发挥效用,但是加在一起就是一个错误。这是一个"一加一远小于二"的案例。[40]

即使引入英特尔和微软,但一开始就让英特尔和微软付钱入局,也不至于对 IBM 造成如此不利的影响。在 20 世纪 80 年代初,IBM 完全有能力要求入股英特尔和微软,从而改变整个博弈。但它错过了这些机会。

1987 年,IBM 意识到自己的错误,试图通过推出 PS/2 系列个人计算机来重新获得控制权,其采用与微软联合开发的 OS/2 操作系统。但为时已晚,微软不再那么需要 IBM 了,它于 1990 年发布了 Windows,让 OS/2 前景黯淡。

如果你真的把大部分蛋糕让给另一家公司,那么明智的策略是收购该公司的一部分股权。早些时候,IBM 有财力在英特尔和微软两家公司持有大量股权,也确实在 1982 年对英特尔进行了投资,获得了 20%的股权,并保证再购买 10%。但讽刺的是,IBM 在 1986 年和 1987 年以 6.25 亿美元的价格把股份抛售了。十年后,这 20%的股份价值 250 亿美元。至于微软,1986 年中期,IBM 有机会以不到 3 亿美元的价格收购微软 30%的股份,到了 1996 年底,这 3 亿美元的投资价值 330 亿美元。[41]如果 IBM 收购并持有英特尔和微软的大量股权,今天人们谈论的就是 IBM 如何持续成功，而不是它的失败。

本章中我们的第一个和最后一个故事是两极对立的。任天堂对电子游戏业务实施了严格控制，如果任天堂采用了开放式架构而不设置安全芯片，那么整个蛋糕可能会更大，但也可能导致大量低质量的游戏涌入市场，进而发生产业崩溃。不管怎样，任天堂的措施确保了它的附加价值等于整个蛋糕。无论蛋糕大小，其他人的附加价值都被限制在很低的水平。相比之下，IBM 的外包和开放式架构策略使其失去了对个人计算机业务的控制。IBM 的做法让更多的生产商更快速更容易地采用 IBM 建立起来的个人计算机平台，蛋糕的规模因此扩大了，但 IBM 丢掉了自身的大部分附加价值，其夺取蛋糕的能力也大幅削弱了。

再次强调，甄别附加价值来自公司还是产品至关重要。正如索尼的附加价值远低于电视，日产的附加价值也远低于汽车，所以今天 IBM 的附加价值远低于个人计算机。然而，结果本可以不必如此。

5. 改变附加价值

如果你不存在竞争压力，你的附加价值是有保证的，那么你需要考虑的策略是有无必要以及如何限制博弈中其他参与者的附加价值。我们在任天堂的故事里看到了这一点。它建立了一个良性循环，使自己在 8 位电子游戏市场处于垄断地位，有段时间竞争对手完全没有威胁。任天堂的价值网络中的其他参与者，包括客户、供应商和互补者，也有分蛋糕的想法，但任天堂的策略限制了所有其他参与者的附加价值。

大多数时候，竞争普遍存在。在这种情况下，你的挑战不是如何限制其他参与者的附加价值,而是如何建立自己的附加价值。建立附加价值是商业的基础。你需要以较低的成本提高产品品质,如环球航空对舒适舱所做的那样,或者在不牺牲太多品质的情况下降低成本。而更明智的策略是兼而得之,提高品质同时降低成本。

竞争对手参与同样的博弈,他们努力做出同样明智的权衡和兼得,但是这会侵蚀你的附加价值。为了保护你的附加价值,你需要与客户和供应商建立关系。如果没有关系,你卖的是产品;有了关系,你卖的就是独一无二的产品,这种关系会提升你的附加价值。在竞争面前,这是赚钱的关键。

美国航空的 AAdvantage 计划是构建关系的典范,它通过奖励来创造忠诚。我们建议每一家企业都应该有一个忠诚计划,并给出了九条如何最有效地酬谢客户的建议。

忠诚计划是一种即使被模仿也能继续发挥作用的策略。与传统认知相反,模仿有时是良性的,原因是当策略具有双赢因素时,该因素因模仿而被放大。更多良性模仿的例子正在涌现。

附加价值是博弈的主要动力来源,但它不是唯一的来源。规则可以改变参与者之间的力量平衡,其如何做到这一点是我们下一章的主题。

第六章 规则

当规则不利于获胜的时候,英国绅士们会改变规则。

——哈罗德·拉斯基(Harold Laski)[1]

当谈论改变博弈时,人们通常想到的第一件事就是改变规则。但是,如果问你可能会改变什么规则,或者你将如何改变规则,这些问题就显得难以回答了。毕竟,商人遵守的大多数规则都是公认的法律和惯例,这些规则的演进有助于确保交易公平,保障市场持续运作,并让合同得以履行。如果脱离这些规则,将面临法律处罚或被踢出市场。

但有些博弈规则可以被合理地改变,这些规则中有许多是合同中的条款。你与客户或供应商的合同将影响你与他们之间的交易,并可能一直延续到未来。一个条款可以彻底打破力量平衡。合同可以塑造你与客户和供应商的关系,进而塑造你与竞争对手的关系。为了确保能在博弈中赚到钱,你必须确保在合同中制定了正确的规则。

所有这些可以讨价还价的规则都有一个共同点,那就是涉及"细节"。相比于改变参与者或者改变附加价值,改变规则似乎只是一件小事,这也使它们很容易被忽略:

我想知道上帝的构思,其余都是细节。

——阿尔伯特·爱因斯坦

第六章 规则

但从另一个角度来看：

上帝在细节中。

——路德维希·密斯·凡·德·罗（Ludwig Mies Van der Rohe）

正如我们将在本章中展示的那样，商业规则中相对较小的变化可以对结果产生巨大的影响。换句话说，就商业规则而言，细节就是一切。

我们将研究各种规则，并分析每种规则如何影响博弈。想象一下，当你面对某一规则的时候，你会怎么想。在更好地理解该规则的影响之后，你可以决定是否要使用该规则，或者如果该规则已经存在，是否需要改变它。

规则的产生并不需要机制或算法，需要的是创造力。尽管如此，你可以从很多渠道获得新规则的灵感，其中一种方法是将规则从一个场景推广到另外一个场景中去。例如，你和客户间的规则可以被用到你和供应商之间，或者将其他行业的规则应用到自己所在的行业中。本章讨论的一系列规则应该可以很好地启发你的想法。

1. 客户合同

你和你的客户是创造价值的合作伙伴，但你们之间不全是合作，在涉及蛋糕分配时，不可避免地会有一番较量。当你的客户要求你降价，那就是竞争，而不是合作。

在"参与者"一章中，我们谈到了引入更多的客户，以改变力量平衡，使局面对你有利。你甚至可能想花钱请人参与，就像 LIN 广播公司对南方贝尔所做的那样。在"附加价值"一章中，我们看到了限制供应会限制客户的附加价值，这就是任天堂和戴比尔斯如此成功的原因之一。

在本节中，我们将了解如何运用规则来改变你与客户间的博弈。因为规则改变了力量的平衡，所以你可以引导谈判，使之对你有利。当然，你的客户也会试图改变规则，使自己处于更有利的地位。制定规则的战斗是正式战斗前的战斗。关于谁的规则会起主导作用，我们将在本章结束时再讨论，但当前的目标是清晰地理解规则如何改变博弈。

我们将从"最惠客户条款"开始介绍，此类条款被广泛使用，但并非所有人都理解其全部含义。

最惠客户条款

最惠客户条款（Most-Favored-Customer Clause，MFC）是公司和客户之间的合同商定，它保证客户可以得到公司给任何人的最佳价格，避免差别价格待遇。这条规则的一些常见名称还有"最惠国条款"[2]和"最优惠价格条款"。

MFC 在 B2B 的合同中非常常见，从阿斯巴甜、铝罐、汽车零部件、光纤到楼宇控制设备等产业中都可以看到。客户通常会喜欢这种价格保障。有了 MFC，只要自己和竞争对手拥有同一家供应商，就永远不用担心因为成本而带来的竞争劣势。

MFC 对你的客户来说很有利，但对你意味着什么？为了得到答案，让我们重新回顾"博弈论"一章中的纸牌游戏。

第六章 规则

纸牌游戏再续 亚当和他的26个MBA学生再次玩起纸牌游戏。和以前一样，亚当持有26张黑牌，每个学生各持有一张红牌，院长仍然同意上交一张黑牌和一张红牌的人将获得100美元。这是亚当和学生之间的谈判博弈，就像"博弈论"一章中纸牌游戏的第一个版本。

不过，这一次出现了一个新情况。就在游戏开始前，一个叫塔伦的学生说他必须去参加工作面试。亚当说没问题，而且向塔伦承诺，他将得到其他学生得到的最高价，也就是给了塔伦MFC。塔伦知道自己无须努力就可以拿到最高价，于是安心地走了。

尽管塔伦会得到最好的成交价，但他可能会对交易结果感到惊讶。亚当与塔伦的约定将使亚当在与其他学生的谈判中变得更加强硬。让我们看看谈判的第一步。如果学生要求多拿一美元，亚当就要立即多付一美元。而因为给塔伦的承诺，亚当的让步意味着他还要再额外支付一美元给塔伦。每当亚当向学生做出一美元的让步时，他就要少拿两美元。[3] 于是谈判不再是对等的，亚当的态度将比学生强硬两倍，他将是一个更具侵略性的谈判者。因此，我们预计亚当最终将得到100美元的一半以上。

25个学生与亚当的谈判应该大同小异。尽管塔伦不在场，但每次谈判都能感觉到他的存在。所有学生都会得到更差的待遇，包括塔伦自己。当他面试回来时，他会对纸牌游戏的最终结果大失所望。

MFC的效果和大家的直觉不一致。大家的直觉是，MFC会有利于客户，但前提是MFC不改变博弈规则，而它们确实改变了。

如果你对这个结果感到惊讶，那你并不孤单。美国国会不止一次选择扮演塔伦的角色，把谈判留给了其他人，还得意扬扬地以为自己采取了最好的策略。政府在纸牌游戏中做得比塔伦更好吗？让我们继续研究下去。

不受惠的国会 当美国国会议员的好处有很多，其中一项就是制定规则让别人遵从。不用多说，国会议员最关心的莫过于和竞选以及竞选开支相关的规则。

1971年，国会议员想到如果可以减少竞选开支，他们就不用花那么多时间去筹集资金。[4]电视广告是一个特别昂贵的竞选项目，因此国会通过了《联邦竞选法》。该法案要求广播电视公司为候选人提供的竞选广告费率，必须是商业客户做广告的最低费率。政客们投票为自己制定了一个购买电视广告时段的 MFC。

这项法案没有达到他们想要的效果。广播电视公司知道候选人会在选举年购买大量的广告时段，它们希望能在选举年狂赚一票。因此，随着选举的临近，当商业客户（如宝洁公司）来就广告时段的价格讨价还价时，广播电视公司将如何回应？价格上会很难有谈判的空间，哪怕是空闲时段的广告。如果给予宝洁这样的商业客户价格优惠，那么所有候选人的广告价格就必须跟着优惠，这样广播电视公司最终可能会损失更多。所以，对于广播电视公司来说，它们的底线是绝不能给宝洁这样的商业客户优惠。

这项法案的一个结果是，这些广播电视公司最终比以前赚得更多。它们利用政客们拥有 MFC 的事实来约束自己不给所有其他客户降价。对宝洁和其他客户来说，这项法案就像是一种隐性税收。事实上，政客们可能成功地对自己征税了，尽管他们貌似得到了最好的价格，但这一规则导致广播电视公司向所有客户都收取了更多费用。因此，所谓最好的价格很可能高于他们本来需要支付的价格。通过《联邦竞选法》实际上可能会让国会议员们损失更大。

第六章 规则

这并不是国会唯一一次这样搬起石头砸自己的脚。1990年,作为《综合预算协调法案》的一部分,国会改革了医疗补助计划,目的是控制药品价格。国会发现一些大型医疗保险公司获得的药品价格低于政府医疗补助的药品价格,这一点让国会大为失望。于是,国会改变了规则,它通过立法规定了医疗补助计划支付品牌药的新规则。从此,医疗补助计划的药品价格为市场平均批发价的88%,或零售价格中的最低价格,以较低者为准。

政府在新规则中的表现如何?没有预期的那么好。站在药厂的角度来看这个新规则,给任何人的价格低于平均批发价的88%都不合算。如果这样做了,药厂就必须把这个低价提供给政府,这肯定得不偿失。

美国最大的医疗保险公司凯撒医疗(Kaiser Permanente)的药品采购主管代尔·克雷默(Dale Kramer)描述了这种现象:"过去我们把90%的业务交给药厂,可能会再多给1000万美元的业务,以确保药品价格低廉;但现在没有人愿意提供比医疗补助计划更低的价格了。"[5]

这还不是全部。因为没有人的价格低于平均批发价的88%,所以平均批发价不会保持不变。随着低价的消失,平均批发价上涨。但即使平均批发价上涨了,药厂依然不愿意提供低于平均批发价88%的价格,于是平均批发价再次上涨。如此下去,不知道最后的价格会停在哪里。最终市场平均批发价的88%可能会高于最初的平均批发价。

对政府来说,坚持只支付市场平均批发价的88%是非常明智的;但错误在于同时授予自己MFC,这促使药厂提高价格,平均批发价也随之上涨。政府不得不承受价格上涨,也连累了其他人。政府应该做的是激励药厂降低价格而不是提高价格,这样平均批发价就会下降,政府就能进一步削减药品费用。

斯坦福大学商学院教授菲奥娜·斯科特·莫顿(Fiona Scott

Morton）曾经估测过 1990 年药品价格规则改变带来的影响。[6] 她得出的结论是，专利期内的品牌药价格平均上涨了 9%，专利过期的品牌药价格平均上涨了 5%。尽管仿制药没有被纳入最低价格条款，但受品牌药价格上涨的影响，仿制药价格平均上涨了 2%。

新规则的实施效果可能令政府感到意外，但药厂却乐见其成，并不完全反对给政府最优惠的价格。默克制药首席执行官罗伊·瓦格洛斯（Roy Vagelos）解释道："我们认为医疗补助计划的最惠价格理念——现已纳入联邦法律——与我们避免大幅折扣的长期政策立场一致。"[7]

国会投票给自己 MFC，但是最终牺牲了商业广告客户和医疗保险公司的利益，让广播电视公司和药厂受益，国会也没有给自己带来任何好处。

MFC 改变了博弈。当你的客户拥有 MFC 时，你更能抵挡降价的压力。在与客户就价格进行谈判时，常有以下套路。你对客户说："我很想给你一个更好的价格，但我负担不起。"客户回答说："你也负担不起拒绝我的后果。如果你不这样做，我就不会向你购买了。"你常常会输掉这样的交锋。但如果你的其他客户有 MFC，你谈判的时候会更有说服力。你可以指出，对某个客户降价，就需要对所有其他客户降价。如此一来，你真的负担不起，你不得不拒绝对方。

MFC 是一种"战略定性"。人们通常认为拥有更多灵活性是一件好事，事实并非如此。有时当你被束缚的时候，你才有更大的力量。

这是西班牙征服者埃尔南·科尔特斯（Hernán Cortés）抵达墨西哥时所采用的策略。他的部队人数远远少于当地土著，由于害怕失败，许多士兵都想撤退。为了坚定士兵们的决心，科尔特斯搁浅并拆毁了他的船只。[8] 由于撤退的选项不复存在，科尔特斯的士兵们只能奋力进军。当他们到达阿兹特克（Aztec）首都时，国王蒙特祖玛（Montezuma）

已经准备好不战而降。科尔特斯的策略虽然减少了他的选项,但增强了他的实力。

给客户 MFC 也是一样的。由于你现在不得不给客户你给别人的最好价格,你已经减少了你的选项。这一战略定性正是你想要的,它会使你在谈判时束手束脚,使你不得不勇敢地面对客户。

如果 MFC 帮助卖家获得更大的蛋糕,为什么客户会接受,甚至极力争取?第一个原因是,一些客户根本不了解它,他们没有意识到 MFC 是如何改变博弈的。考虑到 MFC 的作用方式相当微妙,甚至违反直觉,这并不奇怪。第二个原因是,一些客户认识到他们的谈判能力不足,或者不擅长谈判。对这些客户而言,最好的办法就是直接接受其他人谈好的最低价格,即使 MFC 会导致价格上涨也在所不惜。第三个原因是,MFC 并非总是导致价格上涨。因为确实会有些客户非常强势,如果卖家被迫给这个客户非常慷慨的价格来完成交易,他将不得不给其他拥有 MFC 的客户同样的价格。于是,这些其他客户将获得他们自己原本无法获得的价格折扣。

企业客户有另一个理由愿意接受甚至渴望 MFC。企业客户可能并不关心绝对价格,而更关心与竞争对手相比自己是否处于成本劣势。如果是这样的话,拥有 MFC 就非常有意义了,这样就可以保证企业客户从同一供应商那儿购买的价格不会比任何其他竞争对手高。而这种保证的代价就是整体价格水平可能会上涨。

客户的采购经理往往对 MFC 最热心。采购经理最不希望竞争对手的采购人员得到更低的价格,否则他就显得不称职,甚至会有被开除的风险。MFC 很好地解决了采购经理的顾虑。他可能没有意识到 MFC 会导致整体价格上涨,或者即使他意识到了,只要能得到市场上的最低价格,他也不会太在意整体价格的上涨。至于这个价格具体是多少,那是其他人的事情了。这种情况让人想起汤姆·莱勒（Tom Lehrer）的歌词：

火箭专家沃纳·冯·布劳恩说："一旦火箭升空，谁在乎它们会落在哪里？那又不关我的事。"

我们现在已经了解了MFC是如何让卖家受益的，以及客户又为什么会接受。现在还剩下一个问题：MFC一旦成立，将如何改变客户的谈判方式？

MFC降低了客户的谈判意愿。我们看到了当政府投票给自己一个MFC，然后坐下来让其他人进行所有谈判时发生的事情。大多数拥有MFC的客户比政府更积极，他们不会轻易放弃为自己谈判的机会。即便如此，拥有MFC的典型客户在谈判时也不会像卖家那么强势。这也合情合理，大家都希望让其他人去啃硬骨头，而自己坐享其成。当然，如果每个人都这样想，那么硬骨头永远都没人去啃。

如果客户只关心自己的成本是否比竞争对手更低，那么懈怠的心态就会很严重。只要有了MFC，客户就可以高枕无忧，即使他不用坐下来谈判，也可以拿到最低价格。那么，客户是否应该努力地从卖家那里争取低价，以期在成本上赢过竞争对手？最好不要。因为竞争对手很可能也有来自卖家的MFC。如果客户得到了一个好价格，竞争对手也会得到。他的努力不会让他在竞争对手那边获得任何优势，那为什么要白费力气呢？

总之，MFC把卖家变成了老虎，把客户变成了猫咪。那么，你认为谁会分到最大的蛋糕？

MFC能如此有效地改变博弈是因为它用巧妙的方式让卖家获得了控制权。通过与某个客户签订MFC，你可以改变与所有人的博弈。

第六章 规则

因为当你与某个客户谈判时，比该客户是否有 MFC 更重要的是你的其他客户是否有 MFC，这就是你成为老虎的原因。客户可能不喜欢这种现状，但他对此无能为力。他无法控制你的其他客户是否有 MFC，他所能控制的只是他自己是否有 MFC。如果其他客户有 MFC，从而使他处于弱势地位，那么他可能也会接受 MFC 以获得保障。当他这样做时，也同时增强了其他人获取 MFC 的动机。

尽管 MFC 可以带来很大的好处，但卖家不应将其视为灵丹妙药。签订 MFC 的一个缺点是让你更难留住客户。假设竞争对手试图以低价抢走你的客户，为了留住客户，你可能必须跟进竞争对手的价格。但匹配低价意味着你在客户群中开了先例，那么其他客户也会期望获得同样的优惠。如果其他客户有 MFC，他们就需要真的得到同样的优惠。在这种情况下，你最好还是不要留住这个客户了，因为代价太大。

这正是你的竞争对手所指望的。知道你的客户有 MFC，更刺激他用低价来挖你的客户。因此，如果你担心客户流失到竞争对手那边，那么给他们提供 MFC 就不是一个好主意。

第二个缺点是，如果你想以低价挖走竞争对手的客户，也会更加不合算。你必须向所有现有客户提供相同的价格，这不太值得。

出于上述两个原因，如果你的竞争对手向其客户提供 MFC，这对你是有利的。当然，这不在你的控制范围之内。

最惠客户条款之卖方角度

好处

- 让你成为强势的谈判者。
- 让你的客户不再热衷于讨价还价。

> **坏处**
> - 竞争对手想低价挖你的客户变得容易。
> - 你想用低价挖竞争对手的客户变得困难。

> **最惠客户条款之买方角度**
>
> **好处**
> - 如果其他客户能得到更好的价格，你也可以坐享其成。
> - 确保你和竞争对手相比不会处于成本劣势。
> - 如果竞争对手拿到比较好的价格，你也不会有风险。
>
> **坏处**
> - 如果其他人也有 MFC，你就很难得到更好的价格。

我们已经发现 MFC 将买卖双方的力量平衡倒向卖方。我们还发现，签订 MFC 对卖方也有风险，会使其更容易受到来自竞争对手的影响。如果丢失客户是你最大的顾虑，那么你必须利用其他规则来改变博弈。

匹配竞争条款

竞争对手来挖你的客户，你能做什么？让竞争对手难以得逞的一个方法是引入匹配竞争条款（Meet-the-Competition Clause，MCC）。MCC 是公司与客户之间的一种合同约定，使公司有权通过满足任何竞争对手的出价来留住客户。当然，MCC 不会强迫你必须跟进竞争对手的价格，但是你只要愿意跟进，客户就必须继续和你做生意。

MCC 有几个不同名称，有时它被称为最后查看条款（Last-Look Provision），有时它被冠以满足或解除条款（Meet or Release Clause）的名称，但不管怎样称呼，MCC 在大宗商品交易中都很常见。

当遇上对手　为了了解 MCC 的作用原理，请把自己放在一个一般产品制造商的位置上。你没有太多讨价还价的能力，经常被迫降价，尽管你提供的产品是不可或缺的，但你又不是唯一的供应商。

不过你也不一定完全被动。假如这款产品的运输成本很高，而你的区位优势明显，你就可以提供最好的服务，这会给你带来一些附加价值。你还可以从可靠性、声誉、服务和技术中获得一些附加价值。尽管如此，你的附加价值相对于整个市场规模来说还是太小。这大概就是一般产品商业环境的真实写照，问题是你将如何提高你的议价能力？

与客户签订 MCC 可以帮助你维持更高的价格。通常，价格上涨会让你的竞争对手有机可乘。然而，如果你有一个 MCC，那么竞争对手就不能简单地通过降低价格来抢走你的客户，因为你可以跟进价格留住客户。如果双方持续竞价，会让价格低于可变成本，竞争对手花这么大力气挖走客户就不再值得了，唯一的受益者将是客户。

站在竞争对手的角度，你就可以看到自己的优势。无论何时，只要他降价去抢你的生意，他都是在冒险。还记得"参与者"一章中提到的投标的八项隐性成本吗？我们在下面重述了一遍，因为竞争对手向你的客户开价也会面临这样的成本。

> **从竞争对手的角度看投标的八项隐性成本**
>
> 1. 他不太可能抢走你的客户,所以他应该把时间用在其他更有价值的地方。
>
> 2. 即便他能赢得这笔生意,价格之低也会让他赔钱。
>
> 3. 你也会降价回应,最终他就是在用高利润客户换取低利润客户。
>
> 4. 无论他能否抢赢,不断降价都会让他的其他客户也要求降价。
>
> 5. 他会立下不良先例,新客户会把低价作为报价的基准价格。
>
> 6. 你也会把他的低价作为竞标的基准价格。
>
> 7. 他帮自己客户的竞争对手降低成本,结果对他不利。
>
> 8. 他不应该破坏你的玻璃屋,因为只要你还有所顾忌,你就不会恶意打价格战抢客户。

尽管列举了竞争对手不应该挖客户的理由,但因为渴望获得一些新业务,他们仍可能会这么做。不过当你有 MCC 时,竞争对手降价的动力就会大为减弱。现在,挖你的客户好处更少而坏处依旧。竞争对手最明智的做法是好好服务现有的客户,确保他们满意。

在某种程度上,引入 MCC 改变了博弈,这对你来说无疑是好事。至于竞争对手,虽然他们从你那里夺取市场份额的能力确实降低了,但这里也有双赢的因素,这一点或许让人惊讶:你为维持高价树立了一个良好的榜样,竞争对手也有空间向自己的客户涨价。此外,你的高价还会带来玻璃屋效应,你的价格越高,越不可能发生抢客户的事情。

客户为什么愿意签署 MCC？这可能是行业惯例。即使合同里没有明确的 MCC，客户一般也会给现任供应商最后一次报价的机会。在有些情况下，可能是客户的采购经理只关注短期利益，愿意牺牲未来的议价能力来换取眼前的价格优惠。在其他情况下，可能是客户没有完全理解这个条款带来的影响。

不管是什么原因，MCC 都可以给客户带来一些好处。即使没有长期合同，MCC 也可以保证生产商和客户维持长期合作关系。有了这一保证，生产商更愿意专注于更好地为客户服务，也更愿意分享技术和想法。这种合作导向可以为客户带来长期收益。

如果你是卖家，请记住，要求 MCC 是一种"要求出场费"的方式。如果客户希望你报价，但不愿意付钱让你参加博弈，你可以向他索要 MCC。如果你的一位现有客户为他的业务再次招标，迫使你降价，那么就在新合同中要求 MCC。考虑到你刚刚做出的价格让步，客户一般不会拒绝你的要求。MCC 将使你不再需要猜测竞争对手的报价，你也不必先发制人地主动降价。即便其他卖家的报价低于你，你也有机会再次报价。而且，正如我们已经指出的那样，现在没有人有动力与你低价竞争。

良性模仿 MCC 的价值不但不会被模仿削弱，反而可以得到加强。任何生产商最终都会因在与买方的合同里加入 MCC 而受益。此外，如果其他生产商也开始模仿并在他们与客户的合同中加入 MCC，还可以产生另外一个好处：MCC 允许他们将价格进一步推高，所以他们现在更不太愿意去其他生产商的客户那边发动价格战。随着 MCC 在一个行业中被推广得越来越广泛，降价带来的风险变大、收益变少，各生产商都会避免互抢对方的客户。现在大家都在玻璃房里了。

如果没有像 MCC 这样的东西，市场竞争就会显得相当混乱，任何一个卖家都可以进入市场带走别人家的客户。在这个博弈中，没有任何规则。客户不必去找现任供应商给他一个跟进报价的机会，即使现任供应商得到了这个机会，客户也可能不会透露新报价的数字，让现任供应商最终拿出不必要的低价来保住生意。

MCC 通过建立买卖双方的交易规则来改变博弈。竞争对手可以出价，但现任供应商有最终决策权。客户必须先披露其他供应商的报价，给现任供应商跟进低价的机会，否则就不能更换供应商。如果现任供应商跟进了报价，客户就必须得留下来。如果其他供应商一开始就知道现任供应商有最终决策权，他们进入博弈的动力就会减弱，这就是 MCC 将现任供应商置于强大地位的原因。

与 MFC 一样，MCC 并非卖方的灵丹妙药。如果你的竞争对手的目标就是伤害你，而不是为了让业务做得更好，那么 MCC 会让你很痛苦。通常情况下，如果竞争对手以低价入场，他就必须做好低价供货的准备。然而，如果你有一个 MCC，你的竞争对手就可以报个很低的价格，只管等着你来跟进，而他就能通过报低价随意拉低你的利润。我们认为这种策略不符合你的竞争对手的自身利益，但你不能假设对方总是像你一样以追求利润为目标。

匹配竞争条款

好处

- 减少竞争对手出价的动力。
- 报价时不用猜测竞争对手的报价，你会知道对方的报价。
- 让你自己决定是否要留住客户。

第六章 规则

> **坏处**
> - 竞争对手可以任意报低价，却不用担心真的交付。

对于买方，也有相应的 MCC。买方有时也希望得到一份保证：如果能跟进目前的最高价，卖方就得把东西卖给他。该规则通常被称为优先购买权（Right of First Refusal），但从概念上讲，它与 MCC 完全相同。这两种方式都是让当事人有最终决策权，这才是关键。而且正如 MCC 让卖方处于有利地位，你会发现优先购买权也使买方处于有利地位。

受阻的得标者 1994 年 1 月，迈阿密海豚橄榄球队以 1.38 亿美元的价格卖给了百视达视频（Blockbuster Video）的创始人 H. 韦恩·惠曾加（H. Wayne Huizenga）。这个价格非常低，就跟白拿一样。相比之下，大约在同一时间，新英格兰爱国者队以 1.6 亿美元的价格售出。迈阿密海豚队的售价甚至低于美国国家橄榄球联盟（NFL）授权成立一支什么都没有的新球队的费用，而迈阿密海豚队曾经获得五次美国联赛冠军和两次超级碗冠军，这是自 1970 年以来职业橄榄球队的最佳成绩，球队还有传奇教练唐·舒拉。

为什么价格这么低？在一定程度上，这是一次紧急出售。海豚队在其老东家乔·罗比（Joe Robbie）的带领下表现出色，但罗比于 1990 年去世，球队被继承给了他的九个孩子。由于九个孩子意见不一致，加上需要支付 3000 万美元的遗产税，他们很快就决定出售球队。尽管这是一次强制抛售，但并不能解释为什么没有买家抢着要接手这支球队。

问题的关键在于罗比的孩子们早先给惠曾加的合同。父亲去世后，罗比一家将海豚队 15% 的股份出售给了惠曾加，并给予他优先购买权。因此，在他们决定卖掉海豚队的时候，惠曾加有权按照最高价拿下这支球队。

站在海豚队潜在竞标者的立场上，你投入时间和精力参与竞争，为了融资还需要聘请投资银行为球队进行估值。你的出价能超过惠曾加吗？估计很难。如果你想以一个合理的价格购买海豚队，那么惠曾加也会觉得价格合理，他有权跟进你的出价并赢得竞标，这还是最好的情况。最坏的情况是你真的赢得了竞标，如果惠曾加没有跟进，正说明你买贵了。

事实上，竞标者的处境还要更糟。惠曾加拥有海豚队主场场地的一半所有权，同时还拥有佛罗里达马林鱼棒球队，该队与海豚队共用一座体育场。综合所有这些因素，海豚队对于惠曾加的价值远高于对于其他人的价值。出价高于惠曾加的人必须就体育场的使用权与他谈判。一句话概括：除了惠曾加，对任何人而言，参与海豚队的竞标都非明智之举。

事实上，很少有人认真考察海豚队，确切地说只有两位竞标者。其中一位附加了太多条件，以至于罗比的孩子们直接拒绝了他，甚至没有将他的出价提给惠曾加。另一位出价 1.38 亿美元，惠曾加跟进了这个价格，然后买下了球队。《华尔街日报》引用了一位投资银行家对该交易的看法："如果你让某人控制了买方的流程，你就无法从其他外部竞标者那里得到一点声势。"[9]

罗比的孩子们应该做什么？他们不应该给出优先购买权，或者至少该在答应前要求获得丰厚的报酬。而且即使惠曾加有优先购买权，他们也有办法可以做得更好。我们在"参与者"一章中看到了解决方案。在克雷格·麦考提出恶意收购要约后，LIN 广播公司处于非常弱势的地位，这就是 LIN 向南方贝尔支付 5400 万美元邀其参加竞标的原因。罗比的孩子们不需要花费这么多钱，但他们应该付钱邀请其他人参加竞标，可惜他们没有。

2. 供应商合同

你和你的供应商,就像你和你的客户一样,是一起创造价值的合作伙伴。但也不全是合作,当你的供应商试图提高价格时,就是竞争了。

在"参与者"一章中,我们讨论了引入更多供应商,可以改变力量平衡,使局面对你有利。盖恩斯维尔水电公司引入了诺福克南方公司,以对抗其现任供应商 CSX 铁路公司的力量;美国运通成立了采购联盟,以引入更多的医疗保险供应商。在"附加价值"一章中,我们提到了 NFL 是如何通过限制球队数量和专业球员规模来限制运动员的附加价值的。

在这里,我们将看看如何利用规则来改变你与供应商的博弈。价值网络显示,对于每一条针对客户的规则,都有对称的一条针对供应商的规则。到目前为止,我们已经研究了两条针对客户的规则:最惠客户条款(MFC)和匹配竞争条款(MCC),这两条规则在价值网络上都有其对称的部分。

与 MFC 对称的是,你向供应商保证你向他支付的费用不会低于你向其他供应商支付的费用,我们称之为最惠供应商条款。这种明示或暗示的条款有时会见于薪资合同:承诺付给某位员工的薪资不会低于其他员工。[10] 这听起来很慷慨,但是事实上,这更有利于你压低所有人的薪资,其效果和 MFC 一样。

MCC 本质上是让你无论与供应商还是与客户签订的合同,都能保证你有最终决策权。唯一的区别是,供应商的 MCC 保证你有权跟进买入，而不是卖出。严格来说，与供应商签订的 MCC 是公司与供应商之间的合同约定，在公司愿意跟进任何其他买家开出的最高价格的情况下，要求供应商继续向公司供货。正如前面所讲，MCC 通常让客户花更多的钱；同样，MCC 通常让供应商赚得更少。

特别是在某些职业体育项目中，篮球队和曲棍球队的老板在与运动员的一些合同中都有 MCC，这确保了老板们不会在没有机会跟进的情况下失去一名重要球员。[11] 当然，考虑到现任老板可能会跟进任何出价，竞争对手在竞标时不会有那么大的动机，整体效果是降低了运动员市场的竞争程度。

原则上，你与供应商的博弈应该和你与客户的博弈完全对称，但实际上，这些博弈的规则有时是不一样的。MFC 和 MCC 更常见于与客户的合同，而不是与供应商的。我们下边要讨论的规则，即照付不议合同，就只发生在供应商一侧。

照付不议合同

照付不议合同是一种规范公司与供应商之间谈判的规则。在这种合同的约束下，你要么从供应商那里购买产品，要么向供应商支付罚款。对于你购买的产品，你同意向供应商支付特定的价格，比如每吨 50 美元。你们事先约定一个采购量，如果你最后购买的数额不足，你也必须向供应商付款。当然，这个价格会低一些，比如每吨 40 美元。也就是说，如果约定的采购量是 1000 吨，但你只买了 900 吨，那么你就要为 900 吨支付每吨 50 美元，而你少买的 100 吨，也要按照每吨 40 美元进行支付。

照付不议合同经常出现在原材料、电力甚至有线电视节目的协议中，这些行业的供应商面临着巨大的固定成本，以及相对较小的可变成本。在某些情况下，供应商的产品储存都成问题，作为买方你有很强的议价能力。为了保护自己，供应商希望签订照付不议合同，而且约定的数额越大越好。当然，你能认识到签订照付不议合同所带来的风险，不会同意接收超出你预算的数额。这就是照付不议合同约定的数额往往接近预期需求的原因。

通过签订照付不议合同，你可以帮助你的供应商。合同使供应商能够更好地规划生产，也使他以后不至于受制于你。作为向他提供这种安全保障的回报，供应商可能会给你更低的价格。

不过，取得价格优惠不是签订照付不议合同的唯一好处。照付不议合同还以另一种方式改变博弈：它们可以通过减少竞争对手抢夺你客户的动力，来影响整个行业的定价机制。

如果竞争对手抢走了你的一位客户，他可能会面临你对他进行报复的风险，这是投标的八项隐性成本之一。而如果你与供应商签订了照付不议合同，那么报复几乎是必然的。为了理解其中原因，我们假设你预期使用1000吨原材料，并且签订了一个相同数额的照付不议合同，如果竞争对手抢走了你的客户，你就不需要供应商供应那么多了。假设你现在只需要900吨了，但因为你仍要购买实际不需要的100吨原材料，于是你不得不去寻找新的客户来取代你刚刚流失的客户。此时，你的可变成本不再是每吨50美元，而是每吨10美元，即每吨50美元的"买入"价格和每吨40美元的"支付"价格之间的差值。面对这样的成本结构，你一定会努力开拓新客户，甚至去抢竞争对手的客户似乎也在情理之中了。

使用照付不议合同，您需要预先支付部分投入。你已经把一些可变成本变成了固定成本，如果竞争对手抢走了你的客户，形势就会迫使你抢走他的客户作为报复。因此，照付不议合同具有威慑作用。聪明的竞争对手会意识到你报复的可能性变大，就不太会挖你的客户。

照付不议合同有助于稳定你所在行业的市场份额，这对你的供应商来说是个好消息。如果你无须降价就可以留住每一位客户，你会赚更多的钱。如果你赚了更多的钱，你就不太可能与供应商就成本问题斤斤计较。

不过这里有一个提醒，即使你有一份照付不议合同，也总可能有人鲁莽行事，抢夺你的市场份额。你被迫进行报复，这反过来又可能引发一系列针锋相对的反应，进而升级为全面的价格战，而且因为你的一部分成本已经拿不回来了，战争可能会特别激烈。照付不议就像核威慑一样，你希望它能奏效，因为如果这种威慑不奏效，那么成本会非常高。

照付不议合同

好处

- 减少供应商的风险，你也可以借机要求供应商降低价格。
- 减少对手抢夺客户的动力，因为你会因流失客户而报复他。

坏处

- 如果不能成功威慑住对手，那么价格战会非常激烈。

---

3. 大众消费市场规则

到目前为止，我们一直在研究 B2B 模式下的规则。当企业间相互交易时，买卖双方不仅就价格进行谈判，还就博弈规则进行谈判。例

第六章 规则

如，你可能希望有一个MCC，但客户可能会犹豫。既然你没权力单方面制定规则，那么规则本身就要经过协商。

大众消费市场则显著不同，卖方不会和买方直接谈判。既然卖方不谈判，买方就不能谈判。作为卖方，你有权单方面制定规则。其中一条规则就是，你可以为你要卖的产品定价，如果客户想要你的产品，他必须按照这个价格支付。事实上，超市、加油站、餐馆、百货公司等几乎零售业的每一个领域都是这样。

大家对这种状态习以为常。尽管如此，我们还是应该深究一下背后的逻辑，纸牌游戏可以再次给我们一些启发。

假设亚当有100副牌，同时与2600个学生玩纸牌游戏。[12] 如果用最早版本的纸牌游戏来分析，你会说亚当将和每个学生平分100美元的奖金，没有什么改变。

果真如此吗？事实上，这变成了一个大数游戏，博弈本身发生了变化。亚当可以很合理地拒绝与每个学生单独谈判，因为时间不允许。相反，他可以宣布价格，并要求学生接受或放弃。

庞大的数量将纸牌游戏变成了最后通牒版本。正如我们在"博弈论"一章中看到的，这使亚当处于一个更为强势的地位。他可以自由定价，甚至能做到出价10美元来换学生手里的一张红牌，而学生只能接受，因为他们知道自己没有机会反击。

如果你要向大众消费市场销售产品，那么就像亚当一样，拒绝讨价还价。此外，你还想执行什么其他规则？

乍一看，在消费市场上强加一个MFC毫无益处。如果你有权定价，就不会有客户过来要求特价。但事实上，考虑MFC仍有价值。虽然客户无法谈判，但他们可以推迟购买，如果他们认为你会降价，他们就会观望等待。等待的客户越多，你降价的压力就越大，客户就越相信你的价格会下跌。提供 MFC 可以帮助你摆脱这个陷阱。

一月大减价 1990 年，克莱斯勒使用调整后的 MFC 改变了汽车销售市场的博弈。之前的博弈是购车者会等待年底的优惠，经销商平时积压了大量的库存，这将迫使他们年底必须降价清库存。

克莱斯勒想让客户相信等待不会有任何好处，但光这么说客户是不会相信的。从下边转载的广告中可以看出，克莱斯勒向一月份购车的人承诺，如果当年推出更加优惠的活动，克莱斯勒会把多付的差额退给他们。[13]

保证返点积分

如果在1990年内返点增加，
克莱斯勒会把差额退给你。

Dodge Daytona ES $1500　　Plymouth Voyager $1000　　Plymouth Laser $1000

Jeep Cherokee $1000　　Chrysler New Yorker Fifth Avenue $1000　　Dodge Dakota $1500

The best rebates on the best in the house.

CHRYSLER MOTORS
CHRYSLER · PLYMOUTH · DODGE
DODGE TRUCKS · JEEP · EAGLE

第六章 规则

克莱斯勒的承诺带来了两个好处。客户现在不需要再等待年底的优惠了,因此经销商不需要再积压库存到年底,而且年底的优惠也没有必要了。此外,克莱斯勒现在也不那么想提供清仓优惠价,因为这样会导致一月份的购车者都来补差价,成本太高。

许多零售店也推出了三十天或六十天价格保护,其动机与克莱斯勒相似。每日低价(Every Day Low Pricing,EDLP)政策是零售商用来说服客户不要等待特价的另一条规则。通过这种方式,他们可以避免被迫打折。

在大众消费市场中使用 MCC 会怎么样?这里有一个陷阱,你可以承诺跟进市场上的最佳价格,但不能强迫消费者购买你的产品。大多数时候,你并不与客户签订合同,就算签了合同,你也不能强迫客户购买。试着想象一下,一个潜在的购车者签署了一份合同,让克莱斯勒可以跟进福特的报价。这不太可能吧,为什么会有人签署这样的合同?

因此在大众消费市场上,你不能随意制定你想要的规则。你制定的规则只能关注你自己做什么,而不能束缚客户做什么。如果你没有 MCC,那么只通过简单地宣布你可以跟进市场上的最佳价格,能否达到一样的效果?不完全能。承诺与任何竞争对手的价格相匹配与 MCC 不同,因为消费者未必给你跟进的机会。

一些零售商确实能将最佳价格承诺发挥出好效。英国零售连锁店约翰—路易斯百货(John Lewis)的座右铭是"价格绝对最低",如果它发现同一商品在其他地方的售价更低就会立刻降价,因此以最低价格赢得了良好声誉,也建立了一个非常忠诚的客户群。

但如果你销售的产品不是大众产品,最佳价格承诺就不会起作用。假设克莱斯勒试图提供这样的承诺,就拿它的 Neon 车型来说,那么到底和福特、通用、丰田或现代汽车哪家比价?又和哪款车型比呢？无论克莱斯勒如何制定其担保规则，它都会面临相当大的风险。如果出于某种原因，比如汇率变动导致比价车型的价格下跌，那么克莱斯勒会被迫跟进一个导致其亏损的价格。

既然你不能签订MCC，而且提供最佳价格承诺也不切实可行，那么你将如何在大众消费市场中留住你的客户呢？你可以永远通过低价让客户满意，但是这个策略会导致两个直接的问题。首先，你降低了你的利润；其次，采取低价策略既是防御也是进攻。你的低价将吸引一些竞争对手的客户，然后你的竞争对手为了保住自己的客户将被迫降价，如此以往，大家的价格都被拉低了，但是市场占有率又回到了起点。

因此，你真正想做的是向自己的客户收取低价，同时又不会威胁到竞争对手的客户群。如果你能做到这一点，你的对手就不必有所回应了。这是一个相当不寻常的想法，考虑到B2C业务的通用规则，这听起来似乎不可能，但通用汽车发现了改变规则的方法。我们一起来看一下通用汽车信用卡的故事。

通用汽车带头冲锋　20世纪90年代初，由于市场需求不足，外加国外汽车制造商的竞争，美国三大汽车巨头通用汽车、福特和克莱斯勒陷入困顿。1992年，通用汽车创下了美国公司历史上最大的年度亏损，约45亿美元。

作为解决方案的一部分，通用汽车致力于制造性能更好的汽车，并寄希望于土星公司（Saturn Corporation）带动整个通用汽车的发展。土星公司是通用汽车在20世纪80年代中期成立的一个专注于小型汽车自主生产的事业部。此外在1992年底，通用汽车董事、宝洁公司退休董事长约翰·斯梅尔（John Smale）领导的董事会发生"政变"，这导致了通用汽车管理层的重大人员变动。

第六章 规则

但汽车应该如何销售的问题还没得到解决。面对市场需求不振和竞争加剧，三大巨头都严重依赖各类市场营销活动，包括返现、经销商折扣、年终回扣和其他激励计划。

1992 年 9 月，通用汽车改变了博弈。它与联名信用卡的主要发行商家庭银行合作，共同推出了万事达卡版的通用汽车信用卡（简称通用卡）。持卡人将获得相当于其消费额 5% 的信用积分，可用于购买或租赁任何通用汽车的新车。根据该信用卡的使用规则，消费者可以先正常议价，然后再用信用积分进行返现实现打折。这些信用积分的价值可能会变得相当可观：每年返点积分的上限是 500 美元，且可累积七年，总的返点积分上限为 3500 美元。

VISA 信用卡美国公司总裁兼首席执行官罗伯特·海勒（Robert Heller）对此不以为意。在 1992 年美国银行家协会银行卡会议上，他开玩笑说，继美国电话电报公司（AT&T）和通用汽车之后，比萨店也很快会有自己的信用卡。不到一年，海勒就被免职了，而人们都在谈论麦当劳推出信用卡的可能性。

通用卡的首次亮相还配有一套营销组合拳，其中包括 3000 万张直邮广告、700 万个营销电话，以及密集的电视和平面广告。通用汽车在这一系列的营销活动上花费了 1.2 亿美元，虽然与通用汽车的总营销成本相比这个金额很小，但以这种力度推广信用卡是前所未有的。

通用卡也成为有史以来最成功的信用卡，仅仅 28 天就收获了 100 万个账户。之前的纪录保持者 AT&T 的环球卡（Universal Card）花了 78 天才达到这个数字。在不到两个月的时间里，通用卡账户超过 200 万个，刷卡金额超过 5 亿美元。在其推出一周年时，通用卡有 500 万个账户、33 亿美元的刷卡金额。[14] 两年后，账户增至 900 万个，而且一直还在增长。[15]

在通用卡推出的第一年，通用汽车就发放了 5.5 万次信用卡返点积分。到 1994 年 2 月，共有 12.3 万次通用卡积分兑换，总价值 4000 万美元（平均每辆车 325 美元）。根据预测，随着通用卡返点积分计划的逐步成熟，通用汽车在北美地区约 25% 的非租赁车销售都来自通用卡的持卡人。

锁定持卡人 通用卡的推出显然是一件大事，但它又是如何改变汽车销售的博弈的？让我们通过一组简单的数字举例，来揭示返点积分计划如何改变市场的定价机制。假设通用汽车和福特汽车最初都把汽车定价设置在 20000 美元，由于价格相等，人们会根据自己对通用汽车或福特汽车的自然喜好来自由购买。

现在假设通用汽车可以给喜好自己品牌的客户群提供 2000 美元的折扣，同时将定价提高到 21000 美元，这样就出现了两个价格：对于喜好通用汽车的客户群，是 19000 美元；对于喜好福特汽车的客户群，是 21000 美元。站在福特汽车的角度，它可以通过将价格降到 19000 美元以下，来看能否挖走喜好通用汽车的客户，或者它也可以涨价到接近 21000 美元，而不用担心客户流失到通用汽车那。第二种选择对福特汽车更具吸引力。事实上，如果福特汽车做到这一点，通用汽车就可以将价格提高到接近 23000 美元，那些喜好通用汽车的客户通过享受 2000 美元的折扣，只需要支付 21000 美元。在这一点上，通用汽车和福特汽车都将获利，福特汽车甚至可能再次提价，通用汽车也可能如此，以此类推。

返点积分计划在通用汽车和福特汽车之间创造了双赢的定价机制。这个过程能持续多久？实际上，只能点到为止。一方面，其他汽车制造商可能不会提高价格；另一方面，如果价格涨得太离谱，消费者也会买其他品牌。无论如何，对通用汽车来说，最主要的好处是福特汽车或其他汽车制造商发动价格战的可能性要小得多。

返点积分计划想要发挥效用的关键是锁定合适的目标。只有当获得通用汽车返点积分的人主要是潜在的通用汽车购买者，而不是潜在的福特汽车购买者时，它才有效。因此，在实施这个计划时，一个巨大的实际挑战是尽可能多地给自己的潜在客户发放返点积分，而不是让它们也落入竞争对手的潜在客户手中。

通用卡成功地解决了这个问题。通用汽车认识到寻找潜在客户非常难，所以反其道而行之，让潜在客户跑过来找自己。那些愿意通过通用卡获得折扣的人正是通用汽车的潜在购车者，打算购买福特汽车的人使用通用卡的可能性要比喜好通用汽车的人小得多。通用卡实现了把返点积分发放给真正的潜在客户。

良性模仿 II　如果通用卡真的那么好，那么它就会被模仿，事实的确如此。

1993 年 2 月，在通用卡推出后的第五个月，福特汽车与最大的银行卡发行商花旗银行联手推出福特花旗卡。持卡人可以选择万事达卡或 VISA 卡支付系统，每年可累积高达 700 美元的返点积分，最高上限为五年 3500 美元。

福特花旗卡的推销方式是直邮给花旗银行 3000 万持卡人和福特汽车车主，营销手册和申请表放置在福特汽车 5000 个代理点。1993 年前九个月，福特花旗卡在广告上就花费了 460 万美元。截至 1994 年 4 月，行业分析师预估福特花旗卡的有效持卡人数在 130 万到 500 万之间。福特花旗卡推出的首年就有 2 万名福特汽车的客户使用了返点积分。

1994 年 6 月，美国大众汽车公司（Volkswagen of America）与联名信用卡的领导者美信银行（MBNA Corporation）联合推出了一项信用卡返点积分计划，通用卡再次被模仿。值得注意的是，克莱斯勒汽车公司在这方面一直没有动作。截至 1996 年初，该公司还没有信用卡计划。

这些模仿是否削弱了通用卡的价值？不一定。如果通用汽车希望利用其计划从福特汽车和其他公司手中夺取市场份额，那么模仿的确是个坏消息。现在福特汽车也有了信用卡计划，其潜在购车者就不太会申请通用卡了。

但模仿也有利于通用汽车。随着更多信用卡计划的出现，汽车制造商们也不太愿意采取降价策略，因为低价不再像以前那样吸引客户了。当客户的返点积分积累到一定数量，就不太会随便换卡。此外，如果汽车制造商提高价格，也不会像以前那样流失客户，因为持卡人不想失去他们辛苦积攒的返点积分。汽车制造商因此拥有了更多的忠诚客户。总体而言，降价产生的营销效果变小，而价格上涨带来的风险也变小。[16] 这种效果不仅适用于有信用卡计划的汽车制造商，也同样适用于没有信用卡计划的汽车制造商。因此，价格战发动的概率在变小，最终结果是汽车行业的价格更加稳定。这是另一个良性模仿的例子。

模仿的另一个正面效果是让客户不再观望。随着越来越多的汽车制造商采用返点积分优惠，汽车购买者选择哪一个品牌变得越来越重要。平时没有特定品牌倾向的人会意识到，如果他们不注册任何联名信用卡，他们将无法得到优惠。即使是对价格敏感的购车者也只能选定一个品牌。随着注册这些信用卡的客户越来越多，前边提到的定价机制也会呈现得越来越明显。

更多的模仿在市面上出现了。在美国取得成功后，通用汽车和福特汽车在加拿大和英国也启动了相应的信用卡计划，丰田汽车在日本也推出了信用卡返点积分计划。

更多赢家 除了改变汽车行业的定价机制，通用卡计划还有许多其他好处。每个月客户都会收到通用卡的账单，这比免费直邮广告的效果要好，因为含有账单的信件不会被随便扔掉，只要客户打开信件，就可以看到上面的通用汽车广告。

通用汽车还让信用卡公司家庭银行一起承担返点积分的成本，这是信用卡行业的标准做法。返点积分可以让自家的信用卡更具吸引力，因此家庭银行需要为此支付一定的费用。例如，为了让持卡人积累里程数，芝加哥第一银行（First Chicago）向联合航空公司支付每英里约一美分的费用。根据同样的原则，信用卡公司向通用汽车支付大约20%的返点积分成本，而无论这些积分是否被使用。

对通用汽车有利的也对家庭银行有利。由于通用汽车的市场闪电战，800多万个新账户将家庭银行从信用卡发行商排行榜的第十位一下子拉至第五位。获得通用汽车返点积分的机会将通用卡的年消费额提高到5200美元，这是美国信用卡平均消费额的2.5倍。通用卡成为人们消费刷卡的优先选择，家庭银行有超过70%的应收账款来自通用卡，而行业平均水平为66%。通用卡的客户流失率和逾期率低于行业平均水平。客户流失率较低是因为积攒返点积分需要时间，人们不太可能换卡；逾期率较低是因为如果信用卡账户逾期，就无法使用返点积分。

此外，这也影响了信用卡行业的定价机制。既然家庭银行、花旗银行和美信银行都有了更多的忠诚客户，那么任何信用卡发行商在价格上竞争的动机都会降低。其结果是信用卡行业的价格更加稳定，类似于汽车行业。

如果汽车制造商和信用卡发行商都是赢家，这是否意味着购车的消费者是输家？不一定。虽然他们面临更高的价格，但这并不是全部情况。让我们回到20世纪90年代初汽车制造商面临的问题。一旦一家汽车制造商设计了一款汽车，就得花钱重新装备装配线，以及策划全国性的广告活动，这些都是巨大的沉没成本。如果其他公司也投入同样的成本推出类似的车型,那么产能过剩的制造商就会出现。市场竞争会让价格低于可变成本,制造商无法收回投资。沉没成本真的沉没了。[17] 这个问题影响制造商,也影响消费者。如果制造商今天无法获利,他们就不会再投资,消费者也不会在明天买到更好更便宜的汽车。因此,从长远来看,更高的价格可能会为汽车制造商及消费者带来共赢的结果。

通用卡们的启示 通用卡和它的模仿者们最终的效用是什么?汽车制造商的业绩取决于许多因素:整体经济状况、汇率、新车型的推出、对需求的预测能力等,所以很难脱离其他因素来分析信用卡计划的单独效用。但信用卡计划确实让传统的营销手段效果减弱,也让汽车制造商得以涨价。《商业周刊》注意到了急转直下的市场激励:"几乎所有的汽车制造商都受益匪浅,特别是三巨头,过去的经济衰退使消费者沉迷于返点积分,不再使用现金补贴和租赁补贴。"[18]

1995年1月31日,通用汽车报告称,其北美核心汽车业务模块NAO自1989年以来首次扭亏为盈。《商业周刊》这样解释:"NAO通过消减卖车给租车公司这样的低利润销售,同时减少营销激励……提高了利润。"[19]

通用卡的故事教育我们如何正确定价,如何驾驭规则。人们通常认为最佳策略是向自己的客户收取高价,向竞争对手的客户收取低价。毕竟,自己的客户愿意付款,但竞争对手的客户需要受到低价的激励才可能消费。该策略与通用卡的效用相比有什么不同?

通用卡主要吸引那些计划购买通用汽车的人,福特汽车的潜在客户不太可能持有通用卡。那么,当通用汽车缩减其他一些激励方案的投入以弥补通用卡返点积分的成本时,会发生什么呢?通用汽车的有效价格(实际价格减去通用卡上的积分兑现后的价格),对福特汽车的潜在购买者来说要高于对通用汽车的潜在购买者。也就是说,通用汽车最终

第六章 规则

对其竞争对手客户的定价高于对其自身客户的定价,这与人们通常认为的最佳策略相反。

但通用汽车做对了!通过提高对福特汽车潜在客户的价格,给了福特汽车涨价的空间,反过来也给了通用汽车自己涨价的机会,而这又刺激了福特汽车进一步涨价,如此反复。这是我们上面讨论的双赢机制。与之相比,当你向竞争对手的客户降价以吸引他们时,会发生什么情况?你迫使竞争对手降价回应,这反过来又会使你面临自己的客户流失的风险,于是你必须给自己的客户降价,情况只会越来越糟。

因此我们得出一个基本原则:善待自己的客户,而不是竞争对手的客户。很多公司似乎能够理解这一原则,例如,它们在改进产品时会尤其针对现有客户的需求,以此加强与现有客户的关系。但当涉及定价时,公司们往往会反其道而行之。它们应该为自己的客户提供最好的价格,而不是去用低价挖竞争对手的客户。

为了避免价格战,你需要向自己的客户收取低价,向竞争对手的客户收取高价。飞行常客奖励计划正是如此,无论是不是 AAdvantage 会员,乘坐美国航空班机从纽约到芝加哥的机票价格都是一样的,但是同样的旅程对会员比对非会员更有价值,因为会员可以积分兑换去往夏威夷的免费机票。因此,通过以同样的价格为忠诚客户提供更多的价值,美国航空让他们实际支付得更少。谁将承受更高的实际价格?所有喜好联合航空的乘客。联合航空的忠诚客户不会像美国航空的忠诚客户那样重视 AAdvantage 计划的里程数,这意味着联合航空可以提高自己的机票价格,而不用担心客户流失。现在美国航空在不损失客户的情况下也有了涨价的空间,反过来又刺激联合航空涨价,如此反复。美国航空和联合航空享受着与通用汽车和福特汽车一样的双赢定价机制。

很明显，像通用卡这样的返点积分计划和像 AAdvantage 计划这样的忠诚计划之间有着密切的联系，这在前一章中已经讨论过了。这也是意料之中的，这两种类型的计划都是"规则"，本质上都是与客户签订的单边合同，能保证他们获得优惠和折扣。此外，这些计划也以同样的方式影响着行业定价机制。但这两类计划有一个主要差别：AAdvantage 计划这样的忠诚计划以实物而不是现金奖励客户，增加了整个市场的规模；相比之下，通用卡以现金回馈客户，不会增加通用汽车的附加价值。[20] 虽然用实物而不是现金的奖励计划更好，但是正如我们刚刚看到的通用卡的例子，现金奖励也可以有不错的效用。

其他企业没有理由不跟随通用汽车的步伐，通过启动自己的信用卡返点积分计划来改变规则。返点积分计划对那些销售高价低频产品的企业最为有用，因为这些企业不可能以实物形式奖励客户。银行不能提供免费的按揭贷款，但可以提供贷款返点。同样，房地产经纪人也不能把房子送给客户，但他们可以提供佣金返点。事实上，任何销售高价商品的人都可以考虑实施返点积分计划。

不过，通用卡的故事有个讽刺性的插曲。通用汽车似乎是因为错误的原因才做出了正确的决策。在一次采访中，通用卡项目总经理汉克·威德（Hank Weed）解释说，该卡旨在通过"征服"潜在的福特汽车买家和其他人来帮助通用汽车增加市场份额。[21] 我们认为征服的效果很一般，通用卡总是对通用汽车自己的客户群更具吸引力，而对福特汽车的潜在客户则没有那么大的吸引力。一旦福特汽车推出自己的信用卡计划，情况就更是如此了。此外，通用汽车怎么能指望它的计划不会被模仿呢？这种信用卡毕竟没法申请专利。所以在我们看来，通用卡真正的价值在于它改善了汽车行业的定价机制，在这方面，它取得了巨大的成功。

> **返点积分计划**
>
> **好处**
> - 让你能够提供较好的价格给自己的客户,同时也不会抢走竞争对手的客户。
> - 让客户变得更加忠诚,甚至可以吸引到对价格敏感的客户。
>
> **坏处**
> - 用现金而不是实物来奖励你的忠诚客户,无法提升你的附加价值。
> - 用在低价商品上的效果不好。

4. 政府规则

政府有权制定许多规则,包括税法、专利法、最低工资法、超级基金法以及许多其他法律,这些法律管理着整个国家经济中所有参与者之间的交易。

除了直接的监管,政府还制定规则规定其他参与者可以制定哪些规则,可以说,政府可以制定博弈的"元规则"。反垄断法就起到了这样一个作用,它决定了哪些合同是合法的,哪些不合法。据我们所知,我们讨论过的所有合同都没有引起反垄断担忧,但法律会发生变化,解释也会有所不同,我们建议你咨询法律顾问,以更好地了解哪些合同可以签署,哪些合同必须避免。

MFC 就曾受到反垄断法的严格审查。1979 年,美国联邦贸易委员会对乙基公司（Ethyl Corporation）和杜邦公司（Du Pont）在销售含铅汽油抗爆添加剂时使用 MFC 提出质疑。当时的指控是使用 MFC 是一种所谓的"便利做法"，削弱了竞争，违反了《联邦贸易委员会法案》第 5 条。[22]

在第一轮诉讼中，联邦贸易委员会做出了对乙基公司和杜邦公司不利的裁决，但是这个裁决的争议很大。联邦贸易委员会主席詹姆斯·米勒三世（James C. Miller Ⅲ）就反对委员会的裁决："［这些］做法是买家要求的……受到挑战的做法……可以说降低了买家的搜寻成本，并促进其找到最合算最有价值的产品……出于这些原因……我不同意判决结果。"[23]

案件被提交给纽约联邦法院进行上诉。该法院于 1984 年推翻了联邦贸易委员会最初的裁决。[24] 纽约联邦法院裁决的依据是，MFC 刚签订的时候，乙基公司是抗爆添加剂唯一的制造商。由于当时没有竞争对手，MFC 并非为了减少竞争而签订，显然是有其他用途。

我们在本章前面看到了这些其他用途。由于 MFC 将谈判话语权从买方转移到卖方，因此乙基公司与其客户谈判时表现得更为强势。当乙基公司垄断时，情况就是这样；而一旦抗爆添加剂市场出现竞争，情况也依然如此。从买家的角度来看，MFC 是有价值的，因为它可以保证自己不会相对于竞争对手处于成本劣势。

即使没有这些其他用途，联邦贸易委员会的裁决也缺乏说服力。一方面，如果你的客户有了 MFC，你就不太可能以低价抢夺竞争对手的客户，竞争会减少；另一方面，如果你的客户有了 MFC，那么竞争对手可以更容易地以较低的价格抢夺你的客户，因为你不能选择性地降价回击，所以你大概率会放弃跟进，在某种程度上，竞争可能会加剧。整体效果到底怎么样还不好说。在我们写这本书时，MFC 的法律

第六章 规则

诠释仍然是有利于乙基公司和杜邦公司的。

MCC 只是买卖双方合同的一部分，是多方谈判的一个要素。与单一买家签订 MFC 会影响其他买家面对的价格，而与单一买家签订 MCC 只影响该买家面对的价格。你可以将 MCC 视为一种金融期权，有了股票期权，投资者可以在今天付钱换取明天以特定价格购买股票的权利；而有了 MCC，卖家有权在未来以最优惠的价格出售商品。这种期权就像股票期权一样，具有直接价值。如果期权的存在最终能提高未来的价格，那么它可能会更有价值。当然，同意签署 MCC 的买家如果能预测到这种涨价效果，肯定会要求更低的价格作为提供期权的回报。

法律也赋予了使用 MCC 的正当性。《罗宾逊–帕特曼法案》（The Robinson-Patman Act）禁止公司进行价格歧视。根据该法案，公司应该以相同的价格向所有商业客户销售其产品。[25] 但有一个重要的例外，面对价格歧视的指控，最直接的辩驳就是降价是为了应对激烈的市场竞争："不应阻止卖方通过证据表明其低价……是为了应对竞争对手开出的同样低价……"[26] 只要提供 MCC，你就可以免于受到价格歧视的指控。

据我们所知，照付不议合同和返点积分计划从未受到过反垄断法的指控。在照付不议合同中，供应商可以获得直接的经济收益，更好地计划生产和避免被套，所以采用此项规则非常正当。在返点积分计划中，直接的经济收益是信用卡发行商支付了部分成本，联合邮寄降低了与客户沟通的成本，同样证明了采用此项规则的正当性。

美国反垄断法可能有点复杂，我们需要将法律实际应用的方式与它们背后的逻辑相区分。联邦贸易委员会似乎是按照一种旧工业时代的思维模式运作的，它往往会挑战允许公司维持价格高于可变成本的做法，即所谓的便利做法。这种立场似乎与当前知识经济的新经济模式并不融洽。

医药、软件、飞机发动机和其他知识密集型的产品无法套用传统经济模式。这些产品都有很高的前期研发投入，而生产制造的可变成本相对较低。如果政府不允许行业自定规则，想办法让价格高于可变成本，其投入的成本将无法收回。美国当前的反垄断法还没能真正地考虑到这些。

5. 改变规则

参与者和参与者的附加价值都是博弈的重要元素，规则也是如此，我们却经常忽略了规则的重要性和改变规则的机会。

很多时候，人们天真地认为"规则就是规则"，视规则为刻在石头上的碑文。《谈判无处不在》（*You Can Negotiate Anything*）的作者、谈判大师赫伯·科恩（Herb Cohen）讲述了一个故事：他在退房截止时间下午1点前去酒店前台办理结账，却发现前台排起了长队。他没有排队，而是打电话协商退房时间到下午2点，然后出去悠闲地喝了一杯咖啡，等他回来时已经没有人排队了。科恩的观点是，不要盲目遵守规则。

改变规则是一把双刃剑。不要盲目遵守别人的规则，但也不要指望别人盲目遵守你的规则。正如你可以改变规则或制定新规则一样，别人也可以。

第六章 规则

> 你可以改变规则。
>
> 但是别忘了,别人也可以改变规则;
>
> 不要以为别人会乖乖地遵守你的规则。

我们需要注意不要把规则运用得太过头。例如,如果你认为MCC可以让你继续向客户抬高价格,那么请三思。如果竞争对手以更低的价格入场,客户应该给你一个竞争的机会,即使这是出于合同规定。但如果你的价格有点离谱,而竞争对手能够给出比你低很多的价格,那么客户很可能会不高兴,他会意识到自己多付了很多。此时,客户可能会决定不再遵守规则,在不给你机会的情况下更换供应商;或者,他可能会给你机会跟进,然后再换供应商。那你会怎么做?你可以起诉你的客户,但这通常是一个坏主意。当事情公之于众,人们会发现你的做法,并一定会嗤之以鼻,最终损害你的名誉。

另外一个让你的规则可能被推翻的原因是,你失去了权力,或者说其他人获得了权力。在任天堂出现之前,玩具行业的规则是零售商在1月或2月下单,在夏天收到产品,然后等到12月付款。任天堂改变了规则,它要求零售商连续快速下单、提货和付款。任天堂能够重写规则,是因为它具有附加价值,正如我们在"附加价值"一章中所看到的。

1994年,萨奇广告公司(Saatchi & Saatchi)罢免了莫里斯·萨奇(Maurice Saatchi)的董事长职务。于是萨奇离开了这家他与其兄弟共同创建的广告公司,建立了一家新公司M&C萨奇广告公司,还顺便带走了几位曾为大客户英国航空公司(British Airways)工作过的原公司员工。英国航空公司不得不做出决定,是要沿用原来的萨奇广告公司[后来改名为科戴安特(Cordiant)],还是要和新的M&C萨奇广告公司合作。

科戴安特发现自己面临着一个新的竞争对手，更糟糕的是，自己流失了一些最优秀的人才。但科戴安特有一条规则给了它一些保护。因为莫里斯·萨奇带走的人在雇用合同中有竞业禁止条款，所以他们不能做任何与英国航空公司相关的业务。

因此，当莫里斯·萨奇为英国航空公司提供方案时，他无法采用这些被带来的人中的任何一个。开会的时候，他把这些受到竞业禁止条款影响的同事做成人形立牌放置在桌子边，然后告诉英国航空公司，为了尽可能做好他们公司的业务，他需要这些人。他建议英国航空公司向科戴安特施压，要求其放弃竞业禁止条款。

科戴安特被置于进退维艰的境地。拒绝英国航空公司的要求并不明智，毕竟英国航空公司是自己的客户，而且是大客户。拒绝客户的请求很难留住客户的业务，但如果同意会让莫里斯·萨奇的新公司成为自己强大的竞争对手。无论如何，英国航空公司这笔生意都将面临巨大的风险。

在这场博弈中，英国航空公司拥有真正的实力。莫里斯·萨奇利用英国航空公司的力量，成功地改变了规则。他让员工摆脱了竞业禁止条款的限制，并获得了英国航空公司这个大客户。

即使规则貌似不可改变，你也需要记住，还是要争取重新谈判的机会。如果你不能掌控某条规则，那么基于它制定策略是有风险的。

在市场中，有优势的一方可以制定规则，不要以为手里有了同花顺就肯定能赢牌，正如美国西部谚语所说的：一把好枪大过同花顺。切记！

第七章 战术

认知即现实。

——伯克利主教（Bishop Berkeley）

商业博弈就像是在迷雾中运作一般，或许不像克劳塞维茨（Clausewitz）提出的战争迷雾那样夸张，但也确实总让人一头雾水。这就是为什么左右认知的战术①会成为博弈的基本元素。

无论对世界的认知是否准确，它都在驱动着人们的行为。麦肯锡管理咨询师迈克·马恩（Mike Marn）列举了一个惊人的例子："工业电子产品行业曾发生过一场价格战，起因是当时一家行业贸易杂志错误地把市场规模多算了 15%。行业四大巨头都认为自己丢失了市场份额，便通过降价来夺回那些其实并未失去的东西。"[1]

管理和改变竞争对手的认知是商业策略的重要组成部分。例如，1994 年，鲁伯特·默多克（Rupert Murdoch）的《纽约邮报》巧妙地避免了与竞争对手《每日新闻》的价格战，其策略就是让竞争对手认为《纽约邮报》已经准备好打一场价格战。后边，我们会一起来看看

---

① 原文此处的用词就是认知（Perceptions），本章强调的也是认知。可以想见，为了组成 PARTS 这一带有双关意味的缩写，作者用了可以左右认知的战术（Tactics）一词作为商业博弈五要素的成分之一。为了对齐这个设计，此处做了如此修改。

这是如何发生的。

有时候我们需要说服的是客户或供应商,而不是竞争对手。比如,联邦快递公司如何坚定积极地说服客户相信其可靠性?求职者如何说服未来的雇主给他一个机会?作者如何说服出版商他会写一本好书,而且会按时完成?[2] 说服的需要是双向的。雇主如何才能让求职者相信公司能提供宝贵的培训和经验?出版商如何说服作者他将投资推广这本书?这些都是我们将在本章回答的问题。

认知在谈判中起着核心作用。买卖双方往往有不同的观点,卖家极力宣传自己产品的价值,但是买家却一直将信将疑。买家会认为这些也许是实话,但也可能是夸张宣传。买卖双方如何才能达成协议?他们应该告诉对方什么,不应该告诉对方什么?在试图达成协议之前,他们是否应该尝试解决任何认知上的分歧?我们将逐一回答这些问题,并建议一些新的谈判方法。

认知无处不在,一切都可以看作是认知的问题,包括认知本身。由于这个话题非常广泛,本章将从商业、个人和日常等几个方面举例说明。

如果能改变人们的认知,你就可以改变博弈。改变认知属于战术层面。所谓战术,我们特指参与者为改变其他参与者的认知而采取的行动。有些战术是为了消散迷雾,有些是为了保留迷雾,还有一些则是为了激起新的迷雾。我们将逐一研究这三种战术。

1. 消散迷雾

有人说现实世界是丛林,也有人说是动物园。不管怎样,我们都可以从动物身上学到一两招。这就是为什么我们先从动物世界开始叙

第七章　战术

述，然后再转向商业世界。

孔雀尾巴　在众多生物进化的不解之谜中，有一个是为什么某些鸟类如天堂鸟或孔雀的雄性，会炫耀其华丽的尾巴。如果用适者生存的理论来解释，长尾巴似乎没什么用；相反，冗长的尾巴是一个很大的负担，它们很重，会被灌木丛缠住，还会引来捕食者。但是达尔文对此有一套解释，牛津大学的动物学家、《自私的基因》（*The Selfish Gene*）一书的作者理查德·道金斯（Richard Dawkins）这样阐述达尔文的解释：

> 雌鸟遵循一个简单的规则：仔细观察所有雄鸟，选择尾巴最长的那只。即使尾巴已经长到变成负担，但是任何违反这一规则的雌鸟都会受到大自然的惩罚。这是因为雌鸟如果不能生出长尾巴的儿子，它的儿子就很难对雌鸟有吸引力。就像女装或汽车设计一样，时尚势不可当，长尾巴的趋势也是这么流行起来的，而且越来越流行。[3]

因此，当谈到雄孔雀的尾巴时，它的美丽不取决于观察者，而取决于雌孔雀认为的其他雌孔雀的偏好。如果其他雌孔雀认为长尾巴很有吸引力，那么可以说，任何一只雌孔雀都别无选择，只能被长尾巴的雄孔雀吸引。这样，它生出来的雄性才能吸引下一代雌性。认知决定了一切。

达尔文对孔雀尾巴的解释的实质是，一种时尚一旦形成，就会愈演愈烈。对达尔文来说，雄孔雀尾巴如此华丽是偶然的。但是特拉维夫大学的动物学教授阿莫兹·扎哈维（Amotz Zahavi）对长尾巴如此流行另有一套解释：长尾巴可以充分展示雄性的超强力量。一只带着华丽长尾巴的雄孔雀可以毫不含糊地告诉雌孔雀，自己是适合交配的对象。道金斯这样描述扎哈维的观点：

[扎哈维]认为，雄性天堂鸟和孔雀的尾巴……看起来一直是未解之谜，因为它们对主人来说似乎是负担。但长尾巴能顺利进化出来，恰恰是因为它们是负担。一只长着又长又笨重尾巴的雄鸟在向雌鸟展示它是一个如此强壮的雄性，以至于能带着这么重的尾巴生存。[4]

远方　　　　　　　　　　作者：GARY LARSON

"不要鼓励他，Sylvia"

尾巴是孔雀证明自己的方式。一只健硕的雄鸟不会担心大尾巴引来捕食者的风险，同时能拖着这么大的尾巴意味着它有更强的觅食能力来摄取额外的热量。

孔雀的尾巴是一种标志，它可以很好地用来区分强壮的雄孔雀和虚张声势的伪装者。长尾巴的雄孔雀通过证明自己是有实力的，成功吸引了雌孔雀。

通过信誉测试

商业上也有类似孔雀展示尾巴的行为，一般都是用昂贵的方式来影响别人对你或你可能行为的认知。《纽约邮报》的出版商鲁伯特·默多克比任何人都知道如何更好地展示自己。

纸老虎　1994年夏天,默多克将纽约斯塔顿岛上的《纽约邮报》价格下调至25美分,以此测试市场反应。《纽约邮报》的主要竞争对手《每日新闻》随即做出回应,将价格从40美分提高到50美分。这是一个相当惊人的举措,正如《纽约时报》所评论的那样,《每日新闻》的挑衅意味很重,就看《纽约邮报》敢不敢在整个纽约市全面降价。[5]

实际的情况比《纽约时报》报道的要复杂得多。在价格降到25美分之前,《纽约邮报》曾将价格提高到50美分,而《每日新闻》当时仍将价格维持在40美分不变。结果,《纽约邮报》流失了一些订阅用户,广告收入随之受到影响。尽管《纽约邮报》认为这种情况不会持续多久,但《每日新闻》似乎没有意识到这有任何问题,至少表面上是这样的。《每日新闻》显然认为,《纽约邮报》将坚持10美分的差价,并不会对自己趁机抢夺客户的行为做出回应。

《纽约邮报》需要向《每日新闻》展示实力,以证明自己有足够的财力可以随时发起一场报复性的价格战。最有力的证明就是真的发起价格战,虽然这将得不偿失。《纽约邮报》的目的是在不升级价格战的前提下说服《每日新闻》改变策略,那么《纽约邮报》应该怎么做?

《纽约邮报》展示了实力,在斯塔顿岛将价格降至25美分,结果销售额激增。《每日新闻》发现,它的读者为了节省15美分非常乐意更换报纸。很明显,如果《纽约邮报》在整个纽约市继续降价,将给《每日新闻》带来灾难性的后果。

《纽约邮报》显然有决心发起价格战,并有足够的财力承受斯塔顿岛降价带来的小打击。但这次降价透露出更深层的信息:降价,即使是有限度的降价,都可能在无意中引发一系列以牙还牙的反击,导致全面的价格战。《纽约邮报》在斯塔顿岛的降价表明，它愿意并能够承担这种风险。《纽约邮报》在玩边缘政策游戏，有意与对手一决高下。

如果《每日新闻》对《纽约邮报》的决心还心存怀疑的话，只需看一下伦敦的情况就知道了。默多克的《泰晤士报》和康拉德·布莱克（Conrad Black）的《每日电讯报》已经全面开战。1993年9月，《泰晤士报》将价格从45便士下调至30便士，《每日电讯报》不得不跟进，导致利润大减。[6]

《纽约邮报》在斯塔顿岛的行动并非虚张声势。当纽约的迷雾逐渐消散，《每日新闻》看清了事态，这就是为什么它把价格从40美分提高到50美分。

只有《纽约时报》仍在迷雾中，没有弄清这背后的逻辑。默多克并非真的想把价格降到25美分，他也绝不相信《每日新闻》能死守40美分的价格。斯塔顿岛上的试水只是为了让《每日新闻》涨价而设计的一种战术。等到价格相仿的时候，《纽约邮报》将不再失去订阅者，两份报纸都将比价格在25美分或40美分时更赚钱。《纽约邮报》最初将价格提高到50美分，确实受到了冲击。而《每日新闻》贪心不跟进，默多克就给了它一些提醒。所以，《每日新闻》涨价并不是挑衅，而是让双方免于价格战。

这个故事的教训是，建立信誉是有代价的，你必须言行一致。默多克在斯塔顿岛砸钱表明了自己的立场，即便考虑到事态升级可能带来的风险，还是敢于投入资金，向大家表明他是认真的。

同样的逻辑也适用于说服客户和供应商。你的战术是做出合理的行动——冒充者无法做到或者不会选择去做的行动，从而证明你是货真价实的。这就是展示的意义之所在，这也是为什么它能成功地改变人们的认知。

第七章 战术

帽子上的羽毛 就像雄孔雀和雌孔雀会有求偶仪式一样，雇主和求职者也有互相选择的仪式。这里的仪式包括收简历、面试、回复、投推荐信等。雇主尽力评估每个求职者的能力，而求职者尽力向雇主展示他们具备各种能力和才华。

如果你是求职者，教育背景通常是加分项，就像你帽子上的一根漂亮羽毛。你在大学里学到了很多，这使你成为这份工作的合适人选。但这只是一种观点，也有人对此嗤之以鼻：教育背景并不能说明什么，就像是孔雀的尾巴，只是装饰而已。

教育背景能帮助雇主判断你有多聪明。但并不是因为你受过教育所以才聪明，你在大学里实际学到的东西是无关紧要的，重要的是读完大学不容易，你必须掌握深奥的学科知识。读完大学是智力的展示。

这种教育观是由迈克尔·斯彭斯（Michael Spence）提出的，他是斯坦福大学商学院院长，所以你可能会认为读完斯坦福商学院并不容易。的确如此。其毕业生彼得·罗宾逊（Peter Robinson）写过一本书《来自地狱的留影》（*Snapshots from Hell*），就是描述他第一年读 MBA 的经历。[7]

斯坦福商学院的学费不便宜，每年超过 20000 美元，这还不包括脱产学习所带来的薪资损失。许多人说他们致力于事业的发展，读商学院恰好是证明这一点的一种方式。只有当你真打算将学费赚回来的时候，读商学院才是值得的投资。

花时间和金钱获得学位是一种向雇主传递信号的方式，你愿意接受多少薪资是另一种方式。在投行面试的最后阶段，应聘者通常会被问到：你希望得到多少底薪以及多少绩效奖金？如果应聘者选择高底薪而不是高绩效奖金，就会发出负面信号。往好处想，这个人不喜欢风险；往坏处想，他对自己的能力缺乏信心。从投行的角度来看，这两者都不好。

选择低底薪/高绩效奖金薪酬方案的应聘者表明他愿意用自己的能力赌一把。他所传递的信息是他有信心通过自己的能力为投行赚钱，同时也为自己赚钱。这就是投行想听到的。

还有一个原因让投行更喜欢选择高绩效奖金薪酬方案的员工：不管员工个人能力如何，投行需要承担的财务风险都降低了。如果员工能力未达期望，投行只需要支付底薪就好；如果此人最终获得巨额奖金怎么办？那说明他为公司挣了很多钱，而奖金是奖励和留住优秀员工的好方法。

我们大胆实践了自己的理论，在为这本书寻找出版商时，我们也考虑了报酬方案。我们应该把谈判的重心放在预付款上还是争取更高的版税？预付款是写这本书的保证报酬，而版税是结果驱动的奖金。版税率通常是销售额的 15%，所以作者和出版商之间的谈判基本都围绕预付款的多少进行。[8]

我们觉得或许可以做点不一样的事情：放弃预付款，来要求比通常更高的版税率。这将向出版商发出一个信号，表明我们对这本书非常有信心。这也将使我们有机会在整体上赚更多的钱，但也要承担更大的风险。如果这本书失败了，我们只能得到很少的收益；但如果它成功了，我们会得到更多。

然而，还有一个考虑因素。我们向出版商展示信心和乐观的同时，出版商也需要向我们传达其承诺。我们需要知道出版商计划如何全力宣传和营销这本书。

如果只需要支付版税，出版商就可以免去很多风险，尤其是当市场不好的时候。因此，同意这类合同的出版商很少提及其承诺，相比之下，同意支付大笔预付款的出版商则会展现出信心。说到卖书，越是有信心，书才卖得越好。

预付款不仅展现了出版商的信心，也改变了出版商的动力。如果出版商需要支付 30% 的版税率，但不用付预付款，那么他推销这本书的动力就会降低 30%，即使是标准的 15% 版税率也会减少出版商的动力。但是，如果出版商支付了预付款，他将保留 100% 的收入，直到预付款全部赚回来。这样，出版商就有了动力来推广这本书。

高额预付款对作者有利还有另外一个原因。如果只涉及版税，组稿编辑对该书出版的个人作用就无法体现，当编辑为出版一本书支付了大笔预付款后，确保出版商积极宣传这本书才符合编辑的利益。这样，这本书更有可能成功，而编辑的能力和作用也不太可能会被质疑。大额预付款就是在向作者承诺书不会因为缺少出版商宣传推广而失败，这就是为什么我们作为作者最终把重点放在了预付款上。

在应聘者和招聘人员之间的薪资谈判中也会有类似的考虑。当应聘者同意以奖金为主的薪酬方案时，他是在展示自信，而招聘人员不用承担太多风险。反过来，如果招聘人员冒着风险以高底薪聘用应聘者，他就表现出了自己选人的眼光和能力。此外，由于考验招聘人员的判断力，招聘人员就有动力确保新员工表现良好。因为新员工的成败能反映出招聘人员的能力，所以招聘人员会帮助新员工获得经验和机会，甚至可能帮助他获得晋升。招聘人员成了新员工的守护天使。[9]

这里我们要表达的是，愿意赌上自己可以表现出自信。因此，如果你真的有能力，那就赌一把吧。

联邦快递应该付钱　联邦快递很少犯错，它很好地实践着"全球准时投递"的承诺。更准确地说，它几乎每次都能做到准时。

在偶尔发生未能按照承诺交付快递的情况下，联邦快递会把邮费退给客户。但当你考虑到人们为什么要通过联邦快递寄送包裹时，你就会觉得退款并不算什么保证。通常，退还邮费并不足以补偿因邮包延迟送达而造成的后果，如果联邦快递在无法及时投递包裹时向客户支付 200 美元，那才是让客户得到了真正的保证。[10]

绝大部分时候，联邦快递都会按照承诺及时交付包裹，因此让它给出慷慨保证的代价是微不足道的。联邦快递的实际代价来自没有做出慷慨保证，因为这会让联邦快递错失一个机会来强调自己的服务优于美国邮政的特快专递。

让我们尝试一些有启发性的算法：假设美国邮政的特快专递的准时送达率为 99%，而联邦快递为 99.9%。这样看起来差别没有那么大，不到 1%。但是，反过来看一下失败率而不是成功率。99% 的成功率意味着 1% 的失败率，而 99.9% 的成功率则意味着 0.1% 的失败率。从这一点来说，联邦快递比美国邮政的特快专递好 10 倍。

如果联邦快递能做出保证，只要发生延迟交货就向客户支付 200 美元，那么平均每个包裹额外花费 20 美分的成本，即 200 美元乘以 0.1%。对于美国邮政的特快专递，同样的保证要花 10 倍的钱，也就是平均每个包裹要多花 2 美元。

现在，联邦快递的隔夜送达服务的邮费为 13 美元，收费相比于美国邮政的 10.75 美元高出很多。如果联邦快递承诺了 200 美元的担保，美国邮政是不可能跟进的，因为很难消化这每单额外的 2 美元成本。而如果美国邮政试图把额外的成本转嫁给客户，那将失去价格优势，这可是美国邮政唯一真正的优势。

保证金额该是多少？联邦快递应该选择 200 美元吗？一个令人担忧的问题是，如果保证金额太大，一些人可能会蓄意破坏，为了得到赔偿什么手段都可能用上。联邦快递司机甚至会面临人身伤害的风险,这并非不可想象。因此,联邦快递应该让保证金额足够大,以引起人们的关注,感受到联邦快递的诚意;但保证金额也不能太大,否则就会有人更希望联邦快递的包裹不能送达。

如果你提供一流的服务,你就可以也应该提供一流的保证。提供保证是一种战术,有助于有效传达你能为客户提供卓越的服务。由于提供较差服务的竞争对手很难提供与你一样的保证,这一战术也有助于你在竞争中脱颖而出。同样,如果你没有做出保证,你就错过了告诉客户你的服务有多好的机会。

提供保证还有其他几个好处。[11] 保证是让整个公司致力于提供高质量服务的有效方式。有了保证,你最好及时交货,否则你会付出代价。此外,提供保证还可以提醒你的系统在何时何地发生了问题。大多数客户都不会浪费时间告诉你他们的不满,只会向他们的朋友说你的坏话,后边干脆不再光顾。但是,对不满意服务的补偿会激励客户在问题出现时告诉你,这意味着你有机会改正错误,下次做得更好。你也有机会向客户道歉,并通过一些补偿来表明你的诚意。当你刚刚犯下一个错误,客户对你很生气时,你很可能会失去客户,但保证会及时提醒你向客户道歉。

如何让人们相信你给他们的产品质量很好?一个特别重要的时刻是你刚刚推出新产品的时候。你可以提供品质保证、新款特价或免费试用,这可以让人们更便宜地进行体验,看看他们是否喜欢你的产品。你也向大家发出了对产品自信的信号——相信大家会很喜欢它,并会以正常价格再次购买。

另一种展现你对产品自信的方式是花大价钱做广告。当然,广告面临的挑战是如何引起关注并获得信任。吉列在 1990 年推出新型自动剃须刀的时候，找到了实现两者的方法。¹² 自动剃须刀是一个突破性的产品，但吉列的问题是如何使人们相信这一事实，毕竟产品的好坏不是厂家说了算。

为了冲破迷雾，吉列推出了一项高调且极具影响力的产品发布活动，以宣传自动剃须刀的技术进步。但更重要的是，活动让人们思考："他们真的花了大笔钱推出这个产品，一定对产品很有信心，我必须要试一下。"消费者是对的。吉列在发布活动上花费了 1 亿美元，如果不是相信人们在尝试后会选择自动剃须刀，吉列不会如此大手笔。吉列也是对的。人们喜欢上了自动剃须刀，吉列剃须刀在全球的销量跃升了 70%。

当银行、咨询公司和其他专业机构在新城市开展业务时，它们经常花费大量资金打造奢侈的办公室。同样，MBA 学生经常穿着昂贵的服装参加求职面试。在每个例子中，大手笔都是一种展示自信的方式。因为如果你有信心人们会发现你很有价值，并且一定会雇用你，你才会敢如此投资自己的行头。

未通过信誉测试

无论是有意还是无意，你所做的一切都会向别人传递信号。出于同样的原因，你未做的一切也会如此。

在故事《银色马》中，夏洛克·福尔摩斯被召来调查一起失踪案。在韦塞克斯杯（Wessex Cup）大赛前几天，一匹马神秘失踪了，而这匹马是赛前最被看好的。很明显，有人潜入马厩带走了这匹马。但是谁干的？他是如何避开看守马厩的狗的？

第七章 战术

格雷戈里警长：还有什么其他要点需要我留意吗？

福尔摩斯：狗在当天晚上的表现很奇怪。

格雷戈里警长：狗在当天晚上什么也没做。

福尔摩斯：这正是奇怪的地方。[13]

福尔摩斯推断带走马的犯人对这条狗来说一定不陌生。事实上，犯人就是驯马师。

像福尔摩斯一样，你可以从那些没有发生的事情中发现很多东西，你必须学会聆听那些没有听到的东西。

沉默的狗　一家大型制造公司计划修建一座有毒废物回收厂，它选择了美国中西部的某个城镇为场地，并向当地居民介绍了它的情况。该公司做出了三个承诺：为社区带来急需的就业机会；投资改善当地的学校；建造一座完全安全的工厂。

尽管如此，当地人仍不信服。万一存在健康危害怎么办？这对一个本就经济萧条的城镇来说，无异于雪上加霜。房产价格会进一步下跌，如果人们那时候再想离开，就无能为力了。仅仅是大家认为新工厂可能会对健康造成危害，就是一个问题。为了不至于掉队，人们可能会立即卖掉自己的房子，这会导致房产价格的持续下跌。明天房产价格下跌的预期会导致今天房产价格的下跌。

有一个解决方案。如果该公司的承诺是靠谱的，那么房产价格暴跌的风险很小。事实上，情况甚至会反过来。随着更多的就业机会和更好的学校出现，房产价格几乎肯定会上升。因此，对该公司而言，解决方案就是保护居民免受房产价格下跌的影响。公司本应该在建厂之前，首先聘请独立评估师评估房产价值，然后宣布它愿意在五年内按照当前评估价购买任何人的房子。

五年的时间足以解决大家在安全问题上的各种顾虑。与此同时，增加就业和社区投资的收益会越来越明显。人们会看到他们的房产价值上升，而不是下降，也就没有人愿意让公司按照之前的估值买断自己的房子，那么担保最终并不会让公司付出任何代价。

可是当向公司提出这一战术时，管理层拒绝了。他们私下讨论："我们不能那样做，这会花掉我们一大笔钱。大家都会跑来占我们的便宜。"在这一点上，你就能理解为什么公司不能取信于当地居民了。拒绝提供保证说明了很多问题，如果你都不愿意赌一把，你怎么能说服别人？

以下是如何建立自己的信誉并被他人认可的总结。

信誉测试

1. 如果你有真材实料，就用实力来证明：
   - 接受按绩效计酬的合同。
   - 提供担保。
   - 提供免费试用。
   - 做广告。
2. 你未做的事也会传递信号。
3. 要求其他人向你展示他们是可信的：
   - 提出按绩效计酬的合同。
   - 要求担保。
   - 请求免费试用。

2. 保留迷雾

一旦你成功说服人们你真的有能力，下一个挑战就是如何保持人们的这种认知。如果人们获得了新信息，而改变了他们对你能力的看法，那么你失去的会比得到的更多。所以你必须阻止这类新信息的发布。

隐藏信息

我们已经了解到，有人希望迷雾不散。比如，编辑不希望自己的判断受到怀疑，如果他能说服出版商花足够的钱来推销一本书，那么这本书就不会失败，编辑也不会被质疑。但谁知道如果没有大力营销，这本书会成功还是失败？招聘人员也有类似的动机让他们选择的应聘者成功，而不是让他们的判断受到质疑。

无论何时，你认可一个项目，人们就会根据项目最后的结果来评判你。同样，当你不认可一个项目时，人们也会评判你，但这只发生在其他人认可这个项目并执行得很好时。

被看走眼的《E.T.外星人》 在好莱坞，电影制片人靠他们的成功作品而闻名。例如，杰弗瑞·卡森伯格（Jeffrey Katzenberg）以制作《美女与野兽》《阿拉丁》《狮子王》和其他迪士尼热门电影而广为人知。罗伯特·纽梅尔（Robert Newmyer）和杰弗瑞·西尔弗（Jeffrey Silver）因出人意料地制作出诸如《性、谎言和录像带》《圣诞老人》之类的热门电影而声名鹊起。

但比起推出好作品更难估量的是，电影制片人拒绝了多少好剧本。到底错过了哪些机会？在很大程度上，好莱坞制片人都是隐藏这些信息的高手。如果这些信息传开了，对他们没有任何好处。

好莱坞大亨弗兰克·普莱斯（Frank Price）取得了许多令人瞩目的成功，但大家永远记得当年他以 10 万美元的价格出让了《E.T.外星人》的制作权。作为哥伦比亚电影公司当时的总裁，普莱斯拥有《E.T.外星人》和《外星恋》的制作权。他的观点是，市场空间不容许一年内同时上映两部关于外星人的电影。普莱斯是正确的，但他选择制作了《外星恋》，却把《E.T.外星人》卖给了环球电影公司。后来《外星恋》的票房总计 2900 万美元，而《E.T.外星人》超过 4 亿美元。[14]

《外星恋》的失败不是问题，毕竟没有人能保证所有的电影都能成功。问题是普莱斯错过了《E.T.外星人》实在令人可惜。如果《E.T.外星人》没有成功，又有谁会注意这件事情呢？大家都了解普莱斯眼光独到，他不需要证明自己，但是《E.T.外星人》的成功让人们意识到普莱斯这次看走了眼。

每当你拒绝一个项目时，你自然希望它永远不会成功。诚然，如果其他人接手了这个项目并失败了，说明你的决定是正确的，但你不会收到多少赞扬。反过来，如果有人接手了项目并取得了成功，你的判断力就会受到质疑。一旦你决定拒绝下注某件事，就别让人们关注这件事的后续成功与否。因为无论结果如何，你都不会有所收获甚至会有很多损失。保留迷雾，这样对你最好。

跟随羊群 由于害怕被证明是错误的，很多人喜欢从众，这样的场景司空见惯。曾经，所有养老基金都一窝蜂地购买 IBM 的股票，然后又抢着售出。[15] 曾经，出现了一股企业合并的浪潮，各家公司都争相合并成为企业集团。而这波浪潮退却后，各家公司又开始剥离无关的业务，"专注"又成了新的浪潮。

经济预测者们似乎都做出了非常相似的预测，而且在大多数情况下，这些预测都是非常错误的。一个原因是，他们都使用相似的模型和相同的历史数据；另一个原因是，预测者害怕冒风险，害怕被证明是错误的。伦敦商学院教授兼首席商业策略顾问约翰·凯（John Kay）解释了这一现象：

即使事实证明他们错了，预测者也认为口径一致很重要。例如，银行坚持认为，近期（英国）衰退的深度和房地产市场崩溃的程度是无法预测的。如果可以预测的话，那么那些对20世纪80年代过度放贷负有责任的银行将犯下重大过失罪，而不是事件的无助受害者……出于合理的理由预测错误比预测正确还重要。[16]

如果你随大流，你的成败也会随大流。迷雾被保留了下来。如果你是对的，你不会脱颖而出，但如果你错了，你也不会有什么风险和责任。如果结果证明你做了一个错误的决定，你可以说："谁会知道呢？看看其他人也做了同样的决定，当时每个人都认为这是最好的做法。"幸运的是，没有人会质疑你的判断。

躲藏在迷雾中，可以为失败寻找合理的借口。作为教师，我们注意到，有些学生有挂科的危险，但他们却并没有认真备考。显然，他们虽然容易挂科，但他们可以把考不好解释为没有学习的结果。为此，他们不需要做深刻的自我反省。人们会为自己设定不可能完成的任务，这样当他们失败了，他们的能力也不会被质疑。每个人，包括当事人自己，仍然处于幻境和迷雾之中。

即使驱散迷雾有90%的概率会带来一些好的东西，也还是有10%的概率会把坏的东西暴露出来，而造成巨大的风险。陷入财务困境的保险公司大陆集团（Continental Corporation）就是这样想的。

CNA 保险公司（CNA Insurance）对大陆集团进行了收购投标，出价远好于竞争对手保险伙伴公司（Insurance Partners）。作为投标的一个条件，CNA 要求对大陆集团进行全面的尽职调查。如果审计没有发现任何重大问题，CNA 将继续进行交易；否则它将完全退出。尽管价格颇具吸引力，大陆集团董事会还是拒绝了 CNA：

1994 年 11 月 17 日，董事会召开会议，详细审查了 CNA 的提案……以及 CNA 要求进行深入尽职调查及其带来的各种风险，包括 CNA 可能不投标的潜在负面效果，影响市场和评级机构对公司的看法，也影响保险伙伴公司继续进行交易的意愿。由于董事会对此类潜在负面效果的担忧，董事会未接受 CNA 的提议（大陆集团股东委托书，1995 年 3 月 29 日）。

董事会不准备冒丝毫风险，担心 CNA 万一在完成审计后拒绝交易，那么每个人都会以为 CNA 发现了一些非常不好的内幕，搞不好保险伙伴公司和其他潜在的竞标者都会被吓跑。评级机构可能会降低大陆集团的信用评级；客户可能会失去信心，随之和其他公司开展业务。如果真是这样，那么对大陆集团来说将是一场灾难。

大陆集团董事会拒绝了 CNA 的出价，固然增加了招标失败的可能性，但它这样做是为了保留基本的迷雾而让自己更加安全。最后，CNA 放弃了进行全面尽职调查的要求，交易得以顺利进行。大陆集团和 CNA 皆大欢喜，既完成了交易也没有发现任何问题。

隐藏信息

在给人留下良好印象之后，为了保持这种印象，人们可以：

- 遮掩他们曾经拒绝过的项目。

> - 从众。
> - 制造失败的借口。

谈判战术

谈判通常是在迷雾中进行的，人们往往会在其中迷路，搁浅谈判。第一种错误是过度强调和坚持你的需求，以至让谈判破裂。第二种错误是试图通过透露一些信息来增强自己的优势，却弄巧成拙，暴露了一些敏感信息。第三种错误是当求同存异更有利于达成协议时，却强迫大家达成共识。本节，我们将研究这三种谈判错误并提出一些解决方法。

交易调解 谈判充满了虚张声势和故作姿态，谈判双方会提出极端的要求，试图在后续的谈判中处于有利的地位。在这种情况下，如果你暴露了真正想要的东西，你会发现自己很被动。谈判中最好能采取一些强硬态度，但如果每一方都表现得强硬，协议就很难达成。谈判陷入僵局，交易无法实现，谈判双方都无法获益。

让我们举一个实际的例子来分析这个问题。你有东西要卖，你正在和一个潜在的买家交涉。你的底价是 100 美元，少一点都绝不会卖。为了保持合理和公平，你要价 120 美元，但买家拒绝了你。更糟糕的是，现在他知道你的底价低于 120 美元，所以他所有的还价都低于 120 美元，即使交易成功，你的售价也可能非常接近 100 美元。这似乎既不合理，也不公平。

下一次再遇到这种情况，你决定要价远高于 100 美元。于是你要价180美元，而买家砍价到140美元，但这次你坚持不让步。事实上，买家的出价上限是150美元，他的140美元出价是真诚的，他根本付不起你的报价。这样你拒绝让步，就等于彻底终止了交易。

要求少会让你得到的也少，而坚持太多可能会让你一无所获。这两种方式显然都不可取。

问题不在于参与者，而在于博弈本身。芝加哥大学商学院教授罗伯·格特纳（Rob Gertner）和纽约大学法学院教授杰弗瑞·米勒（Geoffrey Miller）想出了一个更好的博弈。他们设计了一些巧妙的规则，使人们能够合理报价而不牺牲大家的利益。他们称这种谈判方法为"交易调解机制"。[17]

以下是交易调解机制的工作原理。买卖双方同意聘请中立的第三方作为调解员。卖家私下告诉调解员他愿意卖出的价格，同样，买家也会私下告诉调解员他愿意购买的价格。调解员检查两个价格是否交叉，即买家的报价是否超过卖家的报价。如果超过，调解员计算平均价，卖家和买家以该价格进行交易。如果两个价格没有交叉，调解员不会透露任何一方的价格，他只宣布价格没有交叉。[18] 买卖双方依然都不知道对方的报价，于是可以毫无偏见地继续谈判。

回到我们的例子。现在你作为卖家可以安心地要价120美元。如果买家向调解员报价超过120美元，交易将以中间价成交。也就是说，如果买家报价160美元，他最后要付给你140美元。你自然没问题，因为你得到的比你的要价更多。虽然买家现在知道你要价120美元，并且可能因为没有给调解员报更低的价格而自责，但他现在说什么都太晚了，博弈已经结束了。这就是规则。作为卖家，你受到了保护。

如果买家给调解员的报价低于120美元，比如110美元，该怎么办？那么这笔交易就无法完成。没错，你和买家必须尝试其他方式以达成交易。但如果你在一开始提出的报价就是合理的，你在随后的谈判中就没必要妥协。调解员透露的只是价格没有交叉，买家知道你的要价高于110美元，但他也只知道这一点，他不知道你是要求多一点还是多很多。由于买家没有足够的信息去获得你的报价，你再次受到了保护。

交易调解机制允许人们躲在幕后进行谈判。通常，当你提出报价时，你会暴露你的信息，交易调解机制保留了迷雾，让你无须透露太多信息。在谈判各方都感到足够安全并提出合理的价格时，他们更有可能达成协议。当协议对双方都有益，成交的机会就会大大提升。

格特纳和米勒设想将交易调解机制引入到诉讼前和解协商环节。你可能愿意支付10万美元来解决某件事，但你不想让对方知道，除非对方愿意现在就解决。因为如果不这样的话，透露你愿意支付10万美元这件事可能会促使对方决定诉诸法庭而不是继续谈判。解决方案是双方在一开始就同意使用交易调解机制。

交易调解机制的价值显然不仅限于法律纠纷，这个机制还可以应用于各种各样的情况。你愿意支付一笔不菲的费用雇用员工、购买一块土地或一项专利，但你不想为此多花冤枉钱。你希望员工愿意接受更少的薪资，土地所有者急于出售，或者专利所有人急切渴望看到他的想法被商业化，但这些人也都不愿意吃亏。在所有这些情况下，使用交易调解机制将为谈判蒙上一层面纱，允许双方隐于幕后，带着诚意进行谈判。

在谈判中，你所知道的和其他人所知道的并不是唯一重要的事情。你知道别人知道什么吗？别人知道你知道什么吗？其他人知道你对他们所知道的知道多少吗？事实上，当你知道别人也知道的事情时，别人是否知道你知道这件事会有非常不同的结果。

袋中的猫　我心里有些不愉快的事，我怀疑你知道我在想什么，但你知道我怀疑你知道吗？我相信你可能知道，但我不确定。我们心里有所怀疑，但是不需要被揭穿，有些想法最好不说出来。

当我说出心中的想法时，一切都会改变。现在你肯定知道我在想什么了，而且你知道我知道你知道，你甚至知道我知道这一切。迷雾散去，真相再也无法隐藏。正如人们所说的，猫已经被放出来了。这将是一个麻烦，因为一旦猫被放出来，就不容易再被塞回袋子里了。

在婚姻纠纷中，离婚可能就是袋子里的那只猫。如果事情无法解决，你可能会想离婚。你可能会认为你的配偶正在怀疑你有离婚的念头，甚至可能会认为你的配偶能感觉到你认为她/他正在如此怀疑。但最好还是不说出来。无论你和你的配偶间有多么严重的问题，只要你们两个都愿意努力，总有机会解决问题。但一旦离婚的威胁被明确抛出来，再想解决问题就变得更加困难了。对你想法的所有怀疑现在都消失了，你已经明确透露你正在考虑离婚后的生活。当你的配偶得知你已经迈出了这一步，还怎么会继续努力修补你们之间的关系呢？

如果你威胁说除非满足某些条件否则就离婚，你可能会得到这样的回应："哦，你想要离婚，是吗？那就离吧。"即使你只是想要婚姻有一些改变，而不是真的离婚。但为时已晚。离婚的威胁一旦明确了，便很可能成为现实。最好还是让猫一直待在袋子里。

我们在这本书的开头问："如果商业不是战争，也不是和平，那它是什么？"我们说过这是战争与和平。但在我们举办的一个研讨会上，一位与会者回答说："这是婚姻。"他说得很有道理。无论是商业关系还是个人关系，都有竞争与合作的因素。我们在一个领域的经验会帮助我们更好地理解另一个领域。在商业关系中，就像在婚姻关系中一样，有些想法最好不说出来。

第七章 战术

商业谈判通常包括承诺和威胁，而其中一些威胁最好是含蓄的。我们目睹了一个案例，一个供应商因合同续签谈判进展缓慢而感到沮丧，威胁说如果买家不同意供应商条款，他将切断与买家的联系。买家在短期内向供应商让步，因为别无选择，但伤害已经造成了。买家看到供应商毫无顾忌地对他造成伤害，觉得很难继续合作。他开始着手确保自己不会再陷入这种弱势，于是找到了新的供应商，甚至找到了新供应商的后备军。一旦时机成熟，买家就会停止与原供应商的业务往来。

供应商应该做什么？他应该让买家自己意识到如果谈判陷入僵局可能会发生什么。如果买家继续拖延，供应商可以建议找一位调解员。一个熟练的调解员应该知道，他的部分工作是帮助各方看到未能达成协议的后果，他会帮助买家明白，如果自己过于强硬，供应商很可能会终止合作。买家需要自己面对这个事实，但如果是供应商主动威胁，就是让猫离开袋子，这意味着关系的结束。如果有第三方帮助买家看一下袋子，发现里面有一只猫，很可能就会避免买家的拖拖拉拉。

对于谈判破裂的后果，买卖双方都需要保持在迷雾中，迷雾不一定很浓，但一定要有。交易调解机制将有助于双方都保持在迷雾中。

当缺乏经验的谈判者对缓慢的进程感到沮丧时，他们往往会开始出言不逊，甚至开口威胁。这显然是个错误。如果你不确定自己是否应该保持沉默，那么最好考虑找一位调解员。

谈判是为了达成协议，但这并不意味着每一方都必须意见一致。即使大家坚持不同的看法，也可以达成协议。事实上，意见存在分歧可以更容易地让协议达成。下面是一个改编的故事，讲述投资银行与其客户在意见不一致的情况下如何就费用达成一致的谈判。

存异求同　客户是一家待价而沽的公司，投资银行已经锁定了潜在的收购方。投资银行一直在认真地对待这份工作，现在是时候签署收费协议了。

投资银行想要收取1%的收购价作为佣金，但该客户估计收购公司大概会出价5亿美元，那么自己得出500万美元的佣金，这费用显得太高了，于是提议收取0.625%的费率。投资银行认为收购价格接近2.5亿美元，接受客户的建议会将预期收入从250万美元降至150万美元左右。在公司的市场价值方面，最终会有一方被证明更加正确，但此时大家都在迷雾之中。

投资银行自然认为自己最清楚。它本可以试着说服客户，5亿美元的估值是不现实的，因此客户对500万美元费用的担忧是毫无根据的。然而，客户根本不想听到自己估值太低的表述。面对这么低估值的前景，客户可能会退出交易，甚至不再和投资银行合作，这样的话，投资银行将收取不到任何费用。

客户的乐观情绪和投资银行的悲观情绪创造了达成协议的契机，而没有带来争论。最终，双方同意0.625%的费率和250万美元的最低保证金。这样，客户得到了他们想要的百分比，并认为保证金无关紧要。只有在收购价格低于4亿美元时，保证金才会生效，而客户预计价格将高于4亿美元，费率为0.625%。投资银行在最初的提议中预计会有250万美元的进账，现在这笔收入也得到了保证，尽管他们同意了较低的佣金比例。

单就佣金比率进行谈判，本质上是零和博弈。如果费率从1%降至0.625%，客户获胜，投资银行则失败。而如果费率从1%降至0.625%的同时，再加上最低佣金保证，则可以带来双赢。在这里，双赢完全是因为双方的观点不一致。

该公司与投资银行之间的谈判只是该公司与其最终买家之间真正

第七章　战术

谈判的热身。在后面与最终买家的谈判中，我们依然可以看到不同的认知能促成双赢。

该公司老板认为，业务可能会持续以每年10%的速度增长，因此他们的5亿美元要价是合理的。买家则预测增长比较平稳，出价2.5亿美元。[19] 买家可以尝试告诉该公司老板他太过于乐观，但这将是一个错误。相反，买家利用不同的认知达成了协议。

买家提供了现金和基于公司未来业绩的延迟付款混合方案。如果公司增长平稳，总价格就会很低；如果公司继续高速增长，那么卖家就会得到他想要的东西。保留迷雾的好处是，双方对协议的看法不同：买家认为他付得不多，而作为卖家的公司老板则认为他们得到了很多。[20]

迷雾中的谈判

错误

1. 透露你能接受的底线。你可能只能得到那个底线价格，不能再高了。就算你强势也没用，这只会导致僵局。

2. 明确地威胁对方。即使威胁已经隐隐存在，但将其明确表达会彻底改变对方的心态，让谈判没有余地。

3. 试图解决你和对方之间的意见分歧。这很难做到，而且可能适得其反。

解决方案

1. 建立交易协调机制，以促进双方谈判顺利进行。

2. 邀请一位调解员，帮助对方理解谈判破裂的后果。

> 3. 认识到你和对方在哪些地方一致，哪些地方不一致，利用认知的差异创造双赢的交易。

3. 激起迷雾

如果说服不了别人，那就把他们整蒙。

——哈里·杜鲁门（Harry Truman）

简单有时是一种美德，但有时候你需要让事情变得复杂，甚至不可预测。你需要激起迷雾。简单的博弈很快就会被人看透，你可能并不总是希望人们看穿你在做什么。

玩扑克牌时，如果你只在有一手好牌的情况下才下注，那你不太可能赢太多钱。因为玩过一段时间后，其他人会看穿你的所作所为。在毫无迷雾的情况下，他们会意识到，每当你举起手来都是因为你手里有好牌，所以他们不会跟。但这给了你一个虚张声势的好机会。当你拿到一手烂牌时，你加注别人也不敢跟，就可以因此赢一些钱，不过最好别让别人识破。果真如此吗？博弈论理论家汤姆·谢林（Tom Schelling）教授指出，虚张声势后被人识破可能会带来更大的收益，因为你真的把迷雾激起来了。如果人们发现你凭一手烂牌还能加注，那么等到下次你加注，他们会更想跟注来挑战你，不过那时你却有一手好牌。

如果人们完全了解你在做什么，结果可能会弄巧成拙。因此，美国国税局（Internal Revenue Service）必须对其税务审计方法进行保密。如果人们知道什么会引发审计，那么不老实的纳税人将能更好地规避

第七章 战术

审计。国税局的审计方法的保密性使其成为一种更有效的执行机制。这也是为什么有些公司会对员工进行随机毒品检测或进行突击内部审计。不可预测是有效性的关键。

在华尔街,一些人喜欢把事情变得复杂,并以此谋生。他们会选择一种简单的金融工具,如抵押贷款,然后将其分成数个组件,并确保每个组件都可以单独交易,于是一个市场变成了数个市场,大大增加了交易范围。因为每个组件都是独立交易的,所以价格不容易掌控。如果这些组件的价格被集体低估,交易者就可以买下所有组件,将它们重新组装起来制造出原始的金融工具,然后出售并从中获利。[21] 耶鲁大学管理学院金融学教授史蒂夫·罗斯(Steve Ross)用一个精辟的例子解释了交易员看重复杂性的原因:"并不是每个人都能意识到果肉、种子、果皮和果汁可以组合成橙子。"

制造复杂

复杂的定价机制激起了一团迷雾,掩盖了真实价格。从卖家的角度来看,这样的效果有时求之不得。任天堂游戏机以 100 美元的价格发行,这听起来很便宜,但父母们很快就会发现花钱如流水。购买这台游戏机只是一个开始,重头是游戏卡带。平均而言,每个家庭会为这台游戏机购买 8~9 个卡带,每个售价为 50~60 美元,总支出大约550 美元。如果父母们一开始就清楚这个数字,也许他们会拒绝孩子想购买任天堂游戏机的恳求。

微软 Windows 95 以 85 美元的价格推出,但果真便宜吗?是的,但没有看起来那么便宜,人们会很快发现其中还隐藏着不少开销。为了有效运行 Windows 95,他们必须购买更多的内存条(360 美元)、更大的硬盘（200 美元）和更快的微处理器（300 美元）。软件的费用是众所周知的冰山一角，还有 90%的开销是隐藏的。

如果卖家因需求激增而涨价，消费者会特别不高兴，这就是为什么卖家有时试图将价格上涨隐藏在迷雾中。在大学城，毕业周总是缺少旅馆房间。就有些酒店只卖四天套餐，而不直接涨价。去大学城参加孩子毕业典礼的父母可能只想在一个房间住一晚，但他们必须多买三晚。净效应与房价上涨 300%没有什么不同，但人们之所以不会这样认为，也许是因为他们有了可以多住几晚的选择。在 1995 年去日内瓦参加电信大会的与会者还遇到了更夸张的做法。为了应对铺天盖地的住宿需求，有一家酒店，地点理想，并以每晚 350 美元的合理价格提供客房，但要求最低入住时间为 40 晚。难以置信！一位被派去议价的资深谈判专家回来说："我想方设法将最低住宿时间缩短到 26 晚。"[22] 不错，但电信大会只持续 10 天。

你可能会认为酒店的这些花招激起不了什么迷雾，这些只不过是变相涨价而已。尽管如此，即使是制造一点迷雾也比直接涨价要好得多。1992 年安德鲁飓风肆虐之后，佐治亚太平洋公司（Georgia-Pacific）从这场灾难中发了不义之财。结果，该公司陷于自己制造的舆论风暴中心，公众对其提出了猛烈的抨击，甚至连佛罗里达州总检察长办公室都对此进行了调查。如果佐治亚太平洋公司只是小幅涨价，作为交换条件，它可以从客户那里得到长期合同。它可以跟客户这么说："如果你同意在货源充足的时候从我这里购买，我会在货源短缺的时候卖给你。"这肯定比赤裸裸的涨价更高明。

大多数时候，复杂的定价机制掩盖了高昂的价格。但有时候，卖家为了隐藏他们的低价，也会把事情搞得很复杂。他们愿意以低廉的价格出售自己的产品，但为了避免造成低质量的印象，他们隐藏了低价格。

第七章 战术

微软的 PowerPoint 演示软件在刚问世时远远落后于市场占有率第一的哈佛图形（Harvard Graphics），即使后来微软将其改进到超过竞争对手的水平，消费者还是继续使用哈佛图形。为了增加销量，微软本可以尝试降低 PowerPoint 的价格，但人们可能不相信便宜的软件会比 290 美元的哈佛图形更好。因此，微软将 PowerPoint 的定价维持在 339 美元的高位，但也将该软件与更流行的 Word 和 Excel 一起纳入其 Office 软件套件。想到购买 Office 软件套件就可以免费享用价值 339 美元的 PowerPoint，人们便迫不及待地想要尝试。今天，PowerPoint 是演示软件的绝对领导者。

复杂的定价机制使得买家很难进行价格比较，也让试图打入市场的竞争者一头雾水。如果消费者不能完全弄清楚所有的价格是怎么算出来的，他们怎么能判断哪家更便宜呢？如果他们不能，那么在大多数情况下他们不会考虑更换卖家。

打对电话 你要为一分钟的长途电话付多少钱？不确定？大多数人都搞不清楚错综复杂的通话费率。在美国，日间电话、晚间电话、州内长途电话、州外长途电话、国际电话、运营商辅助电话等都有不同的费率。这简直就是一场大迷雾，大家都置身其中。

在日本，情况更复杂，那里的电信公司甚至对本地电话都收费。这种定价迷雾对 DDI（第二电报电话株式会社）来说是个问题，因为它试图与占主导地位的运营商 NTT（日本电报电话株式会社）争夺市场份额。对于某些呼叫，DDI 更便宜；对于其他的，NTT 更便宜。但哪家公司总体上更便宜？这一切都取决于你的呼叫模式，而这很难预测。消费者没有充分的理由转向 DDI。如果你知道一个特定的呼叫在 DDI 上会更便宜，你可以通过使用四位数前缀来路由该呼叫，但这很麻烦。

DDI 找到了解决这个问题的方法。DDI 与主要股东京瓷（Kyocera）合作，开发了一款可嵌入手机内部的芯片。芯片存储了 DDI 和 NTT 的通话费率，并能自动将每个电话都转给费率较低的电信公司。[23] 每当费率发生变化时，DDI 通过线路就能将新的费率信息发送到手机内的芯片。现在，消费者根本不必担心迷雾，因为芯片会为他们进行比价；而 DDI 肯定会在价格更好的时候获得他们的业务。

"芯片手机"是 DDI 开拓业务的重要互补品，其增加了 DDI 服务的价值，DDI 的低费率也使这些手机更有价值。松下和三洋等电子产品制造商非常乐于制造芯片手机，因为它们可以帮消费者节省话费，这非常有卖点。因此，DDI 也得到了松下和三洋的帮助，将芯片手机成功带入大众家庭。

复杂的定价机制有很多成本。客户在迷雾中晕头转向，可能会感到困惑和沮丧，这会损害他们对产品的印象。就航空公司的定价机制而言，20 世纪 80 年代，收益管理系统的发展导致市场上出现了大量不同的票价。到了 20 世纪 90 年代初，票价的复杂性已经失控：仅美国航空就有近 50 万种票价，这是一场管理噩梦。计算机也许能够梳理清楚，但无论是旅行者还是旅行社都无法做到。

高空迷雾　1992 年 4 月，美国航空试图通过"价值定价计划"来驱散这场迷雾，其首席执行官鲍勃·克兰德尔（Bob Crandall）这样解释这一举措：

在盲目追求利润的过程中，我们的定价变得如此复杂，以至于我们的客户既不理解它，也不认为它是公平的……通过采用一种强调简单、公平和物有所值的新方法，我们希望重新获得客户的认可……我们称之为价值定价。[24]

价值定价极大地简化了票价结构。从现在起，只有四种票价：头

第七章 战术

等舱票价、经济舱票价和两种折扣票价。其他航空公司积极回应，在美国航空采取行动的48小时内，联合航空也制定了自己的"公平票价"简化方案。阿拉斯加航空、西部航空、大陆航空、达美航空、西北航空和全美航空也很快效仿美国航空，采用简化的定价机制。阿拉斯加航空的发言人惊呼道："如果我们是一家大型航空公司，我们会首先这样做。这是一个重磅炸弹。"[25]

对价值定价的模仿是良性的。模仿美国航空的公司越多，航空行业的定价就越简单，这意味着心怀不满的旅行者和旅行社减少了。当然，这对航空公司来说也是个好消息。价值定价以另一种方式改变了博弈。当定价博弈在迷雾中进行时，航空公司总是会有偷偷降价的动力。一家航空公司可能希望在其他航空公司觉察并做出反应之前，偷偷降价并窃取一些市场份额。有了价值定价，博弈变得更加透明。偷偷降价的机会减少了，因此尝试这样做的动力也减少了。简化定价意味着价格更加稳定，这对航空公司来说显然有利。

没想到环球航空是一个搅局者，它将价值定价视为降价和窃取份额的天赐良机。显然，它认为只有四种票价可供选择的美国航空不太可能做出什么反应，因此就在美国航空宣布价值定价后的第三天，环球航空就降低了票价，比美国航空低10%~20%。作为对环球航空此举的回应，西部航空、大陆航空和全美航空开始跟进降价。一周后，美国航空迫于压力开始效仿，全面降价发生了。

在接下来的几个月里，随着越来越多的航空公司推出折扣和促销活动，价值定价丧失了势头，简化定价的优势逐步被蚕食了。例如，西北航空推出了一项鼓励家庭旅行的促销活动，其"成人免费飞行"活动会为陪伴儿童的成年人提供一张免费机票。

到了 1992 年 9 月，美国航空承认价值定价已经失效，并决定回到以前的状态。为什么价值定价会失败？环球航空和西北航空这样财务紧张的航空公司对于短期现金的需求十分迫切，无法抗拒降价的诱惑。它们无法等待价值定价承诺的长期收益。另一个原因是，鲍勃·克兰德尔在美国航空任职期间，并没有在行业里赢得好口碑，所以无论价值定价这个主意有多好，有些人就是不赞同它。这种双输的心态有助于解释美国航空业当年是为什么会亏损近 50 亿美元的。

复杂定价机制

1. 隐藏高价。
2. 隐藏投机定价。
3. 隐藏低价，保持高品质的形象。
4. 让消费者无法货比三家。

但同时，

1. 增加管理成本。
2. 使客户无所适从。
3. 助长竞争对手暗中降价。

塑造舆论

许多博弈的结果最终由公众舆论决定。在这里，认知不仅是博弈的一部分，而且是整个博弈。在本节中，我们将讨论如何参与这种博弈以及如何不卷入其中。

第七章 战术

CBS 被黑 在老布什总统任期的最后几周，国会第一次也是唯一一次推翻了他的总统否决权，强行通过了 1992 年的《有线电视消费者保护法》（后简称"1992 年法案"）。1984 年，有线电视行业放松了部分管制，从那时起，电视费率以通胀率的三倍增长。1992 年法案旨在重新规范有线电视行业，它还包含一条鲜为人知的条款，也就是允许全美 1152 家广播公司在必载（Must-Carry）和转播准许（Retransmission Consent）两种模式之间进行选择。

广播公司如果选择必载模式，就可以保证自家节目可以在有线电视上播放，但也就不能向有线电视运营商收取节目费用了。广播公司如果选择转播准许模式，那么双方可以自由协商节目费用。如果双方无法达成协议，广播公司可以收回准许，有线电视运营商将不得不停止转播该公司的节目。美国广播公司（ABC）、哥伦比亚广播公司（CBS）、全国广播公司（NBC）和福克斯（Fox）四大广播公司旗下的大多数电视台都选择了转播准许这个选项。

广播公司曾游说将转播准许条款纳入 1992 年法案，当法案通过时，他们热情满满。CBS 主席拉里·蒂什（Larry Tisch）吹嘘道，广播公司可能"每年从有线电视那榨取 10 亿美元的准许费"。[26]

以电信股份有限公司（TCI）和时代华纳有线电视公司为首的有线电视公司宣布，在任何情况下都不会为广播公司的信号付费，它们也不愿意将这些成本转嫁给客户。[27]TCI 主席约翰·马龙（John Malone）的回应是："我们会倾听任何为消费者增值的方案。我们不愿意参与一个零和博弈，将财富从消费者那转移到 CBS 主席拉里·蒂什手中。"[28]

为了将此事公布于众，时代华纳特地聘请了公关广告策略公司 SSK（Shepardson Stern and Kaminsky）。莱尼·斯特恩（Lenny Stern）向我们解释了他们是如何激起迷雾的。他的市场研究表明，当提及蒂什曾吹嘘赚取有线电视公司 10 亿美元时，消费者会本能地认为蒂什的 10 亿美元就是直接从他们的腰包里来的。当被要求预估可能产生的额外费用时，消费者担心他们每月要多付 15 美元的有线电视费用。这一切都被认为是极不公平的：为什么有线电视用户必须支付额外的费用，而隔壁装了天线的邻居却可以免费观看无线电视？

消费者的计算是否准确，或者支付准许费是否公平，这些都无关紧要。一如既往，这场博弈是关于认知的。蒂什在没有任何解释的情况下抛出了 10 亿美元的数字，这让人们可以随意解读。时代华纳有线电视公司和 SSK 抓住了这个机会，制造了有利于有线电视公司的舆论：如果广播公司按照自己的方式收取准许费，最终买单的是消费者。让我们来看一下它们当时宣传的代表性广告：

> 很快 你最喜欢的
> 喜剧片会
> 因为太贵
> 让你开心不了
>
> 告诉广播公司，你不会为免费电视付费。
> CAST YOUR VOTE FOR FREE TV. CALL 1-800-FREE TV 3.
> YOUR LOGO HERE

第七章 战术

如果蒂什能换一种方式来表达，事情就不至于如此了。事实上，消费者对每月额外支出15美元有线电视费用的担忧是毫无根据的。有线电视用户有6000万户，而蒂什的10亿美元是4家广播公司累计12个月准许费的总和。如果平摊下来，每家广播公司每个月增加的收费仅为35美分，而这才是蒂什应该强调的数字。为了公平起见，蒂什可以把矛头指向那些只给有线电视播放的频道，如CNN和ESPN，因为它们会根据节目的热门程度向有线电视公司收取每月每户10~40美分不等的费用。CBS比这些频道都受欢迎，每个月收取35美分的费用已经很便宜了。

蒂什甚至可能扭转局面。到那时为止，四大广播公司都免费提供节目给有线电视公司，而有线电视公司则向用户收取每个频道每月75美分的费用。蒂什本可以公开挑战有线电视公司："如果你每月少收客户75美分，我将继续免费提供CBS节目。"如果有线电视公司拒绝这一挑战（我们猜测应该是拒绝），那么蒂什就会要求CBS也必须分享这75美分，这才是公平的。

四大广播公司确实试图提出这些要求，但为时已晚，有线电视公司已经成功地将广播公司抹黑。当有线电视公司和广播公司开始协商收费时，广播公司正处于弱势。如果谈判破裂，公众会指责这些广播公司。

最终，四大广播公司都同意了免费转播，但其中三家还是拿到了一些安慰性的补偿。福克斯很早就出手了，而且做得最好。1993年6月，TCI和福克斯宣布了双方的协议：福克斯同意转播，而TCI同意向福克斯支付每个用户每月25美分的频道费用。美国广播公司（ABC）和全国广播公司（NBC）也从有线电视公司那里得到了类似的协议，尽管条件没那么慷慨。[29] 它们三家都因有线频道而获得了报酬。CBS

239

坚持得最久，除了被黑了一把，什么都没有：

拒绝了付转播费，现在又拒绝了 CBS 的有线频道，除了想让我们卑躬屈膝，我们不知道有线电视公司到底想要什么。

——拉里·蒂什（Larry Tisch），CBS 董事长[30]

谁是真英雄 1994 年 10 月，弗吉尼亚州林奇堡学院（Lynchburg College）的数学教授托马斯·尼克利（Thomas Nicely）发现了英特尔奔腾（Pentium）芯片在除法运算上的一个缺陷。英特尔在夏天就已经知道了这个缺陷，但计算出平均每 90 亿次运算才发生一次错误，一般用户需要等待 27000 年才会遇到问题，于是英特尔决定不去披露这个缺陷。

但当尼克利在互联网上发布了这条消息之后，人们感到格外震惊。首先，他们对计算机芯片可能会产生数学错误的问题感到震惊。其次，他们更为震惊的是，英特尔已经知道了缺陷却没有告诉他们。英特尔辩称人们反应过度，但也提出可以根据具体情况召回并更换奔腾芯片。

12 月初，正当圣诞季即将来临之际，IBM 突然宣布奔腾芯片的缺陷比英特尔对外宣布的情况要严重得多。根据 IBM 的计算，电子表格用户可能每 24 天就会遇到一次问题，而不是每 27000 年一次。为了保护客户权益，IBM 暂停了所有内嵌奔腾芯片计算机的发货。

在接下来的几个月里，关于英特尔和 IBM 谁对谁错的争论一直持续着。[31]IBM 制造了英特尔无法消除的严重不确定性。在 IBM 宣布声明的一周后，英特尔改变了立场，提出了无理由退货政策。

乍一看，IBM 就像一个见义勇为的好人，为客户服务，但不尽然。IBM 仍在推动其 486 芯片驱动的计算机，而奔腾芯片驱动的计算机只占其销售额的不到 5%。相比之下，大多数硬件制造商，如宏碁、AST、戴尔、捷威（Gateway）、佰德（Packard Bell）和其他公司都在大力推广奔腾计算机。如果客户在意奔腾芯片的运算缺陷，会为了安全购买486计算机，这将对IBM有利。还有一个事实是，IBM正在开发PowerPC芯片，这款产品与英特尔的产品线构成了竞争。如果英特尔的声誉受损，IBM自然不会介意。

但IBM自己也做错了判断，它试图激起迷雾，但事与愿违。不少观察人士质疑IBM只是为了私利攻击英特尔，一旦英特尔改进了退货政策，客户就会蜂拥返回购买奔腾计算机，从而使IBM大量落伍的486计算机滞销。此时，IBM已经很难赶上奔腾的潮流了。

4. PART 是全部吗

你可以通过改变人们的认知来改变博弈，这是战术。从某种意义上说，每一件事都可以被看作一种战术。你所做的一切和你未做的一切都会传递信号，这些信号塑造了人们对博弈的认知。所有人对博弈的共同认知构成了博弈本身。你需要将这些认知都考虑到，才能真正理解你在参与什么博弈，并控制自己如何改变博弈。

我们现在已经研究了四个策略工具：参与者、附加价值、规则，以及本章中的战术。就是这样了吗？PART 是策略工具的全部吗？

原则上是这样的，因为在基本层面上，博弈只有一场。每个人都直接或间接地与其他人互动，以追求自己的各种目的，一切最终都互相联系在一起。包含所有这些相互联系的博弈可能是极其庞大的，但理论上这就是博弈，而且我们可以用参与者、附加价值、规则和战术（合在一起就是 PART）描述这场有点神话般的庞大游戏。如果 PART 能够处理如此庞大游戏的所有复杂性，那么它将是一套完整的策略工具。

当然，现实并非如此。为了分析事物，我们需要把事物分解。人们会划定界限，把事情分区处理，而且知道其他人也一样。每个人都像是同时参与诸多或多或少彼此独立的博弈。

这为改变博弈提供了另一个工具，这个工具最终与我们目前讨论的所有工具一样重要：你可以改变博弈的界限，改变博弈的范围。这是我们下一章的主题。

第八章　范围

没有人是孤岛，孑然一身；

每个人都是大陆的一小块，主体的一部分。

——约翰·邓恩（John Donne），《祷告》

没有任何一场博弈是孤岛。即便如此，人们还是会划定界限，将世界划分成许多独立的博弈。这很容易让人们陷入孤立地分析这些独立博弈的陷阱，却忽略了这些独立博弈之外更大的博弈。问题是我们心中的界限并不是真正的界限，其实真正的界限根本就不存在。每个博弈都与其他博弈相关联：一个地方的博弈会影响其他地方的博弈，今天的博弈会影响明天的博弈，甚至对明天博弈的预期也会影响今天的博弈。

理解、掌控和改变博弈之间的链接是我们第五个，也是最后一个，策略工具。第一步是识别博弈之间的链接。链接就在那里，即使你看不到它们，你仍然可以被它们绊倒，正如我们在"博弈论"一章中看到的爱普生进入激光打印机市场的故事。一旦你识别了这些链接，你就可以利用它们为自己带来好处。链接并非一成不变：你可以在博弈之间创建新的链接，也可以切断现有的链接。通过这样做，你可以改变博弈的范围。

1. 博弈间的链接

博弈之间可以存在哪些类型的链接？幸运的是，我们已经知道这个问题的答案。前面说过，实际上只有一个"大"博弈——一个跨越空间、跨越时间、跨越世代的博弈。任何两个博弈，无论看起来多么不相干，实际上都只是这个大博弈的组成部分。根据定义，这个神话般的大博弈是一个没有界限、没有明确范围的博弈，因此 PART（参与者、附加价值、规则和战术）就是描述这个大博弈的所有元素。

既然 PART 描述了整体，它们也一定可以描述整体的各个部分是如何结合在一起的。也就是说，它们一定能够描述两个博弈之间的链接，因为任何两个博弈都只是大博弈的组成部分。那么，PART 就是对博弈之间的链接进行分类的方法。

让我们从参与者开始。无论何时，你的博弈中如果有一个参与者同时也参与了另一个博弈，那么这两个博弈就有了潜在的链接。[1] 共同的参与者可以是你的价值网络中的任何人——你的客户、供应商、竞争者或互补者。当然，也可能是你自己。不过，共同参与者的存在只表示两个博弈之间有存在链接的可能性。至于如何确定这两个博弈是否真有链接，以及如何链接，你得从 PART 的另外三个元素着手。

只要你的客户或供应商参与了多个市场，附加价值就会让链接产生。我们在"竞合"一章中对互补的讨论都是关于这种类型的链接的。例如，英特尔的博弈和微软的博弈间存在链接。首先，它们共享相同的客户。不仅如此，英特尔还提高了微软的附加价值，反之亦然。人

第八章 范围

们贷款买车，所以卖车的博弈和贷款的博弈间也存在链接。福特认识到了这一链接，所以决定加入信贷的博弈。福特汽车信贷提高了福特在汽车销售博弈中的附加价值。但另一方面你需要谨慎的是，当你进入另一个博弈时，你最终有可能与自己竞争，而不是互补，进而降低你在原始博弈中的附加价值。我们后边会再看一下任天堂和软皂的故事，但会将重点放在产品拼并的问题上。

规则对参与者的行为施加了限制，这些限制可以将不同的博弈链接起来。我们已经在"规则"一章中看到了这种效果：最惠客户条款造成卖家无法与不同的客户独立议价。在本章中，我们将再次从 B2B 的领域开始，通过合同期限的选择来研究博弈间的链接。接着，我们将从折扣制定的规则探讨大众消费市场中博弈间的链接。

最后，两个博弈间之所以存在链接，还有可能仅仅是因为有人认为二者有关。因此，战术通过改变认知，可以改变博弈之间的链接。例如，发出威胁和立下先例都是通过在博弈之间建立链接而起作用的战术。我们将分析利用这些战术的一些例子，然后再用本书中的第一个案例，NutraSweet 和荷兰甜味剂公司之间的故事，作为结尾。

正如链接的分类所示，原则上本章中的每一个案例都可以放到本书前面的章节来讲述，但是从"范围"的角度来思考在实践中非常有用。把一切都看成一场大型博弈显得太复杂了，因此本章就是帮助大家缩小思考的范围。我们在这里提到的案例强调了两种策略——建立那些本不能自然形成链接的博弈间的链接，或者切断那些本就自然链接的博弈间的链接。在每一个案例的博弈中，一定会有一个或多个共同的参与者。

2. 通过附加价值链接

新入行的厂商面临许多不利因素，他们缺乏成熟的产品和品牌、忠诚的客户、生产经验以及与供应商的合作关系。作为挑战者，如果你与现有厂商正面交锋，你很可能会失败。你能做的几乎每件事，现有厂商都能做到，甚至做得更好。简而言之，你没有什么附加价值。

但你不必硬碰硬，相反，你可以利用你的目标业务和市场上现有厂商业务之间的链接。你可以做一些现有厂商无法做的事情——他们只要做就会损害自己现有的业务。你得让现有厂商进退两难。他们可以追赶你，也能追赶上你，但他们没有。那是因为如果他们这样做了，就会降低他们在原始博弈中的附加价值，而且代价很高。所以，他们只能对你置之不理。

柔道竞技

日本的柔道艺术教导人们如何利用对手的重量对抗对手，将对手的优势转化为弱势。在商业上，利用柔道策略借助博弈间的链接，可以将现有厂商的优势转化为劣势。世嘉正是利用柔道策略击败电子游戏巨头任天堂的。[2]

我不喜欢一家公司垄断整个行业。

——中山隼雄（Hayao Nakayama），世嘉总裁[3]

超级索尼克 在"附加价值"一章中我们提到，1990年任天堂的

第八章 范围

市值超过了索尼和日产，马里奥的名气也超过了米老鼠。三年后，在美国儿童中马里奥仍然比米老鼠受欢迎，但还有一个更受欢迎的角色出现了：超级索尼克。[4]这个索尼克是突然冒出来的吗？

索尼克是世嘉创造出来的电玩角色。虽然无法在 8 位游戏市场中立足，但世嘉没有放弃。相反，它开发了一个更快、更强大的 16 位游戏系统。任天堂花了两年时间才推出了自己的 16 位游戏机，但在超级索尼克的加持之下，世嘉已经在市场上站稳了脚跟。

难道仅仅是运气让世嘉在 16 位游戏市场中获得了如此长的蓄力时间？还是任天堂犯了什么错误？答案比这更复杂，但关键在于博弈之间的链接。新的 16 位游戏市场和旧的 8 位游戏市场紧密相连，当世嘉推出 16 位游戏机时，任天堂的 8 位游戏机正值巅峰，这让世嘉有机会利用任天堂的力量来对抗任天堂。

世嘉起源　世嘉（Sega）这个名字虽然听起来非常有日本味道，但实际上它是英文"Service Game"服务游戏的缩写。1951 年，该公司由两名美国退役军人在东京创立，主要业务是进口游戏机和自动点唱机到驻日美军基地。几年后，另一位美国退役军人大卫·罗森（David Rosen）也成立公司向日本进口游戏机。1965 年，这两家公司合并成为世嘉公司。不久之后，世嘉推出了一款鱼雷游戏《潜望镜》（*Periscope*），结果在日本取得了巨大成功。世嘉将《潜望镜》带到了美国，在那里它打破了 10 美分的价格传统，成为第一款收费 25 美分的街机游戏。世嘉的成功引起了海湾西部集团（Gulf & Western）的注意，该集团于 1969 年收购了世嘉。

世嘉凭借其在街机游戏上的经验进军家庭电子游戏领域，于 1983 年推出了 8 位游戏机 SG-1000。但 SG-1000 从未真正火起来，在日本和美国总共售出不到 200 万台。世嘉无法打破任天堂构建的良性循环。

海湾西部集团对世嘉失去了兴趣，并于 1984 年将世嘉出售给了一个管理收购团队。大卫·罗森、中山隼雄（日本世嘉总裁）和日本软件公司 CSK 联合起来以 3800 万美元收购了世嘉。

新的开始：创世纪 1988 年 10 月，重获新生的世嘉推出了 16 位家庭电子游戏机"世嘉五代"（Mega Drive）。以世嘉街机为基础的售价 21000 日元（165 美元）的世嘉五代与 8 位游戏机相比，优势明显，包括更好的音质、更丰富的色彩和多层次图像的显示能力。

世嘉将自家的许多街机游戏都移植到了世嘉五代上，但发现很难找到愿意为其开发游戏的第三方软件开发商。因此在上市后的第一年，世嘉五代的销量仅为 20 万台。

世嘉的 16 位家庭电子游戏系统于 1989 年 9 月进入美国市场，并更名为"创世纪"（Genesis），售价 190 美元，游戏则定价在 40～70 美元。世嘉推出了一些热门游戏，但都没有大卖，其中一款基于世嘉街机游戏的《兽王记》（*Altered Beast*）还因画面暴力而备受争议。流行歌星迈克尔·杰克逊协助世嘉开发了《月球漫步》（*Moonwalker*），这是一款让玩家扮演杰克逊在游戏中利用自己的舞蹈技巧战胜来犯者的游戏。世嘉也建立了其他分销渠道，通过软件零售商 Electronics Boutique、巴贝奇（Babbages）和 software ETC 公司销售产品。尽管如此，销量仍然增长缓慢。

世嘉的运气从 1990 年开始变好，当时中山隼雄聘用了曾在火柴盒公司（Matchbox）任职的汤姆·卡林斯克（Tom Kalinske）来领导世嘉的美国业务。卡林斯克意识到："我们必须将世嘉创世纪的价格降低 50 美元。我们必须捆绑我们最好的游戏《超级索尼克》一起销售，并向全世界宣传我们比竞争对手更好。"[5]1991 年 6 月，预装着《超级索尼克》的创世纪以 150 美元的价格发售。"创世纪能做任天堂做不到的事"的宣传口号，把世嘉的产品打造成了值得拥有的酷炫游戏机。销量随即飙升，软件开发商争相为创世纪开发游戏软件。

超级任天堂 任天堂自20世纪80年代末就开始开发16位电子游戏机，但任天堂并不急于将其推向市场。在世嘉入场之前，任天堂安于扩大8位游戏机的客户基础，从而为其未来的16位游戏机培养更多的潜在客户。任天堂的想法是，当前的8位游戏机可以与未来的16位游戏机相辅相成。等到适当的时候，即充分销售8位游戏机之后，再来慢慢销售16位游戏机。正如任天堂美国公关总监比尔·怀特（Bill White）解释的那样："任天堂的理念是，我们还没有将8位游戏机的价值发挥到极致。"[6]

如果任天堂太快进入16位游戏市场，甚至存在软件公司和零售渠道商放弃8位游戏市场的风险。因为软件公司可能会转向16位游戏，减少开发新的8位游戏。零售渠道商可能会削减分配给8位游戏机的货架空间，并对在售的8位游戏机进行打折清仓。8位游戏机是任天堂生金蛋的鹅，为什么要冒险杀死它？

在世嘉推出16位游戏机后，这些想法变得毫无意义。然而任天堂仍不着急，认为消费者会一直等待自家的16位游戏机。世嘉推出世嘉五代一年后，任天堂又找到了让日本消费者再等一段时间的方法。1989年底，该公司预先发布了16位游戏机"超级任天堂"（Super Famicom），新机大约一年后开始上架。任天堂的王牌设计师宫本茂打造的16位游戏《超级马里奥世界》也同时发布。在五个月内，售价32000日元（200美元）的超级任天堂的销售额就超过了竞争对手。任天堂总裁山内浩（Hiroshi Yamauchi）对超级任天堂的成功毫不惊讶，并重申了他的观点,"游戏的本质就是游戏"。[7]

在美国,任天堂依然不急于进入 16 位游戏市场。遵循在日本建立的模式,直到 1991 年 9 月,世嘉推出创世纪两年后,任天堂才将其 16 位游戏机引入美国。该机更名为超级任天堂娱乐系统(Super NES),售价 200 美元,游戏的价格在 50~80 美元。

16 位游戏机大战　当任天堂最终进入 16 位游戏市场时,世嘉和任天堂就 16 位游戏机的竞争愈加激烈。两家公司大打价格战,免费送游戏软件,并竞相推出更多的新游戏。截至 1991 年底,创世纪共推出 125 款游戏,而超级任天堂只有 25 款。任天堂声称已经销售了接近 200 万台 Super NES,但世嘉认为其最多售出 100 万台,而创世纪的销售量才真正超过了 200 万台。1992 年 5 月,任天堂降低了 Super NES 的价格,以跟进世嘉创世纪 150 美元的定价。任天堂声称拥有 16 位游戏机 60% 的市场份额,而世嘉宣称自己拥有 63%!就在同一个月,任天堂和世嘉又各自以低于 100 美元的价格推出精简版的 16 位游戏机,竞争更加激烈。

推迟 16 位游戏市场的激烈竞争成为任天堂不急于入场的一个很好的理由。一旦任天堂加入博弈,就会有竞争,从而导致 16 位游戏机的价格大幅降低。这会缩小 8 位游戏市场的蛋糕和任天堂在 8 位游戏市场上的附加价值。1991 年,8 位游戏机卡带的价格下降了 20 美元,且只有 75 种新的 8 位卡带上市,还不到前几年的一半。8 位游戏市场的蛋糕没有消失,但少了一半。[8]

只要任天堂让世嘉独占 16 位游戏市场,16 位游戏机的价格就会一直居高不下。高价格缓和了新技术对旧技术附加价值的影响。通过避开与世嘉竞争,任天堂做出了一个经过深思熟虑的权衡:放弃一块 16 位游戏市场的蛋糕,以延长8位游戏市场的寿命。考虑到8位游戏市场和16位游戏市场之间的链接,任天堂推迟入场的决定是合理的。

尽管如此,这仍是一个艰难的抉择。因为任天堂推迟入场,世嘉得以暂时垄断美国的16位游戏市场,并几乎建立了良性循环。直到1994年9月,经过三年的追赶,任天堂才在16位游戏市场中超越了世嘉。

哈佛商学院的多萝西·伦纳德·巴顿(Dorothy Leonard Barton)教授解释说,一个公司在上一代技术中的核心能力可能会演变为下一代技术中的"核心僵化",这是老牌资深的参与者通常难以向下一代技术顺利过渡的原因之一,也是技术变革经常被挑战者用来颠覆现有市场统治者的原因之一。[9]不过,世嘉获得机会窗口的故事还是有所不同,毕竟任天堂已经储备了16位游戏机技术。

许多人批评任天堂迟迟不出手,他们认为如果没有其他公司推出16位游戏机,任天堂的拖延还可以理解,但世嘉推出了创世纪,任天堂就应该立刻行动。由于拖延,任天堂把市场让给了世嘉,它显然忘记了一句谚语:"与其让别人帮你吃,不如自己吃。"宁可让自己的产品互相侵蚀也不能让别人吃了自己的蛋糕。

我们认为推迟入场的决定显然不是一个错误。任天堂面临着大多数成功公司都会面临的典型困境:你已经开发出了一款很棒的产品,并且在市场上占据了主导地位,但随后一位挑战者又带来了一项卓越的新技术。只要挑战者垄断了新技术,他就有动机对新技术收取高价,这会限制新技术普及的速度。对你来说这是一个好消息,因为这也延长了原有产品在市场上的寿命。一旦你进入新技术的市场,你就得与挑战者正面竞争。新技术的价格将会下降,而你原有产品的附加价值也会下降。[10]爱普生吃了亏才吸取了这一教训,而任天堂则显得小心翼翼。虽然你不能永远停在当前的技术阶段,但这并不意味着你应该马上跳进新技术的市场。

至于世嘉，它将任天堂在 8 位市场的优势转化为在 16 位市场的劣势，但这正是因为世嘉没有严重破坏 8 位市场。如果世嘉当初为了其 16 位游戏机的销量开始降价与 8 位游戏机竞争，那么任天堂就不会面临进退两难的困境。任天堂如果迅速加入 16 位市场，将不会有什么损失，但这将使世嘉生存得更加艰难。柔道策略正是基于这样一个理念：如果现有公司一无所有，就会破罐子破摔，挑战者也会一无所获。

世嘉和任天堂在 16 位游戏市场中的故事展示了挑战者如何将现有公司的优势转化为劣势，为自己创造机会窗口。即使有时这很难做到，挑战者仍然可以使用柔道策略抵消一些现有公司的优势。

失败的恐惧　在"附加价值"一章中，我们讲述了企业家罗伯特·泰勒和他的软皂洗手液的故事。泰勒的问题是如何防止宝洁和利华兄弟等公司复制他的想法，结果各大公司都采取了观望态度，他得到了一个机会窗口。[11]

为什么各大公司都在观望？因为一开始洗手液能否成功还是未知数。虽然洗手液很方便，并且解决了固体肥皂的皂渍问题，但这不是技术上的突破，没有足够的理由让人们放弃使用固体肥皂。

考虑到洗手液概念的不确定性，各大巨头按兵不动，等着看泰勒的好戏。对巨头们来说，贸然跳进洗手液市场只是在验证一个不挣钱的产品门类。洗手液不太可能扩大整个肥皂市场的蛋糕，而如果泰勒成功的话，洗手液的销售一定会挤占传统固体肥皂的市场。[12]

这些行业巨头可能认为，如果泰勒的洗手液真的开始挤占固体肥皂市场，他们就自己生产洗手液。到时，他们会用自己的洗手液来蚕食自己的固体肥皂市场，而不是让泰勒去做。"与其让别人帮你吃，不如自己吃。"但各大巨头一定认为，他们可以等到时机成熟的时候，再推出洗手液产品，并且仍然能够收回他们丢失的大部分市场份额。毕竟，他们有销售渠道和品牌优势。

泰勒通过在全国范围内大力推广软皂，再次在试销市场上取得成功后，各大巨头觉得自己推出洗手液的时机成熟了。但就在这时，各大巨头却发现洗手液瓶子上的塑料泵缺货。你们还记得吧，泰勒订购了1亿个塑料泵，锁定了供应商一年的产能。

等巨头们克服了这一障碍，他们会发现自己又面临着一个艰难的决定：应该在新的洗手液产品上使用自己固体肥皂的品牌吗？例如，宝洁应该以其旗舰品牌象牙还是以新品牌名称推出其洗手液产品？象牙这个品牌会大大增加宝洁洗手液产品成功的机会，但它也将在洗手液博弈和固体肥皂博弈之间建立更紧密的链接。如果宝洁的洗手液产品失败了，其利润丰厚的固体肥皂业务也将受到损害。

有几个理由让宝洁对这两场博弈之间的链接感到紧张。首先，洗手液根本不是真的肥皂，而是一种去污剂产品，有着完全不同的化学配方。消费者对肥皂持非常保守的态度，过去他们一直抵制使用含去污剂的清洁皂。[13] 其次，洗手液原本只出现在公共场所中，其能否成为居家日用品还有疑问。如果消费者不喜欢象牙牌的洗手液配方，或者如果他们将其与不干净的公共场所环境联系起来，宝洁公司宝贵的象牙品牌将受到连累。

以上关于洗手液的不确定性暂时抵消了巨头们的优势。因为他们不想损害自家品牌的巨大附加价值，于是决定独立于固体肥皂的博弈，创建新的洗手液博弈：他们进入了洗手液市场，但没有使用原有固体肥皂的品牌名称。宝洁试销了一种名为飘柔的洗手液，不过测试失败了，于是再度搁置洗手液上市计划。阿莫大雅也决定不在其洗手液产品上冒伤害黛亚品牌的风险，于是取了"Liqua 4"这个听起来像引流器的名字，但在市场上也失败了。三年后，宝洁终于推出了象牙牌洗手液，除冠上值得信赖的品牌名称外，还推出了极优惠的价格、大力促销、折扣券和大波广告。象牙牌洗手液获得了成功，占据了 30%的市场份额。

由于各大巨头的拖延，泰勒有足够的机会为软皂建立稳定的品牌忠诚度。即使在象牙牌洗手液上市之后，软皂仍保持其市场领先地位。

软皂的故事表明，如果你的产品可能会失败，你倒有了做得更好的机会。全力投入有失败风险的新产品会给老牌公司带来很多损失，因此他们很可能会退缩。新产品的失败会损害他们其他产品的附加价值，特别是如果新产品与现有产品存在明显联系。因此，他们可能会避免使用现有的品牌名称。他们不想把经过验证和未经验证的博弈联系得太过紧密，所以在新产品被证明会成功之前，他们会保持谨慎。正是这些不确定性抵消了老牌公司的主要优势。

不确定性是挑战者的朋友。当然，不确定性不能太高，也不能太低。诀窍是保持适中的不确定性，这样会促使现有公司保持克制、小心观望，并与新博弈保持一段距离。

总结一下本节中世嘉和软皂两个故事：两位挑战者都使用了柔道策略为自己创造了机会窗口。世嘉的成功得益于任天堂不愿扼杀 8 位电子游戏市场，而软皂的成功得益于宝洁不愿冒伤害象牙品牌的风险。

柔道竞技

挑战者如何对抗现有公司的力量？

策略

1. 挑战者对优质新产品的定价足够高，以避免蚕食现有产品的销售市场。

第八章 范围

> 2. 挑战者押注于一种未经验证可能会失败的产品。
>
> **策略奏效的原因**
>
> 1. 现有公司不会立马跟进挑战者的产品,因为模仿将引发价格竞争,并加速对其现有产品市场的蚕食。
>
> 2. 现有公司可以模仿挑战者,但不会贴上其现有品牌的名称,因为担心如果产品失败,现有品牌会受连累。
>
> 在这两种情况下,现有公司都面临两难境地。

旧不如新

上边提到的16位电子游戏的故事是一个经典的案例,展示了现有厂商如何推迟推出下一代产品,以限制其与当前一代产品的竞争。不过即使决定推出下一代产品,他们也依然会遇到困境,因为新事物与旧事物之间毕竟总是存在着竞争。因此,当你推出新产品时,需要防止新产品因为与旧产品竞争而流失附加价值。为了保护你的附加价值,你需要尽快切断新博弈和旧博弈之间的链接。

修订或消失 这可能很难相信,但一些大学教科书每年都会推出新版本。当然,教科书会过时,需要修改,但也不需要那么频繁。为什么出版商如此频繁地修改教科书?

真正的原因是,旧课本是新课本的绝佳替代品,尤其是当新课本需要花费50美元或更多钱时。高年级学生非常乐意将他们用过的书卖给下一届学生,来收回他们早先买书的费用。学生倒是赢了,但是出版商输了。

今年的教科书销售博弈与去年的博弈相关联。去年的新教材变成了今年的旧教材，削弱了今年新教材的附加价值。为了保持市场对新教材的需求，出版商必须找到一种方法让二手书退出市场。他们开始切断去年博弈和今年博弈之间的链接。

出版商的具体策略是不断改版。教师更喜欢用最新版本的教材来教授课程，这使得以前的所有版本都过时了。新学生现在有很大的动力购买新书。而市面上的二手书对新书附加价值的影响就变小了。

教科书的频繁改版是有效的，但代价也是高昂的。出版商也可以尝试一些其他策略。譬如，他们可以在出售课本的同时出租课本，比如 60 美元买，30 美元租。这样，如果不是专门为了保留教科书，学生们就不会购买，二手书的问题也就迎刃而解了。未来，电子出版将使出版商对教材内容有更多的控制权，他们能够通过在整个课程期间提供网络访问来"租用"书籍。但这并不意味着频繁的修订将成为过去式，相反，出版商将能够更加频繁地修改内容，但此时仅出于内容修改的需要。[14]

出版商不是唯一玩改版博弈的人，软件开发商是这方面的高手，服装设计师、唱片公司、香水制造商、美食杂志和汽车制造商也是。今年推出的新样式、新声音、新气味、新味道和新感觉让去年的那些显得过时，人们必须不断购买才能跟上潮流。

这种不断淘汰产品的策略也可能会做过头，让我们回到 16 位电子游戏的故事。

任天堂的工程师需要决策新的 16 位游戏机能否兼容 8 位游戏。他们决定不向下兼容。一个原因是这会降低新硬件的成本，但还有另一个原因：如果 8 位游戏能在 16 位游戏机上运行，这将降低所有 16 位游戏机的附加价值。[15] 向下不兼容使孩子们可能已经拥有的或者他们的朋友可能借给他们的所有 8 位游戏都过时了。正如出版商强迫学生购买最新版本的教科书一样，任天堂强迫其 16 位游戏机用户购买新游戏软件。

任天堂可能有点聪明过头了，它并没有独占 16 位游戏市场，而且在博弈中落后于世嘉。但它确实有潜在的优势，自任天堂独霸 8 位市场以来，它推出了大量 8 位游戏软件，如果任天堂向下兼容，这将是它的一大卖点。一位行业分析师表示，"只要任天堂推出 16 位游戏机，它就将重新回到原点……与世嘉势均力敌地开展竞争……"[16] 然而任天堂的 16 位游戏机未能如愿。通过使其 16 位系统与 8 位系统不兼容，任天堂多此一举地将自己的竞争优势清除了。

3. 通过规则链接

规则是改变博弈范围的直接工具。我们将在本节中分析两个案例，一个适用于 B2B，另一个则与大众消费市场相关。在 B2B 交易中，你可以通过约定与客户和供应商签订的合同期限来控制博弈的范围。如果你每年签一次合同，那么你创造了一系列一年期的博弈，而如果签的是五年期的合同，那么你就将五个一年期的博弈变成了一个五年期的博弈。如果你有能力，你就可以控制博弈的时间长短。

长期合同还是短期合同　两个供应商——你的现任供应商和新来的挑战者——正在为你的业务竞争。这两个供应商条件非常相似，每个都能满足你的需求，因此两者都没有多少附加价值，这时候你应该如何做？

首先要制定规则。你是希望每年签一次合同让供应商每年都进行一次博弈，还是签长期合同让供应商不用频繁博弈？

如果你签署短期合同，最后的结果可能会让你感到失望。当供应商能参与很多短期博弈时，他们之间的竞争反而不会那么激烈。毕竟，每次竞标成功得到的都只有一份为期一年的合同，这不足以刺激挑战者给出激进的报价。别忘了投标的八项隐性成本：现任供应商和挑战者两者的角色会在其他地方发生转换，挑战者也不想为了一份短期合同而激怒现任供应商，况且挑战者本身的获胜机会也没那么大。对现任供应商来说，输掉一次竞争并不是一场灾难，明年还会有机会，或者今年会有其他机会。无论哪家供应商赢得了你的合同，另一家供应商都可能在其他地方赢得类似的合同，你的博弈并非如此重要以至让供应商背水一战。在这种情况下，供应商之间可以达成一种"公平共处"的协议。

博弈之间的这些暧昧链接对你没有好处。你希望供应商认真对待当前的合同谈判，做到全力以赴，甚至不顾会对其他地方的博弈产生什么影响。

你可以通过扩大博弈的范围来实现这个目的。你提供的合同期限越长，供应商就越会将你的博弈视为一劳永逸的竞争。这份长期合同现在具有了很大的价值，足以刺激挑战者积极报价，而不顾会对其他地方的博弈产生什么影响。现任供应商将认为失去这份多年合同等同于世界末日，下次竞标要等到猴年马月了。

如果你处于强势地位，还有另一个理由来提供长期合同。你的供应商明年可能会比现在有更多的附加价值，因此你应该抓住机会，在掌握优势的同时锁定优势。有了一份长期合同，就好像明年的谈判今天就已经谈妥了，这样你就可以更好地预防形势发生变化。

我们非常清楚将短期合同转为长期合同的有效性。我们就曾坐在桌子的另一边，看着别人用这种策略来对付我们的客户。客户觉得他们必须在价格上更加激进才能签下合同，尽管他们不喜欢这样的规则，但他们没有权力改变。

如果你是市场上稀缺的一方，请让你的客户和供应商来竞争长期合同。相反，如果你是市场上不稀缺的一方，那么你就选择短期合同。总之，如果你稀缺，就签长期合同；如果你不稀缺，就签短期合同。当然，只有当你处于稀缺状态时，也就是当你拥有更多附加价值时，你才有可能让大家按照你的规则行事。

最后请注意，长期合同很难制订，因为需要考虑方方面面的意外情况。出于这个原因，长期合同很难写得面面俱到，很可能有人会因此和你重新谈判。

长期合同

如果你有实力，就要求你的供应商（或客户）竞争你的长期合同。

好处

- 由于供应商（或客户）只有一次机会，他们会全力以赴展开激烈的竞争。
- 你有实力，应该好好使用它，并巩固自己的优势。

坏处

- 长期合同很难制订，也很难执行。

在研究完 B2B 规则如何链接博弈的案例之后，我们现在转向大众消费市场的案例。我们将研究一个非常有效的定价规则：套餐折扣。套餐折扣将销售一种产品的博弈与销售另一种产品的博弈链接起来。

在下面的真实案例中，我们将使用一些简化的数字来解释套餐折扣背后的精妙理论。

折扣价值　华纳兄弟公司同时拥有《亡命天涯》和《人鱼童话》两部电影，你可以说它们都是关于逃跑的，但除此之外，这两部电影毫不相关，既不竞争也不互补。它们共享的只是华纳兄弟出品这个名头。然而，华纳兄弟还是能找到理由将这两部电影捆绑销售。

在影院上映和电影录像带租赁高潮期结束后，华纳兄弟准备将这两部电影的录像带推向大众消费市场。应该收多少钱？我们设想一下华纳兄弟对400名常买录像带的消费者进行了调查，结果显示了四个同等规模的细分市场：

- 100人愿意为《亡命天涯》支付20美元，但对《人鱼童话》没有兴趣。
- 100人的偏好正好相反：他们愿意花20美元购买《人鱼童话》，但对《亡命天涯》不感兴趣。
- 100人表示，他们愿意以每部20美元的价格购买这两部电影。
- 100人表示他们喜欢这两部电影，但热情有限；他们愿意为每部电影支付15~20美元，为了方便后续分析，我们且说他们愿意支付17.50美元。

华纳兄弟制作录像带的单位成本约为5美元，一半是制作外壳、盒式磁带和包装的费用，一半是广告和运输费用。

根据所有这些信息，华纳兄弟决定把每部录像带的售价定为19.95美元，扣除录像带商店的渠道费9美元后，净价格为10.95美元。以这样的价格，华纳兄弟可以销售400部录像带，《亡命天涯》和《人鱼童话》各200部。为了吸引第四个细分市场的客户，再额外销售200

部录像带，华纳兄弟必须将价格降至 17.50 美元。这值得吗？原本的 400 部录像带，每一部降价的成本是 2.50 美元，更准确地说是 2.45 美元，总成本约 1000 美元。降价会带来额外 200 部录像带的销量，每一部的毛利为 3.5 美元（17.50－9－5 美元），收益仅为 700 美元。因此，华纳兄弟决定将这两部电影的售价定为 19.95 美元，这意味着第四个细分市场的客户不会购买这两部电影。

但这对客户和华纳兄弟来说都是损失。其实有一种方法可以将录像带卖给第四个细分市场的客户，且不会损失利润。

电影制片公司该做的是用定价规则将这两个博弈链接起来：购买《亡命天涯》就可以获得《人鱼童话》5 美元的优惠券，或者反过来也一样。本质上来说，就是同时购买《人鱼童话》和《亡命天涯》可以获得优惠 5 美元的折扣。[17]

该折扣对第一个和第二个细分市场的客户没有影响。他们仍然会以 19.95 美元的价格购买其中一部电影，而不会同时购买两部。第三个细分市场的客户原本就打算购买两部电影，现在他们可以节省 5 美元。对华纳兄弟而言，这 100 部录像带少赚了 5 美元，即总共少赚 500 美元。不过它能吸引第四个细分市场的客户购买，在套装零售价 35 美元的情况下，扣除两部录像带的渠道提成 18 美元，华纳兄弟获得了 17 美元，计算上成本 10 美元，则每套录像带的利润为 7 美元，总计 700 美元。尽管销量与先前降价策略下的完全相同，但现在净利润增加了。套餐折扣让制片公司用 500 美元的成本多赚了 700 美元，这才是正确的做法。

如果制片公司将每部录像带的价格分别降低 2.50 美元，那么效果就不理想；但如果将这两部录像带绑定在一起降价 5 美元，那么效果就非常好。这听起来很神奇，其背后的逻辑是只对精准的少数客户群进行刺激，折扣的效果是一样的，但折扣的成本降低了。

在本案例中，折扣套餐中的两部电影都归一家制片公司所有，但如果这两部电影由不同的制片公司所有，套餐折扣的定价规则也同样有效。由于两部电影合并销售的利润会更高，因此总是有办法分配折扣成本，使两家制片公司都有利可图。

这是一个非常通用的定价规则，两种产品或销售它们的两家公司之间不必有任何联系。以下是我们看到的跨公司折扣的一些实例：

- 购买乐柏美保鲜盒（Rubbermaid Servin' Saver），赠送20美分的弗拉西奇（Vlasic）腌黄瓜。
- 在舰队银行（Fleet Bank）开立账户，可以获得达美航空100美元折扣券。
- 在Stop&Shop购物，可以抵扣西北航空的机票价50~100美元。
- 购买SNET手机，可以免费获得AAA道路救援服务。
- 购买虹志微星勇者（AST Bravo）笔记本，可以获得范尔（Vail）滑雪套餐。
- 加入国家租车公司的绿宝石俱乐部，即可享受大莱卡（Diners Club Card）75美元的会费优惠。

套餐折扣比你想象的要广泛得多。随机选择任意两种产品，通过向消费者提供套餐折扣，可以赚更多的钱。套餐折扣真的很神奇，虽然它并不罕见，但也不那么常见，这一策略具有巨大的尚未开发的潜能。

套餐折扣的好处

通过提供套餐折扣，可以在不放弃太多利润的情况下增加销售额。

但还有两件事情需要注意。第一件需要注意的事情是，当把两种产品绑定销售的时候，如果喜欢其中一种产品的人通常也会喜欢另一种产品，套餐折扣的效果就不太好了。想想《星球大战》和《星球大战2：帝国反击战》，而不是《人鱼童话》和《亡命天涯》，在这种情况下，大多数消费者要么同时购买这两种产品，要么两者都不买。如此，套餐折扣更像是一次简单的降价，没有带来任何特殊效果。

第二件需要注意的事情是转售。如果优惠券被转售出去了，那么套餐折扣就失去了价值。实际上，这就等同于每个产品都单独打折。如果优惠券的折扣很小，就不太可能出现转售市场；但如果折扣很大，就会成为问题。有一些巧妙的方法来解决这个问题，例如大学橄榄球的季票通常会打折出售，但有些学校只给你一张季票，而不是一本，这样你就无法单卖一张比赛的票了。

4. 通过战术链接

只要有人认为两个博弈是有联系的，它们之间就存在链接。当有人认为一场博弈的结果取决于另一场博弈时，这两场博弈就变成了一场更大的博弈。通过创造或破坏这些认知上的链接，可以改变博弈的界限。

威胁和承诺是建立认知链接的典型战术。它们的作用是通过你的反应来说服别人做某事或不做某事。人们之所以在某场博弈中做了一些事情，是因为他们认为你会在其他博弈中有所行动。立下先例是另一种建立链接的战术。你今天在博弈中采取的行动，让人们相信你下次在类似的博弈中也会这样做。

你可以单方面建立链接。你只需要让其他参与者相信，你认为两个博弈是有联系的，你会据此采取行动。作为回应，其他参与者也必须将这两个博弈视为彼此关联。

建立链接是一个常用的思路：在谈判中，常常会有一方试图引入另一个议题，而另一方却抵制这样做。在贸易谈判中，链接的概念非常常见。哪些议题可以一起谈？大米和牛肉进口、最惠国地位、人权、军事援助、版权保护、捕鱼权，等等。这些链接可能非常紧密，也可能非常松散。它可以是一种明确的威胁或承诺，也可以是一种模糊的暗示。

链接的关键因素是应变性，也就是另一个参与者必须相信你在一场博弈中采取什么行动，取决于另一场博弈发生了什么；或者你相信对方会相信这一点；或者对方相信你相信对方会相信这一点。归根结底，认知是博弈的一切。

得州电视台的战术　在"战术"一章中，我们看到了广播公司和有线电视公司就转播准许模式进行的谈判，结果是大多数广播公司都输了，其中属哥伦比亚广播公司输得最惨。在这一节，我们将看看得克萨斯州南部的博弈，那里的情况有所不同。

与其他地方的广播公司不同，科珀斯克里斯蒂（Corpus Christi）这座城市的广播公司带头塑造了公众舆论，以免自己被描绘成坏人。位于科珀斯克里斯蒂的 ABC 分支机构 KIII 的所有者和创始人迈克·麦金农（Mike McKinnon）利用自己的影响力发出以下挑战："如果有线电视公司将每个用户的基本费用降低 60 美分，我们将允许他们免费播放我们的全部节目。免费就是免费。"[18] 当地有线电视公司 TCI 每月向用户收取 10.23 美元的基础费用，等于每个频道收费 60 美分，但它不愿意付任何钱给广播公司。既然 KIII 拿不到钱，那么 TCI 也不应该向用户收费。

很多事情到了得州就有点不同。在美国的大部分地区，广播公司经常被买卖,但科珀斯克里斯蒂的三家广播公司都是由最初的创始人所有的。哥伦比亚广播公司旗下的 KZTV 于 1956 年由时年 88 岁的范恩·肯尼迪(Vann Kennedy)创立。NBC 的子公司 KRIS 由小 T. 弗兰克·史密斯(T. Frank Smith, Jr.)于同年创立。麦金农、肯尼迪和史密斯私交颇深,虽然 TCI 尝试分而治之,但三位所有人都坚持到底。他们非常清楚,如果其中一人与 TCI 达成协议,其他两人就不可能向 TCI 收费;如果他们三人都坚持下去,TCI 最终会为他们的节目买单。

谈判到了最后期限,依然没有达成协议,于是三家广播公司都"停播"了。观众们因为他们的有线电视没有播放这三家广播公司的节目而感到愤怒。为了安抚观众的情绪,TCI 紧急分发了 40000 个 A/B 交换机,这些交换机允许用户在有线电视和无线频道之间来回切换,但这种方法治标不治本。

TCI 的用户很不高兴,而 TCI 并不是科珀斯克里斯蒂居民唯一的选择。Omnivision 是一家当地的无线电视运营商,它已经支付了所有三家广播公司的转播准许费,这些广播公司的节目在 TCI 上看不到,但在 Omnivision 上可以看到。因此,用户开始纷纷更换运营商,仅在最初两周,就有超过 2000 人从 TCI 换到 Omnivision。

TCI 决定采取强硬措施。它在得克萨斯州博蒙特找到了一个机会。在那里,KIII 的所有者麦金农处境不妙。麦金农拥有位于博蒙特的 ABC 分支机构 KBMT,而当地另外两家广播公司都已经准许转播。由于麦金农无法承担硬扛所带来的损失,于是他不得不屈服,向 TCI 免费提供节目。但出乎意料的是,TCI 拒绝了他。

TCI 将科珀斯克里斯蒂的博弈与博蒙特的博弈联系起来:如果麦金农想让 KBMT 的节目重新在博蒙特的有线电视上播出,那么他在科珀斯克里斯蒂的 KIII 就得免费提供节目。正如麦金农所解释的:"我们已经准备好在博蒙特让步,但 TCI 高级副总裁罗伯特·汤普森在新闻发布会上表示,他们为了科珀斯克里斯蒂的业务就得绑架 KBMT。"[19] TCI 发言人证实这确实是他们的博弈策略:"如果麦金农在博蒙特得逞,他也会在其他地方得逞。"[20]

麦金农处于进退两难的境地。在科珀斯克里斯蒂,他中断了有线电视节目,但其他两家广播公司也都中断了,所以他并没有失去自己的观众。而在博蒙特,他的 KBMT 是唯一一个中断有线电视节目的广播公司,他的观众正在纷纷转向竞争对手。

在科珀斯克里斯蒂,肯尼迪和史密斯都是麦金农的老朋友,他们都非常了解 TCI 的策略,并认识到麦金农面临的挑战也是他们共同的挑战,因此他们不希望麦金农在博蒙特遭遇困境。如果 TCI 能让麦金农在科珀斯克里斯蒂同意免费提供节目,那么肯尼迪和史密斯的谈判地位将受到严重削弱。于是肯尼迪和史密斯提出了自己的链接战术,他们拒绝在科珀斯克里斯蒂讨论任何 TCI 关于准许转播的提议,除非麦金农的 KBMT 在博蒙特重返有线电视。史密斯评论道:"他们把 KBMT 当作人质。除非 KBMT 的节目能重新播出,否则我们拒绝任何谈判。"[21] 这一战术奏效了:KBMT 在博蒙特重新接通了有线电视,博蒙特和科珀斯克里斯蒂之间的链接也被切断了。

尽管 TCI 不得不向科珀斯克里斯蒂的广播公司支付一定的费用,但它仍然担心开此先河。TCI 不想给人一种它愿意为其他地方的转播准许权付费的感觉,它不希望任何未来的谈判与科珀斯克里斯蒂发生的事情联系起来。

史密斯建议 TCI 想出一个更有创意的方法。正如他所说:"我不在乎谁拿到了钱,但如果他们在有线电视上播放我的 KRIS 节目,就应该有人得到报酬。"[22] 最后拿到钱的是得克萨斯农工大学(Texas

第八章 范围

A&M University）在科珀斯克里斯蒂的校区，TCI 向该校区捐赠了一笔未公开金额的奖学金。作为回报，三家广播公司同意 TCI 的转播。[23] TCI 在科珀斯克里斯蒂采用的间接付款方式保留了一些不确定性，即其他人无法得知 TCI 是否会愿意为其他地方的转播准许权付费。

有些博弈会很自然地产生链接，但没有链接可能对你更好。接下来的案例告诉你，最好不要随意扩大博弈的范围。

不要提不该提的事情　一家大型纺织品制造商的首席执行官梅兰妮又惊又喜，她的一个大客户打来电话要求增加今年的订单量。回到今年 1 月，梅兰妮与这个大客户签订了合同，同意在一年中以固定价格向客户供货。作为回报，这个大客户同意只从梅兰妮这里进货。

好消息是，客户的生意做得很好，可以预测年底前他需要更多的产品。坏消息是，客户想要 10% 的折扣。于是梅兰妮说她需要一点时间再回复。

梅兰妮的首席财务官坚决反对给予折扣。该客户已经同意了先前的价格现在又反悔，给予折扣不仅会让利润受损，还会开启一个不好的先例。客户会认为未来的合同可以随意地重新谈判，更糟糕的是，折扣价格可能会成为未来合同谈判的新基准。

首席财务官希望将折扣与合同延期挂钩，而不仅仅是单方面送钱。客户可能会告诉梅兰妮，只要打折他们就乐意续约，但为什么让本来好好的事情发生变化？首席财务官向梅兰妮建议了交换条件：客户可以得到折扣，但作为回报，要同意将当前合同期再延长一年。

梅兰妮认为这是一种非常危险的策略。当时是 7 月，目前的合同期还有 5 个月。在正常情况下，要到 11 月她才会开始讨论明年的合同，首席财务官提出的这个交换条件让续约问题摆到了眼前，这是她最不想看到的。

梅兰妮知道 11 月是谈判新合同的合适时机。在那时,客户将很难立刻找到替代供应商来交付 1 月份的订单,而如果现在就开始谈判明年的合同,客户将有几个月的时间来物色替代者。这就是为什么她认为最好将折扣和下一份合同的谈判尽量分开。

梅兰妮还有另一个理由让两场博弈分开。除担心现在就开始考虑明年的合同是否明智之外,她还担心客户会反感这种链接。

首席财务官接受了梅兰妮的论点,但反驳道,向客户让步会让他们看起来非常软弱。但梅兰妮的看法不同:她不介意客户怎么看她,到了 11 月谈合同的时候,客户可能会比以往更有信心,因此很容易准备不足。

梅兰妮打电话给客户,重申了根据当前合同要求,客户必须以现在的价格从她这里购买产品,但她很高兴客户生意兴隆,也愿意助一臂之力。所以她问客户真实需要的折扣是多少?客户说是 7%。交易立刻达成。

事实上,年终合同谈判依旧相当艰难,一直拖到了 12 月。最后,客户威胁说,如果梅兰妮不同意他的条件,就会让她离开自己的供应链。梅兰妮告诉客户应该考虑如何获得下个月的货源。客户意识到,在这个紧要关头他真的没有任何替代者可以代替梅兰妮。客户的虚张声势没有发挥作用,最后梅兰妮与客户签订了一份为期多年的新合同,而价格与去年相同,并且只有超过去年总量的额外订单才会获得折扣。

本书的最后一个案例又回来研究阿斯巴甜。我们从荷兰甜味剂公司在 NutraSweet 的专利权到期后进入美国阿斯巴甜市场的故事开始探索 PARTS;我们看到了荷兰甜味剂公司如何帮助可口可乐和百事可乐节省了数亿美元,却没有得到多少回报,但这其实发生在故事的尾声。接下来,我们回头看看当初它们在欧洲进行的揭幕战。[24]

第八章 范围

甜蜜的诱惑 NutraSweet 的欧洲专利权于 1987 年到期，比在美国的早五年。尽管阿斯巴甜的欧洲市场很小，而且并非特别有价值，但是欧洲市场的博弈是美国市场博弈的前哨战。

荷兰甜味剂公司以一家产能 500 吨的小型工厂姿态进入欧洲市场，它采取了柔道策略。NutraSweet 是欧洲的老牌玩家，一直占有欧洲市场，通过降价来争夺小额市场，对 NutraSweet 而言伤害更大。然而，在荷兰甜味剂公司进入市场后不久，NutraSweet 就大幅降价，发起了一场价格战。到 1990 年初，阿斯巴甜在欧洲的价格从每磅 70 美元跌至 22~30 美元，荷兰甜味剂公司陷入亏损。

NutraSweet 到底想干什么？从表面上看，降价没有经济效益。通过大幅降价，NutraSweet 损失了 80% 的利润。让出欧洲的一些市场份额，让自己和对手都能过下去，岂不是更好？

如果只看欧洲市场，那么就把博弈的范围看得太窄了。NutraSweet 考虑到了博弈会扩张到美国市场。荷兰甜味剂公司的 500 吨产能只占全球市场的 5%，这不是问题所在。真正的问题是，如果荷兰甜味剂公司能赚到钱，它自然会有扩张的想法，NutraSweet 希望这种情况不要发生。

NutraSweet 在欧洲发起价格战，就是为了让荷兰甜味剂公司无法获得利润，从而无法进一步提升技术和产量。更重要的是，NutraSweet 的积极回应也起到了杀鸡儆猴的作用。等到 1992 年美国专利权到期，就会有竞争对手进入美国市场，在欧洲的价格战是 NutraSweet 对任何考虑加入美国市场的竞争对手的一个警告。毫无疑问，荷兰甜味剂公司也是被警告的公司之一。

消息已经放出去了，对手应该如何解读？也许 NutraSweet 只是在虚张声势，它敢在欧洲打价格战，并不意味着它有决心在美国也打一场。NutraSweet 在欧洲发动价格战的理由是阻止竞争对手进入美国市场。但如果失败，最后还是有竞争对手进入美国市场，那么 NutraSweet 发动第二次价格战的理由就不存在了，因为到那时 NutraSweet 就没有任何其他更重要的市场需要保护了。

其实荷兰甜味剂公司如果从 NutraSweet 的角度来思考就会发现，在美国市场发动价格战几乎没有任何好处。事实上，NutraSweet 将会在价格战中遭受巨大损失，毕竟美国市场的规模是欧洲市场的 10 倍。

按照这种逻辑，荷兰甜味剂公司应该完全忽略欧洲的价格战，扩大产能，冲进美国市场。那么 NutraSweet 为什么要费心在欧洲发动价格战呢？或许 NutraSweet 并没有考虑得那么深入；又或许 NutraSweet 有决心在美国发动一场价格战；再或许 NutraSweet 老谋深算，只不过是想吓退荷兰甜味剂公司。

不管是否虚张声势，NutraSweet 的策略奏效了。欧洲的价格战使荷兰甜味剂公司无法证明扩张产能的合理性。因为在欧洲亏损了，现在荷兰甜味剂公司认为美国的前景不如最初想象的那么乐观，所以推迟了扩张计划。到 1992 年底美国市场开放竞争时，荷兰甜味剂公司只能在那里建立非常有限的市场。[25] 没错，可口可乐和百事可乐可以利用荷兰甜味剂公司有限的市场与 NutraSweet 谈判更低的价格，但如果荷兰甜味剂公司的市场再大一些的话，新价格就会更低。荷兰甜味剂公司是一个可信的参与者，但是由于产能有限，它无法满足可口可乐和百事可乐的所有需求，这限制了可口可乐和百事可乐将荷兰甜味剂公司作为与 NutraSweet 讨价还价的有力筹码。

荷兰甜味剂公司的小规模工厂并没有起到柔道策略的作用。相反，荷兰甜味剂公司的小规模反而促发 NutraSweet 在欧洲发动价格战。也许那场价格战只是虚张声势，但对 NutraSweet 来说，即使有一点成功的可能性，它都在所不惜。NutraSweet 在欧洲市场上因为价格战付出了代价,但是如果能推迟甚至阻止其他厂商进入美国市场,那还是非常值得的。NutraSweet 有充分的动机制造一些恐惧和不确定性,来阻止荷兰甜味剂公司扩张。

当你作为新手进入一个市场时,因为产能不足,现有厂商会试图将你挤出市场,这时候可以考虑一下所谓的"相扑策略":如果你本来就计划做大,那干脆从大做起,一开始就建一个大型工厂。这样,现有厂商就不会为了劝阻你扩张而做出过激反应。

5. 更大的博弈

本章最重要的启示是,每一场博弈都是在更大的背景下进行的,这使得博弈的界限可以扩展或简单地移动。当一个参与者在缩小博弈的范围时,他一定在更大的博弈中占有优势,才使这种策略成为可能。你可能认为你知道你在参与什么博弈,但这个博弈往往是更大博弈的一部分。我们的结论是:

> 永远存在一场更大的博弈。

第九章　为改变做好准备

你现在拥有将博弈论应用于商业所需的所有工具。但你可能已经意识到，这只是一个开始，接下来是什么？

博弈论是一种可以融入你思维方式的工具。柏拉图说过，未经审视的人生不值得活。在商业上，你可能会说未经审视的博弈不值得参与。

一旦你开始从博弈论的角度思考你目前正在做的事情，你就不会再把很多事情视为理所当然。你会意识到你不必受自己所处的博弈左右，只要认识到这一点，你就可以超越周边的限制，自由地改变博弈，寻求更大的回报。

你可能会很快地发现一些方法可以来改变博弈让你受益。只要做出改变，你会发现将博弈论付诸实践可以得到充分的回报。不过，事情还没结束。

改变博弈不是只做一次就足够了，最好将其视为一个持续的过程。无论你如何成功地抓住了当前的机会，新的机会总会出现，让你可以再次改变博弈来得到回报。无论你现在多么高枕无忧，挑战总会出现，应对挑战的最好办法就是进一步改变博弈。

不过，其他参与者也会试图改变博弈。有时他们带来的改变会对你有利，有时则不然。你可能需要通过再次改变博弈来应对这些变化。改变博弈的博弈永无止境。

1. 改变博弈的自我诊断清单

为了帮助你更有效地改变博弈，我们列出了"自我诊断清单"。其中的问题根据 PARTS 模型来分类组织，概括了你在本书中读到的大部分内容。

参与者问题

- 你是否为你的组织画好了价值网络，并尽可能完整地列出所有的参与者？
- 在与客户、供应商、竞争者和互补者的关系中，有哪些合作和竞争的机会？
- 你想更换参与者阵容吗？特别是，你希望在博弈中引入哪些新的参与者？
- 如果你成为博弈中的参与者，谁会受益？谁会受损？

附加价值问题

- 你的附加价值是多少？
- 如何增加你的附加价值？特别是，你能否创造出忠诚的客户和供应商？
- 博弈中其他参与者的附加价值是多少？限制他们的附加价值是否符合你的利益？

规则问题

- 哪些规则对你有帮助？哪些会伤害到你？
- 你希望制定哪些新规则？特别是，你想与你的客户和供应商签署什么样的合同？
- 你有权制定这些规则吗？其他人有权推翻它们吗？

战术问题

- 其他参与者如何看待博弈？这些认知如何影响博弈的进行？
- 你希望保留哪些认知？你希望改变哪些认知？
- 你希望博弈透明还是不透明？

范围问题

- 当前的博弈范围是什么？你想改变它吗？
- 是否要将当前的博弈链接到其他博弈？
- 是否要将当前的博弈与其他博弈脱钩？

你问自己这些问题的次数越多，你会发现越多的机会来改善你的博弈。当然不是随便问自己，而是以一种有序、系统的方式，有条理地思考如何改变博弈很重要。这就是博弈论的巨大优势：它可以帮助你看清全局。

你无法改变你看不到的事情。通过理清所有参与者及其相互依赖关系，博弈论扩展了改变博弈的策略。同时，博弈论帮助你更详尽、更可靠地评估每个可能的改变。博弈论鼓励你尝试用其他参与者的观点看事情，以了解他们将如何回应你的新策略。通过这个更全面的新视野，你可以做出更丰富且更可靠的决策。

第九章 为改变做好准备

2. 更大的"更大的视野"

我们写这本书的目的是描绘一幅更完整的商业关系图景。竞合无处不在，我们希望推广这种新理念，让大家在思考商业策略的时候，不再只关注竞争。特别是，我们希望大家克服随时进入战斗的心态，因为这种心态可能会导致参与者错过做大蛋糕的机会。

找到更好的博弈并不一定要以牺牲他人为代价，这种观点使我们更容易找到最佳策略，无论是合作策略还是竞争策略。在本书讨论的一些案例中，打败对手就是最佳策略，结果是人输我赢。但在博弈一开始，我们不想假设这是唯一的答案。通常，最佳策略有多个赢家。在这本书中，我们看到了许多通过做大整个蛋糕来获得更大市场的例子。在关注能分到更多蛋糕的同时，寻找做大蛋糕的方法，既有助于你带着善意面对其他参与者，也可以让你坚守立场，保护自己的利益。

在做蛋糕的时候，商业是合作；而在分蛋糕的时候，商业则是竞争。这种二元性很容易让人觉得商业关系的自相矛盾，但学会适应这种二元性是成功的关键。

我们希望这本书能改变商业博弈。通过提出让蛋糕更大的方法，我们希望让生意更赚钱，生活更美好。通过提出改变博弈的方法，我们希望让商业保持活力和前瞻性。通过挑战现状，我们认为事情可以做得更好。这正是我们对你的挑战。

注释

第一章 战争与和平

1. 埃里克·纳什（Eric Nash）基于安妮·霍兰德（Anne Hollander）的研究指出，人们上班时穿的服装也源自战争：领带长期以来被称为领巾（Cravat），起源于17世纪克罗地亚雇佣兵在法国战场上的穿着；风衣上的黄铜环实际上是手榴弹挂钩；定制西装可以追溯到盔甲下穿着的亚麻垫层；男士外套左襟开扣，以便右撇子快速抽剑或拔枪。参见1995年7月30日的《纽约时报杂志》（*New York Times Magazine*）第39页时尚专栏。另见安妮·霍兰德的《性别与西装》（*Sex and Suits*, New York: Knopf, 1994）。

2. 这出自一组常被引用的统计数据。参见1994年4月24日的《西雅图时报》（*Seattle Times*）第A1版，以及1994年4月号的《公司》杂志（*Inc.*）第52页。该数据被用作美国国会航空小组委员会的证词，帮助航空公司获得了两年的燃油税豁免（详见FDCH国会听证会摘要，1995年3月22日）。1990—1993年美国航空业的净收入如下 [出自1995年9月25日的《美国新闻与世界报告》（*U.S. News & World Report*），数据来自美国航空运输协会和普惠公司]：

1990年亏损39亿美元

1991年亏损19亿美元

1992年亏损48亿美元

1993年亏损21亿美元

3. 出自1993年12月的《电子商务买家》杂志（*Electronic Business Buyer*）。混合词"Co-opetition"（竞合）是由雷·诺达创造的。

4. 《匈奴王阿提拉的领导秘诀》是一本真实存在的书籍：Wess Roberts, *Leadership Secrets of Attila the Hun* (New York: Warner Books, 1987)。

5. 参见 C. K. 沃丁顿的《二战中的运筹学：对抗 U 型潜艇的作战研究》（*OR in World War II: Operational Research Against the U-Boat*, London: Elek Science, 1973）。当然，在博弈论这一理论出现之前，就有许多早期的前瞻性应用。譬如，分析特定游戏如跳棋和扑克的书籍和论文，介绍后来被纳入博弈论的概念的专著，以及以与博弈论相似的思维方式探讨现实世界问题的书籍。

6. 参见莱斯特·瑟罗的《零和社会》(Lester Thurow, *Zero-Sum Society*, New York: Basic Books, 1980)。

7. 政府的确会执行反垄断法和其他法规，但这些只是商业世界中的一小部分规则，而且这些规则可以被改变。

第二章　竞合

1. 亨利·福特（Henry Ford）设立了自己的制片工作室，拍摄了名为《一路顺风》("Good Miles")的系列短片，这些短片在电影院放映，激发了人们开车上路的兴趣。关于这段历史，请参阅德雷克·霍坎森的《林肯公路：横贯美国的主干道》（Drake Hokanson, *The Lincoln Highway: Main Street Across America*, Iowa City: University of Iowa Press, 1988）。

2. 麦克贝恩夫妇还提供其他的补充服务。例如，当读者发现广告商对汽车进行了误导性宣传时，可以使用 *La Centrale* 提供的免费法律服务。如此带来的结果是：靠谱的广告和更好的杂志品质。

3. 这段引文出自 1995 年 7 月 10 日的《财富》杂志（*Fortune*）封面报道。"唯有偏执狂才能生存"也是格鲁夫的新书标题（Andy Grove, *Only the Paranoid Survive*, Currency/Doubleday, 1996）。

4. 同上，第 90~91 页。

5. IBM 的 OS/2 系统于 1987 年推出，是首个基于个人计算机的 32 位操作系统，但并未获得广泛应用。苹果麦金塔的 System 7 系统是第二个 32 位操作系统，但由于其不使用英特尔芯片，也没有对英特尔起到什么帮助。

6. 出自 1995 年 6 月 12 日的《华尔街日报》（*Wall Street Journal*）第 B3 版。

注释

7. 由于 ISDN 的推广速度很慢，有人戏称 ISDN 是"依然没用"（It Still Does Nothing）的缩写。

8. 出自 1995 年 10 月 26 日的《华尔街日报》第 B8 版。电信公司也因推广 ISDN 而受益，因为这有助于抵御无线通信的挑战。借助数字压缩技术和美国联邦通信委员会分配的额外频谱，市面上很快将有足够的无线语音容量来压低无线通信服务的价格，这将威胁到有线运营商的市场。但如果电信公司能够让人们多花一点钱来使用 ProShare 进行视频通话，那么无线通信就不再是威胁。因为 ProShare 所需的容量是如此之大，以至于目前通过无线通信技术传输视频信号是不现实的。

9. 从现在起，我们将使用"产品"一词来涵盖产品和服务。

10. 出自 1992 年 10 月 27 日其向航空航天工业协会人力资源委员会的演说——《重新审视美国国防工业基地的合理化》（"Revisiting Rationalization of America's Defense Industrial Base"）。

11. 在为大学绘制价值网络的过程中，我们深刻意识到现代管理理念在大学中运用得很有限。学生是客户？把捐赠人当作合作伙伴？这听起来颇具挑衅性，甚至有点异端。然而，许多大学需要开始以这种方式去思考。没有大笔捐赠的公立大学在回应学生、家长和立法机构的意见方面，似乎比私立大学更为积极。但总体而言，公众对不断上涨的大学学费的抵制情绪日益高涨，认为大学管理不善的看法也越来越普遍。高等教育改革很可能成为继医疗改革之后美国的下一个重大公共议题。我们认为，将大学视为企业——有客户、供应商、竞争者和互补者——有助于推动这个议题的讨论。

12. 不过也可以认为他们是互补者。教授到企业为高管授课，有可能激发企业将其高管送到大学培养的兴趣，也使企业更愿意雇用这些大学的学生。

13. 怀疑论者可能会说，这就是信息技术在大学校园普及得如此缓慢的原因。

14. 美国航空公司也是其他航空公司的管理信息系统（MIS）供应商，它向其他航空公司及酒店和汽车租赁公司等企业出售收益管理技术和忠诚度管理技术。

15. 参见加里·哈默尔和 C. K. 普拉哈拉德的《竞争大未来》（Gary Hamel

and C. K. Prahalad, *Competing for the Future*, Boston: Harvard Business School Publishing, 1994）。

16. 这些销售数据出自哈罗德·沃格尔的《娱乐产业经济学》（Harold Vogel, *Entertainment Industry Economics*, Cambridge: Cambridge University Press, 1995）。此处的数据是国内外销售总和。

17. 出自玛丽·韦斯特海默（Mary Westheimer）的文章，载于 1995 年 8 月 28 日的《出版者周刊》（*Publishers Weekly*）第 35 页。

18. 此处，玛丽·韦斯特海默引用了加州大学洛杉矶分校市场学教授埃德·戈特利布（Ed Gottlieb）的观点："首先你必须创造阅读的需求，然后人们才会买书"。

19. 出自玛丽·韦斯特海默的文章，载于 1995 年 8 月 28 日的《出版者周刊》第 35 页。

20. 出自 1995 年 10 月 31 日的《华尔街日报》第 A1 版。

21. 哈佛商学院教授迈克尔·波特在《国家竞争优势》（Michael Porter, *The Competitive Advantage of Nations*, New York: Free Press, 1990）中讨论了群聚效应。

22. 史蒂芬·柯维也提出过这一观点。参见他的书《高效能人士的七个习惯》（Stephen Covey, *The Seven Habits of Highly Effective People*, New York: Simon & Schuster, 1990）第 209~210 页。

第三章　博弈论

1. 关于博弈论及其应用的书籍有很多。也许有点偏颇，但我们认为阿维纳什·迪克西特和巴里·奈尔伯夫的《策略思维：商界、政界及日常生活中的策略竞争》（Avinash Dixit and Barry Nalebuff, *Thinking Strategically: The Competitive Edge in Business, Politics, and Everyday Life*, New York: W. W. Norton, 1992）是一个不错的入门读物。托马斯·谢林的《冲突的策略》（Thomas Schelling, *The Strategy of Conflict*, Cambridge: Harvard University Press, 1960）是一部将博弈论应用于竞争局势的经典著作。当然，博弈论也揭示了合作行为，参见罗伯特·阿克塞尔罗德的《合作的进化》（Robert Axelrod, *The Evolution of Cooperation*, New York: Basic Books, 1984）。以下书籍将博弈论应用于进化生

物学、法律、政治，甚至圣经解读上：理查德·道金斯的《自私的基因》（Richard Dawkins, *The Selfish Gene*, New York: Oxford University Press, 1976）；道格拉斯·贝尔德、罗伯特·格特纳和兰德尔·皮克的《博弈论与法律》（Douglas Baird, Robert Gertner, and Randal Picker, *Game Theory and the Law*, Cambridge: Harvard University Press, 1994）；威廉·瑞克的《政治操纵的艺术》（William Riker, *The Art of Political Manipulation*, New Haven: Yale University Press, 1986）；史蒂文·布拉姆斯的《圣经游戏：旧约故事的战略分析》（Steven Brams, *Biblical Games: A Strategic Analysis of Stories in the Old Testament*, Cambridge: MIT Press, 1980）。对于任何有兴趣进一步研究博弈论数学理论的人，我们推荐马丁·奥斯本和阿里尔·鲁宾斯坦的《博弈论课程》（Martin Osborne and Ariel Rubinstein, *A Course in Game Theory*, Cambridge: MIT Press, 1994）以及罗杰·迈尔森的《博弈论》（Roger Myerson, *Game Theory*, Cambridge: Harvard University Press, 1991）。

2. 参见 1995 年 11 月 20 日的《商业周刊》（*BusinessWeek*）第 54 页，以及 1995 年 11 月 7 日的《纽约时报》（*New York Times*）第 B9 版的分析。

3. 参见亚当·布兰登勃格和哈伯恩·斯图亚特的文章《基于价值的商业战略》，载于 1996 年春季的《经济与管理战略》杂志（Adam Brandenburger and Harborne Stuart, "Value-Based Business Strategy," *Journal of Economics & Management Strategy*）。

4. 这是意料之中的结果。为什么电影制片公司没有和麦考利·卡尔金签订多部电影的长期合约？事实上，他们确实签过了，但麦考利重新谈判了协议。一直以来，电影制片公司通过长期甚至终身合约来绑住演员，但是这些合约往往无法执行。例如，玛丽莲·梦露与二十世纪福克斯签订了无限期合约，约定每部电影的酬劳都为 5 万美元。1954 年，她罢工抗议。福克斯以合同违约为由停止与梦露合作，但她坚持抵抗。公众站在了梦露这一边，于是福克斯提出了一个让步合同。详见唐纳德·斯波托所著的《玛丽莲·梦露传》（Donald Spoto, *Marilyn Monroe: The Biography*, New York: HarperCollins, 1993）。

5. 出自《多米诺效应：关于狐狸、打印机和价格》（"The Domino Effect: Of Foxes, Printers, and Prices"），载于《频道标记者通讯》（*Channelmarker Letter*）第 2 卷第 6 期（1990 年 12 月）第 1~7 页。

6. 出自詹姆斯·查尔顿的《高管语录》（James Charlton, ed., *The Executive's Quotation Book*, New York: St. Martin's Press, 1983）。

7. 这不是一个新词。根据《韦氏第三版新国际英语大辞典》的解释，"allocentric"的意思是"将自己的兴趣和注意力集中在他人身上"。

8. 出自罗杰·费希尔和威廉·尤里的《谈判力》（Roger Fisher and William Ury, *Getting to Yes*, New York: Penguin, 1981）第 23 页。

第四章　参与者

1. 案例中的部分信息摘自《激烈竞争：荷兰甜味剂公司对抗 NutraSweet》（"Bitter Competition: The Holland Sweetener Company versus NutraSweet," Harvard Business School Publishing, 9-794-079 to 9-794-085, 1993）。

2. 出自 1987 年 5 月 7 日的《华尔街日报》。

3. 出自 1992 年 3 月的《食品与饮料营销》（*Food & Beverage Marketing*）第 36 页。

4. 百事可乐首先在其低热量饮料中使用了 100%的阿斯巴甜，并利用其相对于可口可乐的先发优势来推广健怡百事可乐。

5. 这一信息来自孟山都的年报。即便是竞争对手也承认 NutraSweet 具有压倒性的品牌知名度。"产品经理杰夫·克拉克指出，根据雅涛（Alberto-Culver，Sugar Twin Plus 的制造商）的研究，约 95%的甜味剂使用者知道 NutraSweet，而只有 10%的使用者知道阿斯巴甜这个通用名称。"摘自《广告时代》（*Advertising Age*），1993 年 9 月 20 日。

6. 有关此事件的更多详细信息，参见哈佛大学约翰·F. 肯尼迪政府学院由何塞·A. 戈麦斯–伊瓦涅斯（Jose A. Gomez-Ibanez）撰写的案例《盖恩斯维尔水电公司》（"Gainesville Regional Utilities"）。

7. 经电话访谈证实。

8. 出自 1993 年 3 月 7 日的《里士满时报》（*Richmond Times-Dispatch*）第 E1 版。

9. 同上。

10. 出自《对于克雷格·麦考来说，这是生死攸关的时刻》("For Craig McCaw, It's Door-Die Time")，载于 1989 年 12 月 4 日的《商业周刊》。

11. 与此同时，麦考还接触了另一家移动通信公司 Metromedia，提出以 19 亿美元的价格收购其持有的纽约一半的移动通信牌照。而 LIN 拥有另一半，并且对 Metromedia 的任何出售都享有优先购买权。现在，LIN 要么支付 19 亿美元，要么与麦考共同持有牌照。不管哪种情况，南方贝尔都会认为 LIN 不再那么具有吸引力了。麦考还游说国会通过立法限制贝尔子公司对移动通信牌照的收购。

12. 麦考支付了 2650 万美元给 LARCC（洛杉矶无线电公用运营商），这是麦考与南方贝尔合资的企业，南方贝尔持有 85%的股份。由于麦考的投资没有获得任何额外的股权，这就相当于支付给南方贝尔 2250 万美元。

13. 法院不会要求将价格降到合理的水平，而是完全禁止。

14. 出自一次私人对话，对话人要求匿名。

15. 法院认为，证券法和反垄断法处理的问题不同，赔偿方式也不同，而企业并购中的围标行为更适合采用证券法处理。法院还认为，如果证券法不优先于反垄断法，那么反垄断法将在事实上优先于证券法。反垄断法具有比较慷慨的赔偿（三倍赔偿）和更宽松的诉讼时效及律师费规定。如果没有比反垄断法更高阶的法律，大家几乎都会选择采用反垄断法，而国会通过特别证券法的初衷就丧失了。关于这一点的更多信息，请参阅普雷斯顿·麦卡菲等人的文章《恶意收购中的陪标》("Collusive Bidding in Hostile Takeovers")，载于 1993 年冬季的《经济与管理研究杂志》(*Journal of Economics and Management Studies*) 第 466~474 页。

16. 请记住喜剧演员格劳乔·马克斯（Groucho Marx）的话：他不愿加入任何愿意接受他为会员的俱乐部。

17. 原则上，你可以考虑引入更多的参与者——你客户的客户、你供应商的供应商，等等。本章的所有概念都适用于这种情况。然而，我们认为这不是你的首要任务。如果吸引客户已经很困难了，那么吸引客户的客户就更难了，而且你得到的好处也会被稀释掉。

18. 以下案例中的部分信息来自《哈尼施菲格公司：门座式起重机》

("Harnischfeger Industries: Portal Cranes," Harvard Business School Publishing, 9-391-130, 1991）。

19. 出自1995年5月23日的《华盛顿邮报》（*Washington Post*）第C1版。

20. 出自1995年5月26日的《健康联盟警报》（*Health Alliance Alert*）。

21. 出自1995年5月29日的《商业保险》（*Business Insurance*）。

22. 威廉·默瑟咨询公司的董事总经理查尔斯·布兰克斯汀（Charles Blanksteen）解释道："我们希望了解决策背后的体系。"出自1995年7月25日的《商业与健康》（*Business and Health*）。

23. 出自1995年7月的《商业与健康》。

24. 这对品牌商品来说确实是一个重大的问题。迈克尔·特雷西在1995年的明尼阿波利斯大师论坛上讨论了这个议题。

25. 关于支持采购联盟获得优惠待遇的讨论，请参见乔纳森·M. 雅各布森和加里·J. 多曼的文章《联合采购、单一买方垄断和反垄断》(Jonathan M. Jacobson and Gary J. Dorman, "Joint Purchasing, Monopsony, and Antitrust," *Antitrust Bulletin*, Spring 1991)第1~79页。

26. 以下案例中的部分信息来自《权力游戏（C）：3DO的32位电子游戏》（"Power Play (C): 3DO in 32-Bit Video Games," Harvard Business School Publishing, 9-795-104, 1995）。

27. 出自《自我之旅》（"Ego Trip"），载于1994年4月的《计算机营销》（*Marketing Computers*）第18页。

28. 出自1994年8月23日的一次个人访谈。

29. 出自《3DO面临游戏软件开发商因其为减少硬件制造商损失而收取费用的反抗》（"3DO Faces Revolt by Game Developers over Fee to Cut Manufacturers' Losses"），载于1994年10月24日的《华尔街日报》第B3版。

30. 松下持有3DO 15%的股份。这对3DO有所帮助，但帮助不大。

31. 出自1995年7月10日的《财富》杂志第20页。

32. 这个类比来自哈佛商学院教授迈克尔·波特。

33. 出自汤姆·彼得斯的《汤姆·彼得斯研讨会：疯狂时代需要疯狂组织》（Tom Peters, *The Tom Peters Seminar: Crazy Times Call for Crazy Organizations*, New York: Vintage, 1994）第 52 页。

34. 出自斯蒂芬·戈达德的《达成目标：美国世纪的公路与铁路的史诗斗争》（Stephen Goddard, *Getting There: The Epic Struggle between Road and Rail in the American Century*, New York: Basic Books, 1994）第 7 章。

35. 问题在于未来不存在于市场的公司将无法享受任何形式的收益或回报。这就是为什么在业内一家公司收购另一家公司是有意义的，本质上是付钱让它退出博弈。

第五章　附加价值

1. 出自《任天堂能持续赢下去吗？》("Can Nintendo Keep Winning?")，载于 1990 年 11 月 5 日的《财富》杂志第 131 页。不过，截至 1995 年，索尼的市值依然最高。

2. 出自大卫·谢夫的《游戏结束：任天堂如何征服世界》（David Sheff, *Game Over: How Nintendo Conquered the World*, New York: Vintage Books, 1993）第 71 页。我们强烈推荐这本书，因为它对我们讲述任天堂的故事帮助很大。

3. 以下案例中的部分信息来自《权力游戏（A）：任天堂的 8 位电子游戏》("Power Play (A): Nintendo in 8-Bit Video Games," Harvard Business School Publishing, 9-795-102, 1995）。

4. 同上，第 14 页。

5. 在一次采访中，艺电公司的创始人特里普·霍金斯谈到他迟迟没有进军电子游戏市场的原因："这是我创办公司以来犯的最大错误……每个人都认为[任天堂]会是卷心菜娃娃之类的东西——它最多再撑一年，然后就像雅达利、科尔科和其他电子游戏系统一样消失……还有另一个因素让我们保持观望……如果你为任天堂开发软件，两年内你将与其他电子游戏机绝缘……我们不想把所有的鸡蛋放在一个篮子里。但过了一段时间，任天堂就到处都是了，这就成了一个没有意义的问题。"（出自 1990 年 8/9 月的《Upside》第 48 页）。

6. 参见《任天堂电子游戏的发展：注意力转向成人和新产品的结合》

("Nintendo Paces Videogames: Attention Turns to Adults and New Product Tie-Ins")，载于 1989 年 1 月 30 日的《广告时代》（*Advertising Age*）第 24 页；《年度营销人》("Marketer of the Year")，载于 1989 年 11 月 27 日的《广告周刊》（*Adweek*）第 15 页。卡带短缺与全球暂时性的芯片短缺有关，但原因远不止于此。

7. 参见加里·贝克尔的《关于餐厅定价及其他社会因素对价格影响的案例说明》（Gary Becker, "A Note on Restaurant Pricing and Other Examples of Social Influences on Price"），载于 1991 年的《政治经济学杂志》（*Journal of Political Economy*）第 1109～1116 页。

8. 根据 1990 年的一项卡通角色欢迎度调查得出。参见 1990 年 7 月 22 日的《USA 周末》（*USA Weekend*）第 14 页。

9. 参见《司法部将调查任天堂吗？》("Will Justice Department Probe Nintendo?")，载于《HFD 家居周刊》（*HFD—The Weekly Home Furnishings Newspaper*）第 63 卷第 51 期第 103 页。

10. 出自 1991 年 12 月 23 日的《巴伦周刊》。

11. 在另一个问题上，任天堂与联邦贸易委员会达成和解，同意停止要求零售商遵守游戏机最低限价的规定。此外，任天堂将为之前的购买者提供 5 美元的优惠券，供他们以后购买任天堂游戏卡带。

12. 有关戴比尔斯和钻石的更多故事，参见黛布拉·斯帕尔的《合作的优势：国际卡特尔的内部政治》（Debra Spar, *The Cooperative Edge: The Internal Politics of International Cartels*, Ithaca, N.Y.: Cornell University Press, 1994）第 39～87 页。

13. 出自《戴比尔斯联合矿业集团（A）》("DeBeers Consolidated Mines Ltd. (A)," Harvard Business School Publishing, 9-391-076, 1990）。

14. 出自 1994 年 10 月 31 日的《华尔街日报》。

15. 由于资本充足率的要求，保险业的利润下降会导致保险公司的承保能力下降。

16. 出自与鲍勃·科兹的个人对话。

17. 出自1993年5月16日的《纽约时报》。

18. 出自与鲍勃·科兹的个人对话。

19. 参见迈克尔·波特和克莱斯·范德林德的《绿色与竞争力：终结僵局》("Green and Competitive: Ending the Stalemate")，载于1995年9/10月的《哈佛商业评论》(*Harvard Business Review*) 第120~134页。

20. 说实话，在我们忙着写这本书时，我们的朋友格斯·斯图尔特（Gus Stuart）去了Club Med俱乐部，替我们度假。除了他的报告，我们的数据还来自学生论文和《Club Med俱乐部（A）和（B）》("Club Med (A) & (B)," Harvard Business School Publishing, 9-687-046 and 9-687-047, 1986）。

21. 这个案例中的许多信息出自1995年8月19日的《纽约时报》。

22. 同上。

23. 同上。

24. 同上。

25. 以下案例中的部分信息来自《免费乘客的问题：航空公司常客奖励计划》("The Free-Rider Problem: Airline Frequent-Flyer Programs," Harvard Business School Publishing, 9-794-106, 1994）。

26. 出自1986年6月8日的《洛杉矶时报》。P.S. 谁买跑车是为了省油呢？

27. 起初，美国航空仅向符合资格的常客提供奖励优惠。然后，达美航空向使用美国运通卡购买机票的人提供了相同的优惠。接着，东方航空、联合航空和所有航空公司都跟进了，于是所有的限制都消失了。

28. 计算过程如下：里程数总共1.2万亿英里，兑换一次免费飞行需要消耗2.5万英里，这意味着将有4800万张免费机票。波音747飞机可容纳500人，因此需要满载的波音747飞机往返近10万次。

29. 美国国家汽车租赁公司就将现金作为其奖励选项之一。

30. 你也不希望把产品赠送给那些低估你产品价值的人。在这种情况下，给予现金更合算。

31. 为什么长途电话公司不免费赠送语音邮件、呼叫等待和三方通话，以奖励忠诚客户？问题就在于这些服务目前由本地运营商提供，而非长途电话公司。无论通话是否完成，长途电话公司都得向本地运营商支付接入费。即便如此，长途电话公司可能还是希望从本地运营商那里批量购买这些服务，并赠送给客户。

32. 参见莎伦·奥斯特的《现代竞争分析（第二版）》（Sharon Oster, *Modern Competitive Analysis*, 2nd ed., New York: Oxford University Press, 1994）第 12 页。

33. 参见布鲁斯·亨德森的《战略的起源》，其收录于 C. 蒙哥马利和 M. 波特编辑的《战略：寻求和确保竞争优势》（Bruce Henderson, "The Origin of Strategy," in C. Montgomery and M. Porter, eds., *Strategy: Seeking and Securing Competitive Advantage*, Boston: Harvard Business School Press, 1991）第 3~4 页。生物学家对高斯竞争排斥原理的描述是："生态位相同的两个物种不能同时生活在同一个地方"，参见《生态进化学（第四版）》（E. R. Pianka, *Evolutionary Ecology*, 4th ed., New York: Harper & Row, 1988）第 221 页。

34. 参见约翰·凯的《企业成功的基础：商业策略如何增加价值》（John Kay, *The Foundations of Corporate Success: How Business Strategies Add Value*, London: Oxford University Press, 1993），引自 1993 年 4 月 17 日的《经济学家》（*The Economist*）第 65 页。

35. 参见理查德·戴维尼的《超强竞争理论》（Richard D'Aveni, *Hypercompetition*, New York: Free Press, 1994）。

36. 参见戴维·科利斯的《理解竞争优势：定位、可持续性和能力的作用》（David Collis, "Understanding Competitive Advantage: The Role of Positioning, Sustainability, and Capabilities," Harvard Business School working paper, 1995）。

37. 以下案例中的部分信息来自《明尼顿卡公司：从软皂到永恒》（"Minnetonka Corporation: From Softsoap to Eternity," Harvard Business School Publishing, 9-795-163, 1995）。

38. 出自《软皂与宝洁》（"Softsoaping P&G"），载于 1990 年 2 月 18 日的《福布斯》杂志第 91 页。

39. 参见竹内弘高和野中郁次郎的《新新产品开发游戏》（Hirotaka Takeuchi and Ikujiro Nonaka, "The New New Product Development Game"），载于

1986年1/2月的《哈佛商业评论》第137～146页。

40. 我们对IBM在个人计算机业务中错误决策的分析,是受到了尼尔·B.尼曼的《标准:计算机行业的战略教训》中"第3课:创建标准时保护自己"(Neil B. Niman, "Lesson 3: Defending Yourself When Creating a Standard," in *Standards: Strategic Lessons from the Computer Industry*)的启发,尤其是第2～5页。尼曼对事态的发展总结如下:"[IBM]促成了合作,却发现他们的舞伴在舞会后开始向其他人示好,只剩下孤零零的自己。"

41. 参见保罗·卡罗尔的《蓝色巨人:IBM的毁灭》(Paul Carroll, *Big Blues: The Unmaking of IBM*, New York: Crown, 1993)第119页、第131页。比尔·盖茨在《计算机世界》(*Computer world*,1993年5月24日,第123页)的一次采访中谈到他曾有意将微软的30%股份出售给IBM。当然,如果IBM在过去十年持有微软的大量股份,到1996年微软可能就不值这么多了。

第六章 规则

1. 出自理查德·H. 罗维尔的《参议员乔·麦卡锡》(Richard H. Rovere, *Senator Joe McCarthy*, New York: Harcourt, Brace & World, 1959)第65页。哈罗德·拉斯基(1893—1950)是一位颇具争议的英国知识分子,他对第一次世界大战以来的英国社会主义运动产生了重大影响。

2. "最惠国条款"一词应用于国际贸易,得到最惠国待遇的国家享有所有贸易伙伴中最低关税的待遇。

3. 如果亚当最终为了达成交易而不得不在后续的谈判中做出同样的让步,那么损失就不止两美元。然而,在前几次谈判时,亚当并不知道自己将来需要做什么。由于亚当无法回头,同意一个新的低价对他来说有两个代价:代价一,他必须向塔伦开出同样的交易条件;代价二,亚当在前面的谈判中越慷慨,在后面就越难用塔伦作为挡箭牌。

4. 1934年,美国国会通过了《通信法》(the Communications Act),该法案保证了议员从广播公司那里获得"最低单价"(LUC)广告的权利。后来,该法案由1971年的《联邦竞选法》修正,涉及候选人可以购买LUC广告的期限和其他项目(如广告优先购买权)的一些原始条款。

5. 出自1993年12月27日的《财富》杂志第120页。

6. 参见菲奥娜·斯科特·莫顿的《医药公司对医疗补助最惠客户条款的战略应对》(Fiona Scott Morton, "The Strategic Response by Pharmaceutical Firms to the Medicaid Most-Favored-Customer Rules"),载于1997年的《兰德经济学杂志》(*RAND Journal of Economics*)第28卷第2期。

7. 出自1993年12月27日的《财富》杂志第120页。

8. 关于科尔特斯焚烧船只故事的传统版本,详见威廉·H.普雷斯科特的《墨西哥征服史》第1卷(W. H. Prescott, *The History of the Conquest of Mexico*, vol. 1, London: Gibbings & Co., [1843], 1896)第8章。基于现代研究,休·托马斯(Hugh Thomas)指出焚船传说是以讹传讹,原因是一份当代文件中提到的船只断裂(西班牙语为quebrando)被误读为"焚烧"(quemando)。详见其著作《征服:蒙特祖玛、科尔特斯与旧墨西哥的灭亡》(*Conquest: Montezuma, Cortes and the Fall of Old Mexico*, New York: Simon & Schuster, 1993)第222~224页。关于这个故事的更多策略分析,详见阿维纳什·迪克西特和巴里·奈尔伯夫的《策略思维:商界、政界及日常生活中的策略竞争》,以及理查德·吕克的《在前进之前凿穿你的船只》(Richard Luecke, *Scuttle Your Ships Before Advancing*, New York: Oxford University Press, 1994)。

9. 出自1994年1月28日的《华尔街日报》。

10. 这些条款的问题在于,当信息不公开时,它们很难得到执行。例如,有史以来最伟大的冰球运动员之一戈尔迪·豪(Gordie Howe)被告知他是曲棍球界薪水最高的球员,但要他别谈论这个话题,以免让其他球员嫉妒。直到后来,他才发现管理层不让谈论自己薪水的真正原因——他的薪水并不是最高的。

11. 一些职业体育运动制订了薪资上限政策,但这增加了额外的复杂性,进一步诱发了球队间的价格战。

12. 我们感谢加州大学洛杉矶分校的苏希尔·比赫昌达尼(Sushil Bikhchandani)教授对将这种纸牌游戏应用于此的提议。

13. 在美国,许多消费电子商店号称自己也有同样的优惠政策,只不过并不是每次都有最低价。有时候,这些商店会以型号和不重要的差异为理由,不跟进其他商店的更低价。有时候,这些商店会将某些类型的零售商(如Price

Club）排除在他们愿意跟进的竞争对手之外。

14. 1993 年 2 月，通用汽车推出了金卡，将年度限额提高至 1000 美元，最多七年可抵 7000 美元。

15. 数据来源于新泽西州布巴德湖 SMR 研究公司。另见《造就通用卡的战略联盟》("The Strategic Alliance That Produced the GM Card")，载于 1993 年 9 月的《直销杂志》(*Direct Marketing Magazine*) 第 64 页。

16. 用术语来说，对汽车的需求变得不那么"弹性"了，也就是对价格不那么敏感了。

17. 这个说法来自我们的同事丹·拉夫（Dan Raff）。

18. 出自 1994 年 8 月 1 日的《商业周刊》第 28～29 页。

19. 出自 1995 年 2 月 13 日的《商业周刊》第 40 页。

20. 这个计划节省了营销成本，降低了通用卡的客户流失率及其相关成本。它也可能促使人们更早开卡，从而在一定程度上提高通用汽车的附加价值。

21. 出自 1994 年 12 月 16 日的一次电话访谈。

22. 关于美国对所谓"便利做法"的反垄断立场的有趣讨论（尤其是我们一直在研究的一些规则），请参阅迈克尔·维纳的《区分合法和非法》(Michael Weiner, "Distinguishing the Legitimate from the Unlawful," *Antitrust*, Summer 1993, pp. 22-25)。另参阅乔治城大学教授史蒂文·萨洛普的开创性分析《（可信地）促进寡头垄断协调的实践》(Steven Salop, "Practices That (Credibly) Facilitate Oligopoly Co-ordination," in *New Developments in the Analysis of Market Structure*, J. Stiglitz and G. Mathewson, eds., Cambridge: MIT Press, 1986)。

23. 出自 1983 年 1 月 1 日至 1983 年 6 月 30 日的联邦贸易委员会决议，第 101 卷第 657 页、第 683 页。

24. 从更大的视角上看，这是一个无关紧要的裁决。因为含铅汽油抗爆添加剂产品即将随着无铅汽油的推广而消失在市场上。到 1985 年底，乙基公司已退出该业务，杜邦公司则只在新泽西州留下一家工厂。

25. 例如，只有在为大客户提供服务的成本较低的情况下，公司才能为其提供批量折扣。这项法律本身不是为保护消费者而设立的,而是旨在保护小杂货店免受大型超市的竞争。

26. 出自《克莱顿法案》:Sec. 2(b) of the Clayton Act, 38 Stat. 730(1914), as amended, 15 USCA secs. 12-27(1977)。

第七章　战术

1. 出自 1994 年 6 月 13 日的《财富》杂志第 84 页。另请参阅 R. 加达尔和迈克·马恩的《价格战》(R. Garda and M. Marn, "Price Wars"),载于 1993 年第 3 期的《麦肯锡季刊》(*McKinsey Quarterly*)第 87~100 页。

2. 实际上,说服出版商相信你能按期交稿是不可能的。这是因为作者总是低估写书需要的时间,如果他们对所需的时间更现实一点,他们可能根本不会同意写书。(当我们写这段话时,我们的书稿已经晚交一个月了。好吧,其实是两个月,但算这么清楚干吗呢?)

3. 出自理查德·道金斯的《自私的基因》(Richard Dawkins, *The Selfish Gene*, New York: Oxford University Press, 1976)第 171 页。

4. 同上,第 172 页。

5. 出自 1994 年 7 月 4 日的《纽约时报》。

6. 出自 1995 年 8 月 23 日的《金融时报》。

7. 参见彼得·罗宾逊的《来自地狱的留影:MBA 的成长之路》(Peter Robinson, *Snapshots from Hell: The Making of an MBA*, New York: Warner Books, 1994)。

8. 标准的版税率是:前 5000 册按 10%,接下来的 5000 册按 12.5%,之后按 15%。

9. 这就是由面试委员会聘用对你不太好的原因。因为如果没有一个具体的人对你的表现负责,那么要找到一个守护天使就比较难了。

10. 一个有趣的问题是保证金应该支付给谁,发件人还是收件人?如果包裹无法送达,承担巨大损失的有可能是发件人,也有可能是收件人。虽然原则上双方可以协商如何分配保证金,但这可能会增加双方的矛盾。所以为了简化问题,为什么不直接向每个参与方都支付 100 美元,然后就此作罢呢?

11. 参见克里斯托弗·哈特的《无条件服务保证的力量》(Christopher Hart, "The Power of Unconditional Service Guarantees")，载于1988年7/8月的《哈佛商业评论》第54～62页。

12. 详细信息请参阅《吉列推出自动剃须刀》("Gillette's Launch of the Sensor," Harvard Business School Publishing, 9-792-028, 1991)。

13. 出自阿瑟·柯南·道尔的《福尔摩斯短篇小说全集》(Arthur Conan Doyle, *The Complete Sherlock Holmes Short Stories*, London: John Murray, 1928)第326～327页。

14. 这里还是有点小安慰的。当电影公司将电影以"转手"的方式出让时，通常会以成本价（加利息）出售剧本，并保留净利润的5%。就《E.T.外星人》而言，净利润的5%可能比《外星恋》的所有利润都要高。

15. 参见大卫·沙夫斯坦和杰里米·斯坦的《羊群行为与投资》(David Scharfstein and Jeremy Stein, "Herd Behavior and Investment")，载于1990年6月的《美国经济评论》(*American Economic Review*)第465～479页。

16. 出自《水晶球上的裂缝》("Cracks in the Crystal Ball")，载于1995年9月30日的《金融时报》(*Financial Times*)第19页。

17. 出自罗伯特·H. 格特纳和杰弗里·P. 米勒的《结算托管》(Robert H. Gertner and Geoffrey P. Miller, "Settlement Escrows")，载于《法律研究杂志》(*Journal of Legal Studies*)第24卷第87～122页。

18. 调解员很容易被简单的计算机程序所取代。

19. 在20%的折现率下，一个增长率为10%的公司的市盈率应该是一家增长平稳的公司的两倍，因此产生了价格差异。

20. 这类协议的问题在于，它们迫使卖方承担大量的风险或流动性不足，并使卖方依赖公司新所有者的管理能力。这限制了这类协议的应用。

21. 如果这些组价的总价过高，交易员可以进行反向交易。

22. 出自1995年10月6日的《华尔街日报》。

23. 日本电信（JT）和日本电讯（TWJ）也可以加入这项服务。

24. 关于价值定价的更多信息，请参阅《美国航空公司的价值定价》的案例（A）和案例（B）（"American Airlines' Value Pricing," (A) and (B), Harvard Business School Publishing, 9-594-001 and 9-594-019, 1993）。案例（A）是克兰德尔这段话的出处。

25. 出自《美国航空公司开始启动更简化的票价机制》（"AMR's Bid for Simpler Fares Takes Off"，载于1992年4月9日的《华尔街日报》第B1版。

26. 出自1993年5月7日的《南佛罗里达商业杂志》（*South Florida Business Journal*）。据广泛报道，蒂什是这样说的，但很难找到原始出处。

27. 《有线电视消费者保护法》也禁止有线电视公司为支付转播准许费而提高费率。不过这项禁令只实施了一年。

28. 出自1993年5月17日的《广播与有线电视》（*Broadcasting and Cable*）。

29. 当时美国广播公司（ABC）由资本城市公司（Capital Cities）所有，后者还拥有有线频道ESPN。ABC因创建ESPN的衍生频道ESPN2而获得每位订阅人12美分的收入。全国广播公司（NBC）拥有有线频道CNBC，并利用该频道创建了新的谈话性有线频道"美国谈话"（America's Talking）。出自1993年8月26日的《纽约时报》第D18版。

30. 出自1993年9月28日的《纽约时报》第D1版。

31. 关于谁对谁错的事后讨论，请参见《英特尔还是IBM：你信谁？》（"Intel or IBM: Who Do You Trust?"），载于1995年2月7日的《PC杂志》（*PC Magazine*）第29页。

第八章 范围

1. 即使两个博弈没有共同的参与者，它们也可以链接起来。如果博弈A和博弈B有共同的参与者，博弈B和博弈C也有共同的参与者，那么博弈A和博弈C也会产生链接。

2. 以下案例中的部分信息摘自《权力游戏（B）：世嘉的16位电子游戏》（"Power Play (B): Sega in 16-Bit Video Games," Harvard Business School Publishing, 9-795-103, 1995）。

3. 出自《刺猬的冲锋》（"The Charge of the Hedgehog"），载于1991年9月2日的《福布斯》杂志第42页。

4. 根据1993年的一项卡通角色欢迎度调查得出。

5. 出自《游戏公司的竞争》("Games Companies Play")，载于1993年10月25日的《福布斯》杂志第68页。

6. 出自《任天堂实力秀》("Nintendo's Show of Strength")，载于1991年2月的《经销商销售》(*Dealerscope Merchandising*)第15页。

7. 出自任天堂1991年年报中的总裁致辞。

8. 降价后，原来的8位任天堂游戏机被重新命名为"我的第一台任天堂"（My First Nintendo），并作为入门款进行市场推广。

9. 出自多萝西·伦纳德·巴顿的《知识的源泉：建立和维持创新之源》（Dorothy Leonard Barton, *Wellsprings of Knowledge: Building and Sustaining the Sources of Innovation*, Boston: Harvard Business School Press, 1995）第2章。

10. 不在新技术市场中制造竞争的决定，与福特信贷公司在互补市场中制造竞争的策略形成鲜明对比。

11. 以下案例中的部分信息摘自《明尼顿卡公司：从软皂到永恒》("Minnetonka Corporation: From Softsoap to Eternity," Harvard Business School Publishing, 9-795-163, 1995）。

12. 或许洗手液可以放在之前不放固体肥皂的地方，比如厨房或客房。但在浴室里，洗手液将会取代固体肥皂。就算洗手液不能完全吞食固体肥皂市场，也可能出现99.44%的市占率。

13. 宝洁公司的Zest是主流品牌中唯一含有去污剂的肥皂。

14. 电子出版商很可能就是作者本人。

15. 世嘉推出了一款售价40美元的适配器，使玩家能够在创世纪上玩旧的8位游戏。不过世嘉提供游戏兼容方案确实有点讽刺，因为其8位游戏机未能建立起足够大的用户群。

16. 投资机构基德尔·皮博迪（Kidder Peabody）的分析师加里·雅各布森（Gary Jacobson）在《任天堂冷静下来》("Nintendo Cools Off")一文中引用了这句话。该文章载于1990年12月10日的《广告时代》(*Advertising Age*)第20页。

17. 二十世纪福克斯提供的交易是"购买《最后的雨林》能获得《星球大

战》5 美元的折扣券"。华纳兄弟提供的交易是"购买《蝙蝠侠》能获得 5 美元的富士胶卷折扣券或是 MGM/UA 任何一部詹姆斯·邦德电影 3 美元的折扣券"。

18. 出自 1993 年 10 月 8 日的《科珀斯克里斯蒂召唤者时报》(*Corpus Christi Caller Times*)。

19. 出自 1993 年 10 月 13 日的《每日通讯》(*Communications Daily*)。

20. 同上。

21. 出自 1993 年 10 月 19 日的《科珀斯克里斯蒂召唤者时报》。

22. 出自 1993 年 11 月 17 日的《科珀斯克里斯蒂召唤者时报》。

23. 出自 1993 年 11 月 22 日的《电视摘要》(*Television Digest*)。

24. 这些信息部分出自《苦涩的竞争：荷兰甜味剂公司对抗 NutraSweet》("Bitter Competition: The Holland Sweetener Company versus NutraSweet," Harvard Business School Publishing, 9-794-079 to 9-794-085, 1993)。

25. 1993 年底，在美国市场开放一年后，荷兰甜味剂公司的产能增加了 1500 吨。详见本书第四章"参与者"中荷兰甜味剂公司的后续故事。

致谢

你阅读到的这本理论与实践结合之作，是多年努力的结果。这些年来，我们得到了学术界和商界人士以及朋友与家人的大力帮助，所亏欠的难以言表。

我们都很幸运，有非常睿智和循循善诱的老师带领我们进入博弈论领域。路易斯·马科夫斯基（Louis Makowski）让亚当认识到从不寻常的角度看待一切的价值。鲍勃·奥曼（Bob Aumann）教会亚当深入思考以简化事情。鲍勃·索洛（Bob Solow），一位非常谦虚的诺贝尔奖得主，让巴里了解提出正确问题的力量。乔·斯蒂格利茨（Joe Stiglitz）和理查德·泽克豪泽（Richard Zeckhauser）那强烈的求知欲激励巴里探索博弈论更广泛的应用。

这些年来，我们的研究得到了哈克尼斯基金会、哈佛商学院研究部、哈佛研究员协会、国家科学基金会、皮尤慈善信托基金会、罗德信托基金会、艾尔弗·斯隆基金会和耶鲁管理学院的支持。我们非常感谢以上机构的慷慨资助，让我们能够进行这本书所依托的基础研究。

在哈佛商学院，前院长约翰·麦克阿瑟（John McArthur）和迈克·波特（Mike Porter）一直支持着亚当的工作。安妮塔·麦加汉（Anita McGahan）、迪克·罗森布卢姆（Dick Rosenbloom）、格斯·斯图尔特（Gus Stuart）和戴维·约菲（David Yoffie）都是亚当的同事，他们既是热情的支持者,又是犀利的批评家。事实上,没有格斯,这本书就不可能出版,他是本书中一些关键概念的共同发明者。

在普林斯顿大学,阿维纳什·迪克西特(Avinash Dixit)让巴里开始写书,他们合著了《策略思维:商界、政界和日常生活中的策略竞争》(*Thinking Strategically: The Competitive Edge in Business, Politics, and Everyday Life*)。耶鲁管理学院前院长迈克·莱文(Mike Levine)将巴里带到耶鲁,并鼓励他开设一门博弈论课程。莎伦·奥斯特(Sharon Oster)指导巴里向商业战略研究转型。

我们很荣幸能够教导哈佛和耶鲁的优秀学生,在教学中学习。我们早期的博弈论和商业课程或许可以被称为"成功的失败",那时候,我们还没有把理论和实践结合起来。这些早期课程的缺陷促使我们填补了很多认知上的空白,而这本书就是直接成果。我们感谢所有当年选课的学生在那段实验和学习阶段的耐心与支持。

在我们开拓和扩展新理论时,我们大量借鉴了学生和助理研究员们提供的研究资料。为本书案例做出贡献的学生包括:Greg Camp、Greg Chin、David Cowan、Michael Maples、Anna Minto、Richard Malloy、David Myers、Paul Sullivan、Bartley Troyer、Michael Tuchen、Peter Wetenhall。为本书提供基础素材的助理研究员包括: Christine Del Ballo、Paul Barese、Monique Burnett、Maryellen Costello、Brad Ipsan、Julia Kou、Fiona Murray、Troy Paredes、Adam Raviv、Deepak Sinha、Geoff Verter。我们不会忘记 Troy 凌晨 3 点的语音邮件,以及我们随即回复时他的惊讶。

我们感谢以下人士为我们提供验证理论的机会:美国运通公司的 Ken Chenault 和 Andy Wing,化学银行的 Charles Freeman,花旗银行的 Robert Clement 和 Lynn Stair,康宁公司的 Jason Walsh 和 Jim Cooke,

通用再保险公司的 Ron Ferguson 和 T. Hoffman，毕马威公司的 Andy Shearer，默克制药的 Geoff Porges，曾就职于西北人寿保险公司的 Mike Keller，萨利美公司的 Lydia Marshall，施乐公司的 Mark Myers。贝尔大西洋公司的 Bill Roughton 提供了一个难得的机会，让我们能参与联邦通信委员会的个人通信服务频谱拍卖。麦肯锡公司的 Bill Barnett 向我们发起的挑战，让我们把博弈论变得更有实际价值，他给了我们与他的客户合作的机会，在帮助我们弥合理论与实践之间的鸿沟上发挥了宝贵的作用。对我们的企业客户怎么表示感谢都不为过，他们教会了我们很多。此外，高管教育项目和研讨会的持续反馈也为我们打造此书提供了帮助。

我们感谢《哈佛商业评论》一直以来对我们工作的推动和完善。事实证明，准备文章的过程是非常有价值的，这主要是因为我们从 Joan Magretta、Nancy Nichols、Sharon Slodki、Nan Stone 那里得到了鼓励和建议。

在我们打算写这本书时，洛丽塔·巴雷特（Loretta Barrett）帮助我们正式着笔。我们的北美代理海伦·里斯（Helen Rees）和我们的海外权利代理琳达·迈克尔斯（Linda Michaels）持续发挥着让我们惊叹不已的洞察力和技能。我们在双日出版社（Doubleday）的编辑比尔·托马斯（Bill Thomas）所展现出的极大热情、信心和耐心，给予了整个写作过程巨大的推动力。潮流/双日出版集团（Currency/Doubleday）的哈丽特·鲁宾（Harriet Rubin）提出了精妙的批评建议，确保我们总是有足够的修辞。

小说家和文化历史学家斯科特·博格（Scott Borg）为部分文稿的清晰易读提供了重要帮助。他给予我们恰到好处的助力，用他的洞察力和逻辑引领我们前进。

我们结识了蕾娜·亨德森（Rena Henderson），她在加利福尼亚州蒙特雷一家叫"逐字而动"（As the Word Turns）的公司进行着出色的手稿编辑工作。在此之前，我们从未想过一个素昧平生的人会如此了解我们。

在写这本书的各个阶段，我们从许多审阅我们各版草稿的人身上获益匪浅。提供批评指教的学术同僚包括：Bharat Anand、Sushil Bikhchandani、Joe Bower、Jeremy Bulow、David Collis、Ken Corts、John Geanakoplos、Oscar Hauptman、Bob Kennedy、Tarun Khanna、Elon Kohlberg、Ben Polak、Julio Rotemberg、Roni Shachar、Carl Shapiro、Debra Spar、Elizabeth Teisberg。

对本书草稿给予宝贵反馈的学生包括：Terry Burnham、Putnam Coes、Amy Guggenheim、Roger Hallowell、Walter Kümmerle、Jon Levin、Matt Littlejohn、Amir Makov、Andrew McAfee、Robin Mendelson、Roslyn Romberg、Ed Simnett、Hunt Stookey、Don Sull、Mike Troiano。Eric Muller 的评论非常完整，几乎可以作为单独的作品发表。提供商业见解的新老朋友包括：Christine Bucklin、Jim Cooke、Bob Cozzi、Bob Davoli、T. Hoffman、Mark Kaminsky、Jeff Keisler、John MacBain、Frank Murphy、Elizabeth Shackleford、Lenny Stern、Patrick Viguerie、Jason Walsh、Mary Westheimer、Evan Wittenberg。

在写作过程中，我们的亲朋好友给了我们特别的耐心和帮助。Diane Rubin、Jim Cook、Lionel Fray、Larry Hilibrand、Warren Spector、Bob Taylor 审阅了早期的草稿。Ken French、Stephen Scher、John Lapides 给予了我们远超职责和友谊的支持，与我们认真讨论了每一页内容。对他们的不懈付出，我们深表感激。Ennis Brandenburger 用慈母般细致入微的双眼仔细检查了所有材料。回到家里，我们最感激的是

Barbara Rifkind 和 Helen Kauder，她们不仅对本书进行了批判性审读，还坚定地支持着我们所做的一切。

在本书的创作过程中，我们有幸得到了各行各业 CEO、人力资源经理、营销人员、小企业主、律师、创业者、非营利组织管理者、学者、商学院学生、大学生、艺术家和母亲的帮助。我们希望本书能为所有这些慷慨帮助过我们的人（以及其他许多人）带来价值。

亚当·M.布兰登勃格
巴里·J.奈尔伯夫